L'interdisciplinarité en question

Les choses, les mots et le passé des hommes

Ouverture philosophique
Collection dirigée par Dominique Chateau, Agnès Lontrade et Bruno Péquignot

Une collection d'ouvrages qui se propose d'accueillir des travaux originaux sans exclusive d'écoles ou de thématiques.

Il s'agit de favoriser la confrontation de recherches et des réflexions qu'elles soient le fait de philosophes "professionnels" ou non. On n'y confondra donc pas la philosophie avec une discipline académique ; elle est réputée être le fait de tous ceux qu'habite la passion de penser, qu'ils soient professeurs de philosophie, spécialistes des sciences humaines, sociales ou naturelles, ou... polisseurs de verres de lunettes astronomiques.

Déjà parus

Raphaël et Olivier SAINT-VINCENT, *Manifeste du philosphe-voyou*, 2007.
Magali PAILLIER, *La colère selon Platon*, 2007.
Hugues RABAULT, *L'État entre théologie et technologie*, 2007.
Fernando REY PUENTE, *Simone Weil et la Grèce*, 2007.
Sophie LACROIX, *Ce que nous disent les ruines*, 2007.
Alain MARLIAC, *L'interdisciplinarité en question*, 2007.
Serge BOTET, *La philosophie de Nietzsche, une philosophie « en actes »*, 2007.
Shmuel NÉGOZIO, *La répétition : théorie et enjeux*, 2007.
Jacynthe TREMBLAY, *Introduction à la philosophie de Nishida*, 2007.
Jacynthe TREMBLAY, *Auto-éveil et temporalité. Les défis posés par la philosophie de Nishida*, 2007.
Jacynthe TREMBLAY, *L'être-soi et l'être-ensemble. L'auto-éveil comme méthode philosophique chez Nishida*, 2007.
Constantin MIHAI, *Descartes. L'argument ontologique et sa causalité symbolique*, 2007.
Yves MAYZAUD et Gregori JEAN (dir.), *Le Langage et ses phénomènes*, 2007.
René LEFEBVRE, *Platon, philosophe du plaisir*, 2007.
Dominique BERTHET (dir.), *Figures de l'errance*, 2007.
Robert FOREST, *De l'adhérence*, 2007.

Alain MARLIAC

L'interdisciplinarité en question

Les choses, les mots et le passé des hommes

L'HARMATTAN

5-7, rue de l'Ecole polytechnique ; 75005 Paris

http://www.librairieharmattan.com
diffusion.harmattan@wanadoo.fr
harmattan1@wanadoo.fr

ISBN : 978-2-296-04057-1
EAN : 9782296040571

Maayo no heewri fuu, yidi hebbiteego[1]

[1] *La rivière a beau être pleine, elle veut encore être remplie* (Proverbe peul ; † R.P. D. Noye o.m.i.).

Autres ouvrages de l'auteur

2006 De l'Archéologie à l'Histoire. La fabrication d'histoires en Afrique subsaharienne et au-delà. **L'Harmattan**, Paris.

2006 Archéologie du Diamaré au Cameroun Septentrional. Milieux et peuplements entre Mandara, Logone, Bénoué et Tchad. **BAR International Series 1549. Cambridge Monogr. in African Archaeology 67**. Oxford, G.-B.

1995 (ed) Milieux, sociétés et archéologues. **Karthala-ORSTOM**, Paris.

1991 De la Préhistoire à l'Histoire au Cameroun Septentrional. **Etudes & Thèses ORSTOM**, Paris 2 vol., carte HT à 1/200 000.

1991 Profession archéologue. **Hachette,** Paris.

1982 Recherches ethno-archéologiques au Diamaré (Cameroun). **Travaux & Documents ORSTOM N°151**. Paris.

1981 Recherches sur les pétroglyphes de Bidzar au Cameroun Septentrional. **ORSTOM Mémoire N°92**, Paris.

1979 (avec M. Delissen) La préhistoire. **Larousse**, Paris.

Remerciements

Isabel Amato pour ses conseils et sa relecture patiente et approfondie.

Abréviations des articles

HA : Histoire, archéologie et ethnologie dans les pays en voie de développement. 1978.

DP : Du dialogue pédo-archéologique à un discours hybride ? 2001

TN : Des 'terres noires' médiévales urbaines de France aux buttes anthropiques tropicales : l'archéologue en action. 2002

CSH : Connaissances et savoirs pour l'histoire : réflexions sur le cas du Nord-Cameroun. 1995

DA : Développement et archéologie : d'un langage à l'autre. 1999

PAP : Problèmes archéologiques, problèmes humains : moi, nous et les autres. 2001

PAR : Du politique en anthropologie et réciproquement à propos d'identité : l'implication des sciences sociales. 2004

GE : Les racines de l'ethnicité : archéologie locale ou globale ? 2005

AA : Archéologie et actualité dans l'Extrême-Nord camerounais. 2006

NO : Nouveaux objets du temps passé. 2006

SP : La Science contribue-t-elle à la connaissance du passé des hommes dans les pays en voie de développement : l'exemple de l'archéologie. 2006.

** : renvoie aux abréviations en début et fin de volume.

Résumé

Recueil d'articles en langue française publiés irrégulièrement sur une trentaine d'années, cet ouvrage expose les différentes formes prises par une réflexion sur ce qu'on appelle couramment le pluridisciplinaire et mieux, la traduction/l'association des savoirs que nécessitait mes recherches archéologiques. Cette réflexion est directement issue des problèmes concrets que m'ont posés mes différents programmes de recherche : pluridisciplinarité avec les sciences de la Terre, avec les sciences sociales et enfin avec les multiples savoirs que je rencontrais au-delà des frontières des disciplines sollicitées dans mes travaux pour construire l'*objet* de mes recherches.

A ce titre, j'ai vécu comme un problème fondamental les disparités entre mes produits 'scientifiques' et ceux souples, divers et changeants des peuples et personnes concernés dans la mesure où la (et les) connaissance(s) de tout un chacun comme de son groupe d'appartenance, induit des conduites politiques variées et donc des situations complexes, éventuellement stables ou instables entre les groupes, peuples et états.

Mots-clés

Connaissances ordinaires, Connaissances scientifiques, Pluridisciplinarité, Afrique subsaharienne.

Problem of Interdisciplinarity
Things, words and the Past of Humans

Abstract

This selection of articles in French language, irregularly published along about thirty years aims at expounding the different forms taken by a reflection upon what is currently termed pluridisciplinarity and better, translation/association of knowledge required by my archeological researches. This pondering springs straightly from actual cases posed for me by my different research programs : pluridisciplinarity with Earth sciences, with social sciences and lastly, with the multiple knowledge met beyond the borders of requested disciplines, issued from my works for building my researches *object*.

Therefore I lived as a fundamental question, the disparities between my 'scientific' products and those, soft, various and changeable of the peoples and groupes concerned, insofar as the connaissances of anybody, as well as those of his/her group, induces varied political behaviors and consequently complex situations, possibly stable or unstable between groups, peoples and states.

Key-Words

Ordinary knowledge, Scientific knowledge, Pluridisciplinarity, Subsaharan Africa.

Préambule

Nos discussions - à l'aide de diverses théories de l'homme et de divers montages, mesures, parfois hétéroclites – sont appuyées sur des **choses** (sols de case, ruines, fosses, remparts, bijoux, parchemins, pointes de flèches, poteries, textes divers, traditions orales, mythes, paysages humanisés…) qui nous viennent d'un passé aussi bien proche, lointain, qu'immensément reculé. Ces objets sont transformés en objets scientifiques (*les traductions 1 et 2* de Callon *et al.* 2001). Nous discutons à la fois sur des **représentations,** plus ou moins élaborées et plus ou moins tacites (personnelles, scientifiques...) et sur des **réalités**. Ces discussions autour du Passé (ou des Passés) de l'Homme, de diverses natures et plus ou moins liées, se font - pas toujours innocemment - avec des **mots** qui vont de la précision maximale jusqu'aux approximations, juxtapositions, traductions, inversions et connotations du langage naturel. A ces mots, se rajoutent des images de toutes sortes pour aboutir parfois à des fictions très intéressantes et fécondes ou à des hypothèses valables.

Selon moi, l'Archéologie préhistorique (ma discipline de formation) s'est ainsi, au long des années, peu à peu fondue dans les paysages, les horizons et les sols, les marques, les objets et les structures, prise aussi dans les textes et discours historiques ou ethnologiques qui l'utilisent puis finalement fondue dans les réclamations, exhortations ou déclarations d'autres quand elle ne disparaissait pas quasi totalement dans l'indifférence institutionnelle et donc budgétaire… Ce que je pensais savoir saisir à pleines mains - et pour un archéologue ce n'est pas une expression vide -, le **passé,** s'effritait ou durcissait sous le feu des mots, des expériences, des instrumentations, des couleurs, des images et sentiments qu'il suscitait…

Nous bataillons (ou pas), nous-mêmes avec nous-mêmes, pour savoir qui nous sommes aujourd'hui, en construisant notre propre passé, ce passé - qui pèse sur nous, sans qu'on puisse en mesurer le poids - mais fait de nous en partie ce que nous sommes[2]. Et chacun n'a que son aujourd'hui, étiré de la naissance à la mort, pour le savoir ou pas. Et de quelle utilité nous sera-t-il ? Pour la plus grande partie des temps, nous n'avons que des objets, des ossements, rares, abîmés, dispersés, de plus en plus nombreux à l'approche de l'Histoire puis des peintures pariétales merveilleuses, des mythes dont souvent le sens comme la profondeur nous échappent, des légendes merveilleuses où se cachent des significations complexes, enfin plus tard - à Sumer, Assur, en Egypte et en Chine - des listes et catalogues couchés par écrit. Ce sont les premiers pas connus sur la base de documents écrits et mieux connus depuis par des études archéologiques et historiques. Mais pour nous - individus et groupes - s'agit-il de Notre Passé, de Nous connaître en tant qu'humains et groupes d'humains ?

Rien n'interdit d'autres découvertes venant modifier le schéma actuel reconnu depuis les manuels d'histoire des Ecoles jusqu'aux mémoires, thèses, compendiums, catalogues, photos, musées et synthèses les plus fines. On s'étonne d'ailleurs de voir ces synthèses complexes, riches de données et d'hypothèses, s'appauvrir dans leurs transferts vers les manuels, jusqu'à devenir ces livres d'écoliers et collégiens squelettiques, parfois nuls où l'on se demande si c'est bien ce que les Maîtres d'Ecole veulent y trouver pour remplir leur engagement professionnel premier : enseigner. Si oui, le problème est grave car si les manuels représentent l'état des connaissances à un certain moment, il suffit de les lire pour voir ce que les enfants de nos jours - du Primaire au Secondaire jusqu'au Supérieur en matière d'Histoire - apprennent et désapprennent ensemble.

Nous bataillons aussi avec l'étrange passion de connaître et de savoir, là où des millions d'autres - les non-archéologues - ne se battent pas, très peu ou sont indifférents. Depuis 'l'invention des sciences modernes' (Stengers 1993), nous sommes devenus des *scientifiques* dont les résultats - disposés en théories chatoyantes quoique changeantes avec le temps (et surtout en archéologie) - sont indiscutables : l'évolution de l'Homme se passe dans le cadre de l'Evolution et malheur à qui semble en sortir… Outre l'indifférence des médiatiseurs/médiatisés à nos argumentations construites dans ce cadre même, les théories évoluent depuis le début des découvertes d'hominiens anciens, parfois si anciens que les qualifier d'ancêtres devient risqué, si ce n'est risible, quand on voit la " tête " de Toumaï dans la main de son découvreur...

[2] La notion de *tabula rasa* est une dangereuse utopie comme on l'a vu et comme on le reverra, hélas.

Armés de la Raison (La Science), '*chers collègues*' et donc '*chers rivaux*', nous combattons pour la notoriété, les budgets, les avancements, les récompenses. Nous bataillons enfin avec ceux qui, hors de l'archéologie - qu'il s'agisse d'autres sciences ou de gens du commun - bâtissent ou pas un ou des passés à leurs guises selon leurs besoins, leurs souhaits, leurs fins claires ou inavouées/inavouables…

Tous ensemble nous fabriquons des passés. Tous différents, nous en acceptons et " vivons " certains et pas d'autres. Tous enfermés dans la même galère planétaire, il va falloir néanmoins que nous nous accommodions les uns aux autres sous peine de disparaître.

Outre de ne pas tout embrasser ni comprendre, nous sommes envahis aussi du désir d'enjoliver nos origines ou d'oublier ses caractéristiques, de passer sous silence les mauvais moments et les échecs, qu'il s'agisse de l'espèce, d'un peuple, ou d'une nation… Cette commune vanité, confortée par la modernité sociotechnique triomphante advenue en Occident, - tellement triomphante du dentifrice aux nanotechnologies -, qu'elle nous a masqué tout le reste. C'est au point que le réel que nous sommes et où nous sommes, pourchassé et remplacé par les paroles, les textes et les images, nous surprend toujours. Certains d'ailleurs l'ont déjà éliminé (au moins verbalement)… et on se demande où se passent leurs vies au sein d'un étrange événementiel permanent... peu à peu transformé en fêtes en tous genres.

Dans ce volume, j'ai rassemblé une série de textes, certains déjà publiés ailleurs et d'autres écrits pour cet ouvrage. Ils se situent entre 1978 et 2006, en sus de mes publications plus strictement archéologiques, se regroupant autour du thème des savoirs mis en cause par le savoir issu de la recherche archéologique, ce dernier étant lui-même, par voie de conséquence, sujet à examen. Qu'il s'agisse des différents savoirs scientifiques (*e.g.* pédologie) et techniques ou d'autres savoirs (traditionnels, ordinaires actuels), j'ai souhaité exposer aux publics intéressés une autre façon d'aborder et saisir la nature des savoirs et particulièrement, le savoir archéologique. Nous nous plaçons alors en dehors de ce qu'on appelle l'*archéologie théorique/theoretical archaeology*, principalement anglo-saxonne, toujours prise à travers ses différentes Ecoles, dans la *Constitution moderne*[3], ses

[3] Qui me semble confondre les postulats constitutionnels théoriques généraux de l'Archéologie partagés par tous avec les théories sociologiques appliquées à l'interprétation des résultats de l'archéologie même si ceux-ci influent sur la conduite d'une recherche archéologique (de la fouille au labo). Si j'adhère à la révision générale de cette dernière en

alliés, ses clients et ses *biaisés* (Courbin 1982), toujours étonnée que les *French archaeologists use so little theory* (Hodder 1991 : 91).

Que l'on puisse souhaiter comprendre puis expliquer telle ou telle organisation des vestiges, les vestiges eux-mêmes par leurs mises en graphes, diagrammes, matrices (toutes opérations difficiles à construire étant donné le caractère vestigiel des objets et des sites eux-mêmes), qu'on associera (comment ?) à telle ou telle analyse des restes osseux, des restes charbonneux, des sols, des éléments floristiques, etc., selon telle théorie des sociétés (comment la définir ?), laisse déjà voir la distance entre des analyses aussi détaillées que possible (et toujours controversibles), les associations montées et les multiples théories susceptibles d'expliquer le dit montage. On ne peut ignorer les différences d'échelles, de nature, ni le principe de Duhem. Et ce montage peut-être remplacé - à tout moment - par un autre fondé sur une autre théorie ou sur d'autres analyses liées à de nouveaux appareils. Le résultat est une pile de discours acrobatiques, au rendement (investissements instrumentaux et intellectuels/ pertinence populaire), très faible, surtout quand la pertinence populaire (opinion) est par définition rejetée, manipulée ou partiellement créée de toutes pièces par la Presse et autres médias. Ensuite, comme tout savoir, il est 'appliqué', c'est-à-dire traduit, modifié, remodelé selon les circonstances et j'ai toujours été intrigué par les procédés d'application, ce passage, cette traduction qui semble à certains si facile.

Ces textes prennent racine dans un histoire intellectuelle, personnelle, dont certains avatars ne sont pas sans signification. Et puisque j'ai engagé le fer - sans le talent de Philippe Muray ou de Paul Courbin - contre telle modernité, il faut dire tout de suite que j'ai été élevé en elle et ai longtemps partagé - peu clairement d'ailleurs - ses **principes** et pratiques. Au point où j'en suis aujourd'hui, je raccourcirai l'évolution qui s'est faite, en disant que c'est la *contradiction* entre **les principes** que cette modernité affiche (en gros " le progrès " : la démocratie, l'égalité, la liberté, l'amour... les droits de l'homme) et **les interdits** qu'elle promulgue ou pratique de plus en plus[4], modernité dépassée et contradictoire car, bien entendu, *il est interdit d'interdire*. Ses résultats répandus de par le monde sont à l'origine de mon évolution. Je n'ai pas pu en effet, au fil des ans, trouver une harmonie entre

---

suivant M. Callon et B. Latour (1991), je ne peux ignorer que ces théories reposent encore sur ces postulats et sont définies par eux.

[4] Boutang P.-A, Chantre B. & Chevallay A. 2006 *René Girard, la violence et le sacré*. DVD Ed. Montparnasse.

ces principes 'politico-moraux', claironnés partout, mais basés sur des conventions humaines, leurs institutions pratiques et leurs résultats, dramatiquement visibles de par le monde, autour de moi et par voie de conséquence, en moi.

Ces **principes** sont issus du christianisme, si vilipendé en ce monde, qu'on ne peut que se dire qu'ils sont aveuglants de vérité, surhumains et extrêmement gênants finalement, comme l'a montré René Girard et comme chacun le sait bien soi-même. Tous, sans exception, ils nous mettent en face de ce que nous sommes quotidiennement, *ils nous compromettent* (Girard 1978 : 187). Si je ne suis que cet être qui va et vient au gré de son mimétisme, des pulsions, des peurs et des recettes proposées ou trouvées - aussi noblement qu'il fasse - je ne suis rien et j'ignore ce que je fais.

Parmi ces principes, apparaît ironiquement celui de **victime**, principe évangélique central autour duquel tous les modernes se rassemblent désormais mimétiquement - pour reprocher sans cesse à l'Autre, aux Autres, à tout un chacun, ce qu'ils oublient de se reprocher à eux-mêmes et donc d'améliorer.

Cette position peu à peu acquise mais inachevée a participé à la mise en cause de mon mode de pensée quand je me suis intéressé à ceux à qui je destinais ses produits, résultats de mes analyses/synthèses scientifiques ; quand j'ai cessé de me croire porteur de la Vérité.

Je regroupe donc ici, à partir du cadre général de la *Constitution moderne* qui était, comme je l'ai dit, au départ, mon mode de pensée hérité (Ecole, Lycée et Université), l'ensemble sûrement hétérogène et partiel des modèles, images, concepts, connaissances, intuitions, expériences et passions qui commandèrent mes activités d'archéologue-anthropologue - en situation culturelle hétérogène - jusqu'à faire évoluer ce cadre général vers un autre. Je ne saurais aujourd'hui nommer ce dernier, mais j'ai appris à considérer le précédent - au sein des sciences modernes - comme UN cadre de pensée particulier, historique, actuellement dominant, qu'on pouvait modifier, qu'il fallait même peut-être dépasser *en tant que scientifique*.

Ma position constitutionnelle actuelle ne revêt aucun caractère révolutionnaire[5]. Ceci impliquerait, en effet, que je m'inscrive dans la lignée moderniste des 'progrès' et des 'révolutions' et sempiternelles dénonciations

---

[5] Ceci par ailleurs me gênerait par rapport aux philosophes qui ont nourri ma pensée puisque leurs objectifs ne sont pas de rejeter les sciences mais de les resituer dans l'évolution historique des modes de pensée de base : les *Constitutions* (Cf. Stengers 1993, Latour 1991, Latour 1999b, Callon 1989).

mimétiques inutiles (caractéristiques par ailleurs de certaines écoles de la *theoretical archaeology*). Ma position est un petit exemple d'installation, encore un peu branlante, de la '*contre-révolution copernicienne*' prônée par B. Latour (1991 : 104), telle que je l'ai plus ou moins comprise et vécue dans l'exercice de ma discipline lors de mes affectations au Cameroun du Nord. Exemple imparfait au demeurant mais devenu avec cet ouvrage accessible à une relecture réflexive de ma part et à la critique des professionnels, comme des étudiants et des gens de tous milieux concernés par l'Histoire, l'Archéologie, mais aussi par leur et leurs histoires telles qu'ils les vivent dans la dimension actuelle, comme dans la dimension ancienne et même paléontologique, - personnelle ou partagée dans les deux cas.

Ces textes déjà publiés n'ont pas été retouchés, toutefois très légèrement corrigés (coquilles et manques), améliorés et renumérotés pour l'uniformisation des notes, des reports et formatés à l'identique pour l'aisance de la lecture et l'élégance de l'ouvrage. En revanche, les dates citées ont été actualisées afin que le lecteur puisse effectivement trouver un texte qui parfois n'était pas encore publié lors de la rédaction de l'article. Mon but étant de présenter (et pour moi revoir) comment ma pensée avait évolué au fil des ans, des travaux, des lectures, de ma vie quotidienne... Il s'ensuit bien entendu des redondances d'un texte à l'autre et une allure générale non linéaire mais 'en rhizome' comme dirait G. Deleuze. Quel achèvement cohérent, général et pertinent pourrait aujourd'hui en être extrait ? Ou quelles pistes cet ensemble peut-il avoir ouvertes ? Quelle " logique " a présidé à son déroulement ?

J'ai choisi de présenter cette " logique " et de la commenter, **après** que le lecteur en ait pris connaissance sans *a priori* de ma part, qui m'aurait fait - tel l'historien héritier (Stengers 1993 : 78) - dénigrer mes débuts et me féliciter de l'état actuel acquis ou applaudir le déroulement, tant il est vrai que si la pensée revient sur elle-même, elle ne réussit pas toujours à s'extraire de ses cadres de départ. Il aurait été léger que je me constitue d'entrée en historien de ma pensée à partir de son état actuel. Je tente ce retour 'ironique' (ouv. cité : 79), réflexif dans le dernier article.

On peut toujours se faire reprocher la vanité de ne pas accepter la critique ou de ne pas la comprendre... J'assume cette position puisque je déclare, sans hésiter, que certains critiques ou lecteurs ne m'ont pas compris **du tout**. Il est indicatif de signaler au passage les refus de publier qui en général - sauf incompréhension de *referees*, parfois inaptes, il faut bien le dire - désignent la dominance idéologique de la pensée moderne et postmoderne sous leurs diverses figures, présentes à l'Ecole, au Lycée et donc jusque dans les Universités européennes comme dans les Instituts de recherche et les Grandes Ecoles. Cet objet hybride : la **dominance idéologique** (qui évoque les *sentiments établis* de Leibniz) exposée et visible au long de milliers d'articles, conférences, recueils, émissions télévisées, etc. de par le monde, se citant les uns les autres comme dans un 'cercle enchanté', exhibe - s'il faut encore en référer à la *Constitution moderne* - son composant 'matériel' à travers les Institutions recrutant (avancements, postes) et finançant (salaires, accès aux bourses, affectations et budgets de fonctionnement et d'équipement), proscrivant et isolant les dissidents jusqu'à la Presse professionnelle auto-censurée, parfois connivente, sinon soumise. Je ne parle pas des pays totalitaires : communistes, musulmans ou autres, ni des pays déshonorés par des lois et des pratiques (judiciaires, financières, administratives, syndicales) scélérates jusque (ou surtout ?) dans leurs plus hautes instances.

Je ferai la grâce à certains censeurs de ne pas publier leurs commentaires... Je rappellerai en contre-partie - en soulignant le plaisir que me fournissait cet échange -, la finesse, la curiosité d'autres *referees* (et, il faut le dire, souvent nord-américains), capables de comprendre un texte, de l'améliorer par la justesse de leurs remarques alors qu'ils en doutent ou le récusent éventuellement. De toute évidence, les premiers ne peuvent sortir du cadre de pensée mis en place au XIXè, au moment des épousailles Industrie/Commerce/Politique/Science qui accordèrent à cette dernière, en contrepartie des retombées techniques fructueuses, le droit de rejeter tout ce qui n'était pas 'scientifique', philosophie comprise (Cf. Revel J.-F. 1970 : 9-35). L'Europe de l'Ouest et la France en particulier ont maçonné ce lien si fort qu'entreprendre de le dénouer relève de l'attentat anti-républicain, sinon extrémiste[6], passible d'anathèmes proférés par des intellectuels parfaitement athées !

Les sciences sociales, vis-à-vis des autres pensées et opinions, n'ont fait que copier les sciences physiques considérées comme achèvement de l'idéal scientifique (Latour 2005 : 61, note 17) : l'opinion ne saurait être entendue, l'opinion n'a aucune valeur... Ce qui peut aisément se retourner de façon critique : la science a l'opinion qu'elle mérite.

La science aura - comme fruit des conditions de fabrication de ses 'objets' - le sort qu'elle prépare comme l'annoncent déjà,

1° le rejet des idéologies fondées sur sa version " moderne ",

---

[6] Cet adjectif est un splendide révélateur par lui-même et aussi en tant qu'anathème tactique.

2° les pressions et demandes diverses - et très matérielles - pour rentabiliser la recherche publique en abandonnant le thème des 'retombées attendues', tout en poussant discrètement quelques 'sciences inutiles' dans la charrette des exclus, et,

3° l'existence de tout un ensemble de chercheurs dans des entreprises privées.

L'atmosphère intellectuelle française actuelle - piégée dans le lien évoqué ci-dessus - fait que toute une catégorie de socioanthropologues (géographes, archéologues, historiens, linguistes, psychologues) ne considèrent pas seulement leurs opposants comme opposants mais comme *ennemis* à faire taire, à déshumaniser (*les salauds* de J.-P. Sartre), détruire par tous les moyens, paralyser, isoler, frapper fiscalement sinon faire condamner et écrouer par des magistrats dans certains cas, en légalisant tel ou tel 'délit d'opinion'. Tout ceci, en passant pour " rebelles "[7] et en parfaite bonne conscience. Ceci ne peut que me confirmer dans ma position de ne pas dissocier La Science de La Politique. La revue *Autrepart*, partiellement financée par mon ex-Institut, est l'exemple, pour cette semi-friche en perdition qu'est devenu l'ex-ORSTOM (IRD aujourd'hui), de ce barrage systématique exercé par les membres de son comité de lecture. Rien de bien étonnant : il reflète l'état de l'idéologie dominante actuelle quasi exclusive (grâce aux jurys de recrutement et d'avancement garantissant la conformité des chercheurs) dans les départements de sciences sociales. Si cette idéologie se targue de Vérité, elle n'hésite pas à se compromettre dans des activités tout à fait matérielles, parfois pugilistiques et dans la quête d'honneurs d'un Pouvoir nourricier qu'elle prétend dénoncer, au travers de ses agents, représentants et délégués...

Il est tout aussi indicatif de rappeler - car les deux questions sont liées puisque les anthropologues ci-dessus dépeints soit occupent les places stratégiques, soit confortent dans leurs théories et leurs activités mondaines le maintien politique de la modernité, l'incompréhension par l'appareil Recherche-Université, du problème qu'est devenue aujourd'hui **La Science**. L'IRD, jadis ORSTOM, dans cette dimension du passage aux applications et sa particulière insertion (déjà ancienne), intellectuellement excitante en longues durées 'sur le terrain'(tropical en général), n'a rien trouvé de mieux que de recruter des chercheurs en sciences sociales dont le seul objectif était de rivaliser/copier intellectuellement leurs collègues pareillement formatés du CNRS et les rejoindre à Paris, afin de pratiquer, dans le confort des postes

[7] Noter, ici comme ailleurs, ces inversions du sens des mots.

universitaires, ce sport moderne du dévoilement et de la dénonciation, fauteuil de remplacement du défunt trône que La Science, source de toute vérité, occupait et occupe parfois encore (Stengers 1993 : 26).

Plus étroitement, il convient aussi de signaler l'inadaptation des rares audits effectués par des universitaires. S'ils soulignaient avec raison les absences, vides et manques de recyclages des archéologues de l'IRD (recrutés au compte-goutte et comme par défaut selon la composition des commissions d'admissibilité comprenant les mêmes universitaires et le *bon plaisir* de jurys d'admission invisibles), ils rataient avec une belle constance d'universitaires, - à l'inverse du rapport du CNER** - la particularité ancienne de l'Institut qui mettait ses chercheurs en situation permanente de savoirs variés, de *Constitutions* différentes se faisant face, s'ignorant ou s'évitant l'une au profit de l'autre, en proportion de la force de leurs alliés respectifs. Il faut sentir la volupté de certains chercheurs expatriés, entretenus par la puissance coloniale puis ex-coloniale, à dénoncer unilatéralement leurs compatriotes coloniaux installés en Indochine ou ailleurs, à s'installer dans l'Unique, pour mesurer l'esprit de ces modernes adjudants. Anthropologues, ils étaient incapables de faire chez eux ou vis-à-vis de leurs compatriotes, ce qu'ils faisaient trop facilement et péremptoirement chez n'importe quels Autres, pourvu qu'ils fussent Autres : les comprendre selon leurs cadres épistémologiques et surtout les éduquer.

Cependant alors, qui colonisait l'autre ?

Histoire, archéologie et ethnologie dans les pays en voie de développement[8]

[8] Publié en 1978 *in* ***Cah.ORSTOM Sc. Humaines*** XV, 4 : 363-366.

Archéologie et Développement

Il semble le plus souvent incongru de rapprocher ces deux mots, l'un évoquant presque irrésistiblement une " science inutile ", l'autre des problèmes immédiats, fondamentaux et ardus. C'est en tout cas bien souvent le sentiment éprouvé par les archéologues qui tentent de développer leur efficacité, en sollicitant l'appui soit des gouvernements, soit des institutions de recherche nationales et internationales.

Si la majorité des archéologues comprennent les problèmes difficiles et prioritaires auxquels les jeunes nations sont confrontées, beaucoup cependant, ressentent combien les résultats de leur recherche pourraient - en plus de l'apport qu'ils constituent dans le domaine fondamental - répondre aux besoins légitimes d'une histoire nationale.

Celle-ci s'est affirmée au fur et à mesure de la décolonisation, d'abord par l'analyse critique des descriptions et synthèses coloniales, dans la mesure où celles-ci étaient développées comme calques des histoires européennes pour la méthode et comme reflets des rapports de domination aujourd'hui contestés.

Nous ne discuterons pas ici le thème de cette critique, à la fois idéologique et scientifique. Elle nous paraît en effet refléter - dans son ensemble au XXè siècle - ce que l'Histoire a montré à maintes reprises : un groupe dominé reprend comme arme à son compte ce que le groupe dominateur apporte de plus avancé dans certains domaines de la pensée, de la technique, de la théorie ou de la pratique politique.

Il nous paraît plus bénéfique pour les jeunes nations auxquelles nous pensons, et en nous fondant sur notre propre expérience, de définir plus pratiquement comment fonder le mieux possible les histoires de ces différents pays à l'aide des méthodes archéologiques. De fait, il nous semble que malgré un premier effort épistémologique qui a conduit à prendre en compte, d'un point de vue historique, un matériau nouveau se présentant seul ou presque : la tradition orale ; l'histoire de ces pays se doit, sous peine d'essouflement rapide, de développer un nouvel effort sur d'autres matériaux que traditionnellement on abandonne à l'Archéologie ou plus exactement intégrer l'archéologie aux recherches historiques.

Pour les régions nous concernant, particulièrement d'Afrique tropicale, dès que l'histoire recherche une certaine profondeur dans le temps, elle butte d'abord sur le manque de matériaux écrits. Ceci est connu. Il est clair que l'Histoire qui concerne vraiment l'Afrique tropicale - sans minimiser l'importance que peuvent éventuellement avoir des recherches sur le Paléolithique - est celle des derniers millénaires durant lesquels le Néolithique s'installe, suivi de l'Age du fer et des premières urbanisations. Cette période est à peine entamée par l'histoire écrite et à peine plus par les constructions extraites de la tradition orale... Plus grave, à notre avis, est l'obstacle que constitue l'utilisation des termes de peuple ou nation (que l'histoire s'appuie sur des textes ou sur la tradition orale).

Ces termes - sans vouloir entrer dans les problèmes de leur définition - peuvent en effet être considérés comme significatifs d'un équilibre (à un moment donné sur un territoire donné) entre un faisceau de traits anthropologiques, techniques, culturels et politiques. La coalescence en une entité politique de ces faisceaux étalés dans le temps et l'espace peut être considérée comme la ou les conditions d'existence d'un peuple ou d'une nation, même au delà, d'un Etat (Leroi-Gourhan 1945 : 324).

De prime abord, donc, les termes de nation et *a fortiori* d'Etat, connotant plus ou moins une armature politique rigide, nous semblent moins utilisables face aux réalités auxquelles nous avons le plus souvent affaire que celui d'ethnie moins restrictif et dépassant des réalités politiques plus ou moins fluctuantes et accidentelles[9].

Le terme d'ethnie, cependant, délimite aussi la fusion plus ou moins longue de traits anthropologiques, techno-économiques, linguistiques et culturels sur un territoire donné.

La recherche historique sur les ethnies en tant que telles aboutit en effet à des résultats semblables à ceux de l'Histoire des nations ou états : elle se dilue en une histoire des composants de l'ethnie dont l'existence actuelle semble reposer presque seule sur l'affirmation d'appartenance, sur une sorte de consensus politique s'appuyant sur la langue, la religion, la puissance du groupe ou sa résistance (Tardits 1973).

Etudiant l'histoire de trois ethnies différentes mais voisines du Mayo Danaye (Cameroun) et soulignant comme ses collègues (*in* Tardits 1981) la difficulté d'utiliser des noms de peuples, I. de Garine (1981) aboutit à poser dans le passé un " continuum " Mousgoum-Mouloui-Massa. Dans ce cas précis, l'étude des composants des ethnies actuelles conduit à envisager un " état indifférencié " où la caractéristique de chaque ethnie actuelle disparaît. Que ceci soit une hypothèse n'enlève rien à la constatation qu'en tant

---

9 Celui de peuple en revanche a tant de dérivations que nous préfèrerions l'exclure complètement.

qu'entités ethniques, les Massa, les Mousgoum et les Mouloui n'existent plus à quelques siècles dans le passé.

Cette fusion, plus ou moins éphémère, recouvre des domaines particuliers, évoluant à leurs cadences, plus ou moins liés selon que le modèle théorique explicatif accepte un déterminisme plus ou moins étroit, matérialiste ou non. On peut, sans entrer dans les discussions sociologiques au sujet de l'interaction des infrastructures avec les superstructures, admettre néanmoins que le stock des outils et des techniques, la langue par exemple, évoluent chacun dans leur direction à leur propre vitesse même si l'un agit sur l'autre et même si à longue échéance l'un prime sur l'autre.

Ceci admis, on conçoit qu'il est légitime d'user des termes ethnie, peuple, nation au temps présent ou subactuel.

Il s'agit *alors* de constater par enquête l'existence de cette coalescence dont nous parlions. Nous ne considérons pas le problème de la réalité de cette existence (découpage arbitraire soit par l'observateur, soit par les membres du groupe envisagé).

On opère alors dans la dimension synchronique pour définir les constituants de cette réalité nommée, les modes d'association de ces constituants et leur degré de cohésion. La sociologie prend alors en compte l'analyse des différents types et stades d'organisation qu'elle place dans le temps et l'espace et dont elle essaie de découvrir le dynamisme.

La recherche historique peut choisir de décrire l'histoire du groupe réel dont elle possède une définition au plan présent qu'il s'agisse d'un état, d'une nation ou d'une ethnie. Cette orientation tout à fait légitime l'oblige à évoluer dans la dimension diachronique avec des termes pertinents au plan synchronique : ethnie, peuple ou nation. En fait très rapidement, elle sera obligée de prendre en compte - pour arriver à une explication - les constituants de ce groupement et leurs modes d'association. On peut alors se demander ce qu'il reste de vrai dans le nom du peuple choisi au départ. Par exemple, sous la dénomination "*foulbé*" traversant un millénaire, ne regroupe-t-on pas indûment des réalités variées dont le seul lien est peut-être la conscience d'appartenance, la mémoire ethnique des individus qui disent s'y rattacher ?

Examiner le problème de la *foulbisation* actuelle des " Habé "du Cameroun du Nord (*in* Tardits C. 1981) permet de comprendre à la fois le flou de la dénomination et sa force psycho-sociale (Marliac 1973).

Tracer l'histoire d'une " peuple " c'est admettre la continuité d'une réalité *politique* ou admettre cette réalité comme un en-soi dont les avatars historiques ne concernent que la surface.

Ceci rappelle les reconstructions effectuées pour l'Europe médiévale où les " Francs " apparus à la lisière du monde romain au IIIè siècle (que représente ce ou ces groupes ?) franchissent le *limes* abandonné (qui ?), après s'être enrôlés pendant le IVè dans les armées de l'Empire, s'installent lentement (quel nombre ? où ? comment ?) au Vè, francisent les populations elles mêmes romanisées (comment ?) englobent ou repoussent d'autres germains (Clovis au VIè), se christianisent, se romanisent (depuis quand ? comment ?), érigent un royaume (Mérovingiens), perdent leur langue, etc. et sont toujours des " Francs " (Musset 1965).

Il conviendrait donc de mettre de côté pour toute recherche historique un peu " profonde " des dénominations plutôt politiques car soit leur histoire s'arrête vite, soit elle se dilue en une histoire de leurs traits constitutifs.

Ceux-ci en effet sont la réalité profonde de l'Histoire, qu'ils relèvent de l'anthropologie physique, de la technologie, de l'économie, la démographie, la linguistique ou de la culture. Leur évolution, dans le temps comme dans l'espace, relève d'une dynamique partiellement autonome ou que l'on peut, pour la commodité, envisager comme telle dans une première approche et pour certaines familles de traits.

Parmi ces familles, nous en considérons une communément appelée : la culture matérielle (objets et structures), car elle est formée à travers le temps de séries très longues, couvrant parfois des millénaires : objets mobiliers utilisés ou modifiés.

Ces séries encore souvent plongées dans le présent constituent le plus souvent pour l'Archéologie le seul document : pierres taillées ou polies, objets de métal. Elles autorisent, en archéologie, la définition de cultures, phases culturelles, régions culturelles pour un premier temps et parfois, selon leur état et la finesse des analyses et des fouilles, des déductions écologico-économiques de valeur.

Ce qui nous intéresse ici c'est que seules ces séries, par un examen identique de leurs parties présentes et passées, permettent de raccorder certains composants actuels d'une ethnie aux composants d'une ethnie disparue. Elles permettent seules, aussi, parce que constituées d'unités comparables, de tenter des comparaisons d'ordre synchronique et des hypothèses raisonnables sur la filiation, l'emprunt, la diffusion entre divers groupes humains disparus et actuels.

En conséquence, aborder l'Histoire des ethnies ou peuples de l'Afrique tropicale requiert, pour peu qu'on veuille y acquérir une suffisante profondeur temporelle, la collecte, l'inventaire et l'étude de tous les traits de la culture matérielle encore saisissable.

Ce travail ne peut d'ailleurs qu'approfondir la connaissance, en permettant un retour et une meilleure compréhension des termes que l'Histoire utilise dans le domaine politique : les noms de peuples ou de nations. En effet, montrer - dans le meilleur des cas - comment et où s'est constitué tel ou tel groupe dont l'identité au moins ethnique est une réalité vérifiée, c'est comprendre parfois comment et pourquoi ce groupe vit et se perpétue dans son être ethnique et parfois politique.

Propositions

Qu'on nous permette de suggérer ce qui, après quelques années de terrain en R.U. du Cameroun, nous paraît réalisable en fonction de l'orientation méthodologique exposée ci-dessus, des moyens à mettre en œuvre et des prospections déjà effectuées (Marliac 1973, 1978).

A. l'enseignement de l'Archéologie préhistorique est la base de tout approfondissement des recherches historiques, si on le relie aux organismes de recherche et à un réseau de musées provinciaux et nationaux. Cet enseignement devrait - mises à part les méthodologies et techniques propres à la discipline - participer aux enseignements de l'Ethnologie pour la formation théorique et méthodologique, afin d'infléchir l'orientation des ethnologues en formation vers les domaines de la culture matérielle.

Tout comme la tradition orale, les documents matériels soit disparaissent avec le temps soit deviennent des objets hors-contexte où l'information est très réduite. Il conviendrait donc que les ethnologues tendent à recueillir ces témoins dans les meilleurs conditions théoriques et méthodologiques possibles. Les organismes de recherche concernés ont à cet égard une position charnière, puisque instigateurs et coordinateurs des programmes, ils supervisent (les deux faces de telles enquêtes : le travail sur le terrain, la protection et l'étude (muséographie, laboratoires).

B. dans l'optique développée ci-dessus, il est par conséquent important que les pays concernés se dotent d'orientations thématiques et techniques nécessaires.

1° *Théoriques* :

a/ en privilégiant la constitution d'inventaires de la culture matérielle actuelle et des traditions orales, inventaires d'abord régionaux puis inter-régionaux et en les privilégiant par rapport aux essais théoriques " engagés ", toujours partiels et orientés, inutilisables puisque n'apportant aucun matériau immédiatement réutilisable (complet, correctement collecté, accessible ou reproductible) ;

b/ en associant ces recherches à des équipes pluridisciplinaires, orientées vers l'écologie des peuples qu'ils soient actuels ou disparus, afin que les données soient accumulées par rapport à leur contexte physique naturel ;

c/ en modifiant par conséquent l'approche des cultures actuelles envisagées dès lors en priorité par leurs traits matériels mais aussi de leur rapport au milieu technique et au milieu physique, ce qui entraîne la mise en œuvre de méthodes de collecte et d'analyses liées à des techniques spécifiques (ethno-archéologie, archéométrie, pédologie, géochimie, géographie).

2° *Techniques* : qui découlent du schéma d'approche proposé jusqu'ici.

a/ inventaires fichés des objets et structures selon un code unifié, inventaires suffisamment représentatifs pour permettre la comparaison et la déduction, l'approfondissement des connaissances et le test des hypothèses (fiches descriptives, photos, répertoires) ;

b/ inventaires disponibles, classés et reproductibles en rapport direct avec les collections répertoriées dans les musées à venir contenant outre la morphologie, mais aussi des résultats analytiques physico-chimiques ;

c/ exploitation cartographique des inventaires suffisamment rapides pour réorienter de nouvelles recherches, préciser les hypothèses et préciser le lien Homme-Milieu ;

d/ ceci implique que les inventaires archéologiques et ethnologiques soient de même nature quant aux séries à comparer ;

e/ effort prioritaire sur l'affinement des méthodes d'enquête, de codage et d'exploitation des données et effort prioritaire sur l'utilisation des sciences exactes.

C. dans l'ensemble, au terme de quelques années de prospection le Cameroun se révèle riche en sites archéologiques. Le souci qui fut le nôtre d'aborder la partie Nord du pays avec l'esprit le plus ouvert a certes consommé beaucoup de temps mais a pu aboutir assez rapidement à choisir un thème Néolithique-Age du fer (Marliac 1978) qui répond à la triple exigence :

-d'être bien représenté et localisé (cartographie en cours) ;

-d'être pertinent au regard de l'Histoire du Nord de ce pays ;

-d'être, dans la mesure des moyens qui nous seront alloués, rentable dans un temps raisonnable.

De plus, ce programme, déjà entamé (fouilles de Maroua, fouilles de Salak, prospection par campagnes et photos aériennes), intègre les différentes recherches effectuées au Cameroun par d'autres équipes. Nous avons conscience ainsi de répondre à l'attente des pays qui font appel à nous et d'apporter à la fois des résultats prospectifs utilisables et des connaissances nouvelles.

Du dialogue pédo-archéologique à un discours hybride ?[10]

[10] Présenté au *Colloq. Inter. ICoTEM, MSHS,* **Univ. de Poitiers**, 11-12 Oct. 2001. A paraître dans
les Actes.

Introduction

Les sociétés très anciennes sont représentées par leurs objets et eux seuls, si nous acceptons la dichotomie générale et grossière histoire/préhistoire fondée sur la présence ou l'absence de l'écriture. Bien entendu, une civilisation préhistorique peut être historiquement vue par d'autres civilisations connaissant déjà l'écrit, comme les Gaulois par les Romains, encore que l'archéologie appliquée à de telles périodes apporte d'importantes connaissances supplémentaires. Pour les étudier, les archéologues s'appuient sur le comparatisme ethnologique général, bien que celui-ci soit assez peu clairement associé au principe des causes actuelles (uniformisme). C'est ce qui a d'ailleurs participé à la naissance de notre discipline (quand les objets lithiques tels que les "pierres de foudre" furent définis comme des outils à partir de leur comparaison avec les outils de pierre des "sauvages" (Laming-Emperaire A. 1963)[11].

Comme la majorité des archéologues-préhistoriens, nous étudions en même temps des données environnementales et anthropologiques. La matière de notre discipline étant des "objets enfouis", nous sommes limités à l'analyse d'objets, la plupart du temps *in situ,* qu'il s'agisse d'eux-mêmes ou de leurs relations, positions, entre eux et avec le milieu... (Dunnell 1971). Nous les envisageons en même temps ou ensuite - et c'est là-même la raison de notre métier - comme des objets culturels en eux-mêmes ou selon leurs relations, positions, répartitions et évolutions entre-eux et intra-site. En ce sens, nous sommes des anthropologues spécialisés et entraînés à percevoir, définir et enregistrer, simultanément si nécessaire, faits de nature et faits de culture. C'est une approche, tout à la fois apprise et spontanée, que nous approfondirons plus loin et dont, semble-t-il, nous n'avons pas tiré tous les enseignements.

---

[11] Antoine de Jussieu 1723 *De l'origine et des usages des pierres de foudre* ; R.P. Lafitau s.j. 1724 *Moeurs des sauvages amériquains comparées aux moeurs des premiers temps.*

Nous dépendons dans notre approche, comme la quasi totalité des scientifiques, de la vision moderne du monde où Nature et Culture relèvent du Grand Partage : un des pôles est connu par les sciences exactes ou naturelles, l'autre par les sciences humaines. Il n'existe dans le monde qu'une seule connaissance vraie de la Nature venant des sciences et plusieurs types de sociétés chacune avec sa 'culture' et donc sa vision du monde (ou *Constitution)*, qui répartit Nature et Culture de façon différente. C'est ce que B. Latour nomme la *Constitution moderne* (1991) ; les rares autres peuples encore hors de portée restant des prémodernes, de même que les quelques isolés du monde occidental peinant à reprendre le problème de fond en comble, restent pour le moment, *off the mainstream*...

Les archéologues occupent l'étrange position, à l'inverse des sociologues qui rejettent les objets (Latour 1994 : 606), d'interpréter, de surcharger d'hypothèses sociales les objets sélectionnés à la fouille. Ils le font en termes sociaux plus ou moins actuels (classe, pouvoir, intérêt, politique…), grâce au comparatisme ethnologique. Analysant et définissant uniquement des 'choses' qu'ils exhument pendant la fouille (simplifiées une première fois dans les relevés, catalogues, coupes et plans), ils s'aperçoivent que les sociétés anciennes ne leur sont que des objets et ne sembleraient tenir que par des 'choses' (*things*). Ces sociétés vivaient, s'exprimaient, échangeaient, rendaient des cultes, évoluaient (éventuellement très lentement), grâce aux huttes, objets rituels, parures, pots, armes, outils, poudres, fosses, silos, coquillages, etc. (toutes choses qu'on regroupe souvent sous le terme 'culture matérielle'). Les archéologues, sans le savoir, témoignent de ce que Latour avance (1991, 1995) : les sociétés, les cultures sont faites de "choses", d'objets fabriqués par les hommes qui illustrent les 'natures-cultures' fabriquées par les hommes. Et si on parle de Nature comme les modernes, celle de ces hommes dix siècles en arrière n'était pas celle actuellement décrite par les scientifiques après études paléogéographiques...

Il ne reste rien des "idées" qui faisaient agir ces hommes. Elles ne peuvent être déduites - s'il y en avait (mais qu'est-ce que des idées ?) - que des objets résiduels. Elles sont d'ailleurs en surnombre, en compétition ou en discussion dans le savoir des archéologues qui ne s'appuient d'ailleurs à chaque fois que sur des objets construits, qu'il s'agisse de leur identification ou de leur interprétation par ailleurs toujours en débat. Leur facticité est plus ou moins solide selon sa reconnaissance par la profession à partir de ses critères.

Les archéologues sont des scientifiques et appliquent ce clivage ontologique dont nous venons de parler. Ils sont donc, en quelque sorte :

-1°constitutionnellement tenus : la nature représentée par les sciences, exerce des contraintes que les cultures gèrent et manipulent selon différents modèles et différentes techniques (Lemonnier 1993). Mais après avoir ainsi défini séparément choses et objets (nature) /monde social (culture),

-2° ils sont obligés sur le terrain de saisir dans le même mouvement, la nature (*e.g.* le sol), les objets qui y sont inclus (produits de la nature), et les objets (les produits de la culture, les sols)[12]. Ils réunissent après dans une synthèse ce qu'ils ont nettement séparé au laboratoire lors de l'analyse, à la fois dans l'identification et la description (discours, images comme photos, réduction dans les levés topographiques, dessin à main levée, etc.), l'analyse, la synthèse et l'interprétation ! Très souvent, l'analyse sur le site en cours d'exploitation est une suite de remarques, notes, mesures en langage naturel, parfois disciplinaire, qui sont spontanément émises ensemble (carnet de terrain) avec des hypothèses momentanées, se succédant, mêlant disciplines, synthèses limitées, interprétations provisoires... La conduite de la fouille peut en être modifiée.

L'exemple, présenté et re-interprété ici, voudrait exposer dans le cadre du dialogue entre disciplines, même si celle-ci se réduit parfois à une suite de monologues[13], le problème que ce dialogue implique ainsi qu'une proposition pour s'en sortir.

Archéologie d'une fouille

Paraphrasant Michel Foucault, on peut reprendre la construction des énoncés produits par l'archéologue et le pédologue, réexhumer leurs résultats, déconstruire, si cela se peut, les "faits" ayant servi à conclure dans les deux disciplines... afin d'y trouver des enseignements pour un autre dialogue. D'emblée, il faut souligner qu'on n'a pas affaire à des spécialistes ignorant tout de l'autre discipline. Ce degré zéro n'existe nulle part compte tenu des formations universitaires suivies et des expériences vécues ensuite. Le terrain se charge de rendre les sols très importants pour les archéologues et les vestiges aussi importants pour les pédologues, même si ces derniers

[12] ou, au degré zéro d'un gisement, sur le sol : désenfoui, transporté, déflaté, re-érodé, érigé.

[13] Cf. aussi I. Stengers in Mathieu N. 2000 : 56.

évitent de les prendre en compte dans leurs travaux comme beaucoup de naturalistes...[14]

Mongossi

L'exemple choisi ici, Mongossi, une butte anthropique (*settlement mound*) - déjà présenté comme essai bidisciplinaire (Lamotte & Marliac 1989) et commenté (Marliac 1995e) - avait été programmé dans l'optique de tenter d'abord sur le terrain et à l'intérieur d'une problématique archéologique (Marliac 1991), une méthodologie et des techniques au carrefour pratique de deux disciplines : pédologie et archéologie[15].

Une première fouille du site (1981 ; Marliac 1991) fut suivie après réflexion commune d'une deuxième (Lamotte 1986, collecte non exploitée) jouxtant la première et accompagnée de sondages en contrebas de la butte.

La couverture pédologique régionale sur matériaux sédimentaires anciens et récents constituant le remblaiement de la plaine du Tchad (planosols, sols salsodiques, vertisols) est soumise à un climat soudano-sahélien à pluviosité irrégulière (moyenne de 800 mm annuels à Maroua) qui la dégrade activement en association avec les occupations humaines (Fig.1). Déboisements, stérilisation des sols et absence de points d'eau conduisent à l'abandon du secteur. La butte de Mongossi exhibe une surface nue pavée de tessons de poterie, scories de la fonte du fer, ossements... avec en contrebas, au Nord une mare résiduelle et une étendue dite hardé[16] et au Sud, une étendue de pente plus faible, plus sableuse avec buissons.

---

[14] Je rends hommage ici à mes confrères pédologues de l'ex-ORSTOM (IRD) toujours prêts à discuter, collaborer, expliquer même aux confins des savanes les plus reculées et en même temps attentifs à me signaler ce qu'ils découvraient. De plus, leurs cartographies servaient souvent d'uniques repères sur des terrains vierges de toute topographie. Je nommerai : MM. Beaudou, Barbery, Bocquier, Brabant, Gavaud, Humbel.

[15] Il n'est pas inutile de dire ici que mon collègue pédologue, M. Lamotte (CR à l'IRD), qui s'y essaya avec intelligence et efficacité, dut rapidement pour des nécessités de recrutement et de thèse (1993), et sur mon conseil, se consacrer entièrement à la pédologie, les commissions disciplinaires appréciant mal les chercheurs hors frontières ou à cheval sur icelles. Elles contribuent ainsi institutionnellement au non-dialogue des disciplines.

[16] Hardé (*harde)* : terme de la langue peule du Cameroun (*fulfulde funaangere*) désignant une étendue plane et quasi vide d'herbacées et d'arbres, au sol très dur, quasi imperméable ; saré (*saare)* : maisonnée entourée d'un mur.

Nous utiliserons les textes cités sous une forme, parfois synthétique, parfois analytique, le but étant essentiellement de montrer les éléments utilisés, les enchaînements (ou leur enfouissement dans le 'savoir tacite') vers l'interprétation finale, le langage du discours et la conséquence que nous en tirons.

L'observation archéologique

A l'origine, j'ai opéré seul[17], en creusant une fosse placée au sommet de la butte, afin de couvrir si possible une séquence chrono-culturelle suffisamment importante pour être signifiante : faisant apparaître une évolution dans le temps aussi bien culturelle qu'économique ou architecturale... (On ne sait jamais très bien ce qu'une fouille va fournir[18]). Ceci fut mené par une association pragmatique entre l'outil lourd et l'outil léger, choisi de préférence chaque fois que c'était nécessaire : apparition d'objets, de sols archéologiques, de couleurs, de pendages... ou de matières prélevables (charbons, graines en plus des échantillonnages en vrac). Dans cette action prédomine l'oeil de l'archéologue-anthropologue prédéterminé par ses acquis en matière de 'culture matérielle', et de structurations de celle-ci, (installations villageoises subsahariennes : saré, fonds de cases, fosses, silos, foyers...), quoique on ne puisse ignorer la perception pédologique de l'amateur instruit par ses collègues et ses lectures - puisque tout apparaissait dans différentes natures du sol constituant la butte. Aussi bien, la granulométrie, la couleur, l'humidité, la texture, la répartition, l'épaisseur (au toucher ou à la vue, l'odeur parfois) étaient notées. Corrélativement, ces constatations naturalistes mal définies, mal calibrées par absence de formation aux standards de la discipline ne permettaient pas d'aller plus loin que des dénominations larges de 'couches/niveaux' plus ou moins caillouteuses, plus ou moins truffées de tessons, roches intrusives, objets de fer, graines, plus ou moins intercalées de sols archéologiques, de 'structures' intrusives ou pas, qualifiées d'anthropiques par contraste avec ce qu'on imagine d'un sol 'naturel'... Nous avons pu ainsi définir cinq 'niveaux' (archéologiques, parce que représentant une série empilée d'occupations) relevant plus d'une observation ordinaire améliorée que d'un schéma pédologique ou archéologique (Marliac 1991 : 476-483), tout en conservant

[17] Sauf les manoeuvres-fouilleurs et un technicien camerounais formé sur place et qui travailla excellement avec moi pendant plusieurs années : B. Padeu.

[18] Surtout dans une région (Mandara-Diamaré-Logone) vide avant mon arrivée de toute connaissance archéologique classique reconnue.

une grille naturaliste de caractères descriptifs du genre : diamètre, densité et nature des éléments, superpositions et mélanges, ruptures, durcissements, poches, décrochements, etc.

Nous obtenons ainsi :

Niveau I : matériau gris brunâtre, trous sous une croûte noirâtre fissurée jonchée de tessons et sables mobiles. Tessons nombreux en disposition anarchique. Poches plus ou moins cendreuses.

Niveau 2 : matériau plus jaune plus compact (mottes). Tessons plus grands, lits de cendres et charbons, boules de sables encollés. Se différenciant en deux aspects : friable / compact avec effet de talus.

Niveau 3 : matériau brun-noirâtre à taches blanches et diminution du nombre de tessons.

Niveau 4 : matériau sableux verdâtre, compact de plus en plus collant et nette diminution des tessons qui disparaissent au fond.

Niveau 5 : argiles bariolées stériles, nodules et un unique tesson. (Fig.2).

Au niveau interprétatif, appuyé sur les datages (14C et TL), les comptages, la classification des décors, nous concluons à deux occupations humaines assez séparées quoique en solution de continuité culturelle (Marliac 1991 : 534-35). Clairement, ce découpage résulte d'approximations, d'estimations, aux frontières plus ou moins concordantes, à une échelle plus grossière rassemblant des observations 'naturalistes' vagues et des observations 'anthropologiques'. En exposer le détail révèlerait la "cuisine" archéologique où se fabriquent les faits. Ceci est discuté plus loin...

Visiblement, comme le formula notre collègue à propos des archéologues, "*nous n'avions pas de référentiel* "...

L'observation pédologique

L'identification pédologique que fit M. Lamotte d'une fouille juxtaposée à la mienne se résume différemment car l'observation est plus fine, plus professionnelle quoique prenant ouvertement en compte si nécessaire les interférences humaines (Lamotte *et al.* 1989 : 422, 424-25). D'un point de vue général, une toposéquence traversant la butte et ses abords permet d'identifier trois type de matériaux sédimentaires (Lamotte 1995 : 36) (Fig.1):

- un matériau homogène sableux fin de teinte 10 YR 3/3 à 5/4 (Code Munsell en humide) épais de 1m environ. Dans le hardé ce matériau est présent dès la surface. Il est, sous la butte, recouvert des apports anthropiques ;

- un matériau argileux de teinte sombre 10 YR 3/2, épais de 1m ou plus, recouvert par le matériau sableux et jouant le rôle de substratum ;

- un ensemble d'unités stratigraphiques sédimentaires entrecroisées épaisses de plus de 2,5 m, de teintes hétérogènes, de texture argileuse à graveleuse situé sous le matériau sableux fin au pied sud de la butte (Fig.2).

Plusieurs horizons sont ensuite identifiés à la fouille de la butte (ouv.cité : 45 et Fig.3) :

Horizon 1 : superficiel humifère, cohérent ;

2 : grumeleux ;

3 : microlité ;

4 : à forte cohésion (constructions en pisé);

5 : sableux peu cohérent ;

6 : argileux peu cohérent.

Classification où l'on retrouve l'identification d'éléments et événements anthropiques d'une façon très générale, sous la notion pédologique d'horizon à opposer à la notion de 'niveau' utilisée dans le texte archéologique, connotant un arrangement spatial (et sous-entendu chronologique) en dépôts surperposés subparallèles quelquefois traversés ou dotés de 'structures' intrusives ou non. Le descriptif pédologique reste plus imprécis dans ce sens : le *matériau grumeleux* n'est pas différencié du haut au bas de la fouille.

Un interdisciplinaire non-formalisé apparait déjà dans les deux interprétations précédentes, la synthèse des deux ne sera guère que l'association de ce qui se chevauche déjà dans chaque description. Nous n'avons pas souhaité aller plus loin alors dans la finesse des analyses possibles (géochimiques, granulométriques, sédimentologiques...), ou entreprendre une troisième nouvelle fouille juxtaposée conduite par décapages fins. De nouveaux programmes nous ont occupés ensuite.

Essai d'inter, pluri, multi...

Il est clair qu'un tel site (butte d'habitat) est une combinaison dans l'espace de caractères naturels et de caractères anthropiques ou induits par l'homme, cette "combinaison" ayant à la fois une et "des" histoires en fonction de la dynamique des milieux et de la dynamique du groupe ayant habité le site (cf. aussi Holl A. 1988 : 15). Nous avons vu notre essai de saisir et définir les différents "composants/caractères" de cette "combinaison" à une certaine échelle. Mais comme ils relèvent de champs scientifiques différents et sont donc incommensurables, sauf dans leur élocution en langage quasiment naturel (Detienne, 2000), Lamotte et moi avons choisi de poser le problème à partir de "traits" plus généraux observés lors de la fouille de 1988, appliqués à différentes échelles (du "micro" au "macro"), concernant chacune des deux disciplines concernées. Soit par exemple, trois "traits", complexes, fréquents, considérés comme significatifs, car ils "structurent" le site, soit du point de vue archéologique soit du point de vue pédologique. Leurs apparitions à la fouille témoignent d'événements. Nous énonçâmes ces traits ainsi :

- l'induration des matériaux ;
- les micro-organisations litées ;
- la répartition des éléments grossiers.

Ils constituent la 'proposition de saisie' la plus signifiante et en même temps, la plus englobante en termes disciplinaires. Leur description comme leur interprétation (durcissement, litages, éléments grossiers) s'appuient sur une série d'énoncés qui décrivent en le (ou les) ordonnant par le discours, un (ou des) processus soit naturels, soit anthropiques, soit mixtes. Ils comportent en effet, sans entrer encore dans le détail des processus d'origine, des constituants naturels et anthropiques.

Nous avons ensuite repris les trois termes de la "proposition de saisie", en les recoupant par la liste - limitée - des constituants quelle que soit l'échelle d'observation considérée, afin de classer et représenter leurs intrications-intersections ou influences réciproques. Pour chacun des énoncés précédemment choisis, nous avons :

- des structures (naturelles ou anthropiques) pures ou mixtes. C'est le "schème de base" qui permet, en référence au champ théorique de la discipline concernée, "l'énoncé d'observation";
- des constituants (naturels ou anthropiques) au nombre de cinq : sable et argile ; charbons, tessons, squelette ;
- des processus (naturels ou anthropiques).

Ainsi, la figure 4 montre :

Le Ier exemple comprend les constructions en pisé[19] (Fig.3) et le durcissement de matériau (Fig.2, coupe C) à partir des mêmes constituants naturels (sable et argile) et anthropiques (tessons et charbons) ce qui donne des structures mixtes à partir de processus différents : l'un purement anthropique avec partie de constituants naturels (malaxage, compaction, dessication), l'autre purement naturel (illuviation d'argile et alternance d'humectations/ dessications) avec partie d'éléments anthropiques (tessons abandonnés, remaniés...).

Le 2ème exemple comprend les microlitages à partir de constituants naturels (sables et argiles) et anthropiques (microcharbons, petits tessons) donnant d'un côté une structure naturelle (coupe C) liée à un processus naturel (battance en terrain découvert) de l'autre une structure mixte (Fig.3, coupe E) liée à un processus anthropiquement induit (battance sous égoût de toit).

Le 3ème exemple comporte les mêmes constituants naturels (argile, sable) et anthropiques (tessons, ossements) donnant des structures mixtes générées par, d'un côté un processus naturel : pavage de tessons (pouvant comporter des débris osseux ; coupe E), de l'autre un processus anthropique : inhumation (débris osseux et grands tessons sur le substrat argileux ; coupe E).

Résultats

Quel est le gain ? Pour la connaissance de l'évolution des cultures occupantes du site jadis, des civilisations locales et de l'évolution de certains sols, en particulier les hardés, dont nous avions souligné la liaison avec des vestiges de l'Age du Fer en général (Marliac 1978b) et pour l'applicabilité de la méthode utilisée ?

Le site de Mongossi faisant partie des premiers sites de l'Age du Fer jamais fouillés à l'horizontale dans cette région (Salak, Goray, Biou), l'information acquise est neuve.

On peut utiliser ce tableau comme modèle de comparaison et d'investigation dans d'autres fouilles et de plus, l'affiner. On peut aussi considérer comme positif l'utilisation de la notion pédologique de 'battance' pour la relier à un effet de toiture (notion anthropologique) dans la définition des 'micro-organisations interstratifiées'. Cet emploi permet d'affiner les

---

[19] Boue malaxée avec de la paille 'armée' parfois de petits tessons, appelée aussi *poto poto*, façonnée en briques ou boules crues qui seront empilées pour monter les murs.

hypothèses quant aux modes d'habitat comme d'enrichir le vocabulaire d'approche pour des fouilles sur des civilisations similaires. L'intégration correspondante permet aussi d'envisager l'étude géochimique plus fine d'un 'objet' indirectement anthropologique, comme c'est le cas ici. L'interprétation de la sépulture en 'éléments grossiers' pourrait la faire soumettre à une analyse pédologique analogue. On remarque enfin l'importance du langage naturel qui, reliant le tout, donne un sens à la synthèse finale.

A cette échelle, on peut utiliser des termes du langage naturel, (certains au contenu plus étroitement défini après insertion dans le vocabulaire pédologique) pour définir l'installation locale : l'occupation humaine s'est faite dans une zone plane, exondée, au contact de deux matériaux (sableux supérieur et argileux inférieur) et proche d'un niveau graveleux (ruisseau saisonnier ?). On peut ensuite placer ce terme général vague dans la séquence des événements paléoclimatiques repérés régionalement par différentes disciplines (Marliac 1995e, 1991 : 489), en notant que les échelles ne sont pas congruentes[20] : transgressions/régressions du lac, pluies, apports fluviatiles (défluences des crues du Logone). Une conclusion d'échelle régionale utilisera ceci pour avancer une hypothèse finale quant aux peuplements de l'Age du Fer au sud du lac Tchad entre O et l'Actuel (Marliac 1991 : 761-770).

On pouvait tenter d'aller plus loin dans la définition de certains constituants, des processus d'évolution et de structuration. C'est même souhaitable dans l'avenir mais nous nous sommes cantonnés à un niveau qui permet de poser le problème qui, à notre avis, intéresse le dialogue entre les disciplines. Et nous verrons plus loin qu'entrer dans les détails ne résout pas le problème de ce dialogue.

Problèmes de l'interdisciplinaire

Dans l'essai précédemment exposé, nous avons déterminé la nature, les proportions, le type, la genèse de ces structures à l'aide soit de modèles naturalistes (ici pédologiques) soit de modèles anthropologiques (ici

---

[20] Echelle kilométrique et millénaire de date inconnue pour la séquence chronoclimatique établie d'ailleurs plus au Nord (Maley 1981); échelle décamétrique de durée et dates calendaires ou absolues, mal connues pour la séquence du site et ses abords, à moins d'utiliser les datages absolus publiés, ce qui repose un nouveau problème interdisciplinaire (Marliac 1987) incompréhensible pour des physiciens et même par certains archéo-logues ou -mètres...

archéologiques). Comment ordonner ces modèles durant l'analyse, comment ensuite en faire la synthèse ?

On voit qu'il a d'abord fallu "saisir" cette 'réalité', fournir des "énoncés d'observation" très clairement sous-tendus par une "théorie", même très imprécise, à savoir, d'un côté la pédologie de l'autre l'archéologie (l'anthropologie). Ceci confère dès le départ un ordre à l'analyse, pour autant que le premier énoncé d'observation est fait par une et une seule des deux disciplines, en négligeant le fait que des objets (structures, tessons, sols...) apparus en fouille puissent être uniques dans le temps et l'espace.

On remarque que la 'structuration' des constituants du site est le "schème de base" (de saisie) fourni immédiatement, soit en termes pédologiques, soit en termes archéologiques. Ensuite comment faire se succéder dans un ordre légitime, des interprétations soit archéologiques soit pédologiques ? Si pour la clarté de l'exposé on suppose, exclusivement l'un de l'autre, un énoncé de départ, soit pédologique, soit archéologique, est-on sûr que l'énoncé soit si pur au départ ? De plus, l'ordre des propositions pédologiques et archéologiques n'est-il pas, déjà, dans son ordonnancement, une interprétation qu'il faudrait légitimer ? On peut d'ailleurs envisager de saisir une des structures successivement à partir des deux disciplines : ainsi dans le 3è exemple, la sépulture peut être interprétée comme "amas d'éléments grossiers dans le substrat argileux" (point de vue pédologique), ce qui autorise une interprétation pédologique utile quant à l'interprétation de l'évolution post-dépositionnelle de cette sépulture (datée par comparaison avec l'inhumation similaire trouvée dans la première fouille Marliac, des Vè-VIè siècles AD**). Dans le second exemple, les microlits de la coupe E, interprétés au départ d'un point de vue archéologique, doivent être interprétés d'un point de vue pédologique (croûtes de battance) pour être analysés.

On s'aperçoit donc, pour le premier problème posé, que c'est à partir de termes généraux du langage naturel (structure, constituant, processus), au contenu par ailleurs indéfini et modifiable en fonction des sciences utilisées, que l'on a pu faire "dialoguer" deux disciplines. Procéder ainsi ne supprime pas, d'un point de vue épistémologique, l'irréductibilité des référents théoriques des deux disciplines, ce qui rend discutable la comparabilité sous les mêmes termes. Ceux-ci par ailleurs ne sont pas si "vides" ou si "neutres" que nous le prétendions. Ainsi, qu'est-ce que la pédologie et l'archéologie appellent respectivement une structure ? On ne peut avoir recours à ce terme que si, et seulement si, son référent englobe les deux disciplines en question. C'était le cas ici, le terme structure y étant suffisamment vague, commutable avec "organisation", "arrangement", etc. En ce sens, et sur la base de ce terme, on peut dire que les deux disciplines ont dialogué. Mais aucune signification particulière n'a été donnée au terme en question, qui permette de délimiter entre les deux sciences, un champ scientifique nouveau, interdisciplinaire. Or l'enjeu est là : la pluridisciplinarité nécessite-t-elle, au moins dans certains cas ou à un certain niveau, la création d'un nouveau champ scientifique ? Si non, la commensurabilité des concepts reste-t-elle néanmoins toujours exigible? Si oui, on doit alors aboutir à un corps théorique accompagné d'un langage porteur de nouveaux concepts (Atlan 1986).

Si par exemple (et ici j'invente un scénario où, grossièrement, je mets l'indice **p** pour ce qui relève de la pédologie, **q** pour la physique, **b** pour la botanique et **a** pour ce qui relève de l'archéologie), on entre dans le détail et observe le fouilleur en activité, pinceau ou truelle à la main dégageant une poterie-**a** du niveau sableux 2-**a** (mais aussi **p** pour la définition d'un sable par granulométrie), trouve la poterie sans col-**a**, debout-**a**, en déduit momentanément qu'elle est en place-**a** (ce qui confirmerait par **a** la non-perturbation notée plus loin sous **p**) et observe le matériau encaissant qui parait non-perturbé-**p** mais possédant des passages grumeleux-**p** mais aussi **a** (résidu détruit, par pédogenèse interne du site, d'une structure en pisé ? donc **p**), prélève un morceau de charbon de bois **q** (identifié par la botanique **b**)... On s'aperçoit avec quelle aisance on construit, associe, change, croise, modifie, rejette puis reprend tout ce qui contribue à la compréhension quelle que soit la discipline, dans un effort pour durcir telle ou telle définition de l'objet qui apparait.

On pourrait continuer ainsi le long des "sentiers qui bifurquent" de J.-L. Borgès, en fonction des instruments de fouille, des instruments de laboratoire (microscope, balance, plus ceux des naturalistes et des physiciens), des outils intellectuels déjà existants (statistiques, mathématiques, etc.), des connaissances déjà accumulées... sans pouvoir résoudre sous la *Constitution moderne*, le problème de l'interdisciplinarité tout en produisant une certaine connaissance.

Parallèles

Nous avions abordé un problème similaire (Marliac A. 1987) à propos de l'incommensurabilité entre des datages (mesures physiques), des dates calendaires (mesure historique) et la durée comme l'âge des activités et phénomènes (synchroniques ou postdépositionnels) ayant fourni les objets soumis à datage (histoire culturelle). Comment en effet intégrer, sinon par un commentaire littéraire, l'interprétation physique des mesures, l'interprétation du gisement des charbons de bois en termes archéologiques (*i.e.* anthropologiques) comme en termes postdépositionnels ? Surtout lorsque l'on sait la difficulté d'appréhension des "unités anthropologiques". Notre interrogation rejoignait celle de collègues archéologues qui rappelaient fort justement à propos de la calibration des datages 14 C : /calibration/ "*...identifies the probable range of dates in calendric times to which the 14 C activity in the dated sample corresponds* "(Mc Intosh S.K. & J.R.1986 : 415) et soulignaient par là qu'il s'agit de mesurer un phénomène physique dépendant d'une théorie des phénomènes physiques qui n'a rien à voir directement avec la théorie des phénomènes humains, si théorie il y a, sous la *Constitution moderne*.

Une relation d'intersection est certes établie entre les deux domaines puisque les charbons viennent de foyers dans un site, mais répétons qu'une telle 'réalité' ne suffit pas, elle doit être expliquée (nature, origine...) ce qui implique une "théorie"[21].

D'où d'ailleurs, le recours à la calibration, aucun datage n'étant désormais utilisé dans le domaine anthropologique tel qu'il est fourni par les Laboratoires[22].

La situation est donc la même que dans le cas évoqué auparavant où tel ou tel 'objet' était en même temps justiciable de deux interprétations ou dépendant de deux théories qui n'avaient rien à voir l'une avec l'autre. Leur intersection dans le champ observable (charbons de bois dans un foyer par exemple) explique leur prise en compte par deux disciplines (et même éventuellement quatre si on y ajoute la botanique (anthracologie) et la pédologie) mais ne supprime pas le problème de l'incommensurabilité des théories utilisées au même moment sur le même 'objet'...

Pour le deuxième problème, la mise en place d'échelles de calibration permet de recaler, par une première approche, le temps "atomique" au temps calendaire. Il demeure que ce temps n'est qu'une grille froide posée sur un temps 'culturel', représenté pour les modernes par une flèche linéaire, effaçant au fur et à mesure leurs différents passés, sans parler de la durée qui est un temps lié au vécu.

---

[21] Par exemple : explication du gisement de tels ou tels artefacts... ce qui introduit un troisième champ scientifique de référence : les sciences naturelles.

[22] Il est amusant de voir déplorer ensuite dans le CR d'un symposium d'archéométrie la rareté des archéologues, quand on sait quel accueil beaucoup de physiciens réservent à ces problèmes pluridisciplinaires !

Comment re-lier ce qu'on a séparé?

Dans la publication ré-utilisée ici (CSH**) avec la même argumentation, nous avions voulu pousser plus avant l'approfondissement du dialogue interdisciplinaire : reformuler en quelque sorte différemment ce qui se présentait 'dans la réalité' plus ou moins intriqué, inséparable, insécable en une quelconque proportion et qui avait déjà été impitoyablement clivé par les disciplines et devait être ensuite re-lié par le discours (Lamotte & Marliac 1989). Nous touchions le fond du problème : sous la *Constitution moderne*, l'interdisciplinaire consiste en un aller-retour constant entre les deux pôles Nature (choses) et Culture (sociétés), qu'on essaie de surmonter par des montages, images, juxtapositions, trucs et langages adaptés ne respectant pas l'orthodoxie scientifique disciplinaire. Quelle que soit l'échelle pratiquée, l'on aboutit à une récurrence sans fin dans le discours donc à l'absence de solution concluante. Ce n'était plus que carambolages des mots du langage plus ou moins connotés, avec les images que l'on voudra utiliser (tableaux, graphiques, photos, croquis, courbes, diagrammes, cartes...) illustrant l'alternance sans fin entre les deux pôles Nature et Culture. Comment en sortir ?

Allers & retours

Cet exposé d'une expérience pluridisciplinaire limitée était l'exemple d'un 'bricolage' intellectuel à l'aide du langage naturel sur la base de l'échelle des connaissances à un moment donné. Un problème intéressant était de savoir si, lors du bricolage, les relations mises en évidence sont d'ordre symbolique, logique, rhétorique, ou purement factuel. Dans chaque cas quel est leur détail ? Sont-elles justifiées dans l'ordre logico-scientifique, ou bien ne sont-elles que des juxtapositions d'énoncés, baptisées relations dont la réussite repose plus sur la séduction intellectuelle que sur une véritable cohérence ? Ne repose-t-elle pas uniquement sur l'imprécision du langage naturel ? Sur le constat de l'état des choses ? A l'époque, revendiquer la juxtaposition des faits vécus dans la réalité, ici de la fouille, me semblait être une garantie de la 'commensurabilité' obtenue. Préciser ou bien éclairer la nature provisoire de ce stade du travail me semblait l'objectif le plus concret de l'élaboration pluridisciplinaire. C'est, à l'image de ce que dit M. Borillo à propos de l'archéologie : "*...les progrès significatifs dans les conceptions théoriques viendront surtout de l'intelligence et du soin avec lesquels sera* *faite jour après jour, l'archéologie 'empirique'.* " (1978 : 321) que j'avais construit alors cet essai.

Dans les deux éditions de son ouvrage où il tente d'asseoir en les différenciant deux types de stratification, Harris (1997) rencontre à mon avis le même obstacle : il va et vient entre Nature et Culture, parce qu'il lui est extrêmement difficile, sinon impossible, de procéder différemment[23]. De même, J.-G. Evans (1978) déclare que les difficultés de la pluridisciplinarité sciences de la nature/sciences de l'homme viennent de ce que " *raw data on both sides are not sufficiently precise to allow correlation* " (résumé par moi A.M.) ce qui me semble très vague. Qu'est-ce que des faits bruts ? Relevant de référentiels très différents, que peut vouloir dire leur corrélation, c'est à dire leur association statistique ? Et il touche du doigt le problème sans l'identifier : " ... *there are a number of practical problems that arise when attempts are made to equate causally culture and environment.* "(1978 : 10). Il semble bien que les problèmes sont aussi théoriques que pratiques !

Dans l'état des connaissances et de la réflexion théorique sur, par exemple, un champ "pédo-archéologique", un stade préalable et nécessaire de "bricolage" de savoirs sans véritable statut scientifique, me semblait inévitable. Il fallait abandonner l'orthodoxie pour la pertinence. C'était un passage obligatoire avant d'atteindre le statut que nous lui souhaitions, dans une sorte de série échelonnée d'essais-erreurs, ajustages d'échelles et de concepts, analogue aux progrès qu'il a fallu réaliser en optique pour prouver expérimentalement et ultérieurement la théorie copernicienne défendue par Galilée. La commensurabilité apparaissait en quelque sorte comme un défi théorique posé par la pluridisciplinarité, défi dont la réalité quotidienne, certes, se moque puisqu'elle accepte des explications triviales ou le simple constat du "*ça marche* "... Mais c'est un défi fécond comme l'ont montré les développements théoriques et techniques post-galiléens.

Le noeud du problème

Il n'a pas été, dans notre cas, inutile de tenter concrètement de raisonner ensemble. L'effort nous permet de dire maintenant que l'expérimentation pluridisciplinaire doit dépasser les dialogues en forme de monologues

[23] "*These archaeological units are ultimately produced by the interaction of human behavior with the various natural agents.*" Vidale, Kenoyer & Bahn 1992. *in* Ethnoarchéologie : 181.

'parallèles-croisés'[24], qu'il s'agisse de l'impérialisme nonchalant d'un physicalisme dont l'apogée est derrière lui ou de la pauvreté des modèles anthropologiques explicatifs utilisés jusqu'ici. Pour ce qui concerne les études conjointes que les sciences de la nature auront à mener avec l'archéologie, elles relèvent désormais d'autre chose que du "savoir commun" (sous la *Constitution moderne*) servant de théorie aussi bien aux naturalistes qu'aux archéologues.

Si l'on peut déjà dire qu'un dialogue interdisciplinaire est là : discours en langage naturel plus ou moins logique (logiciste dirait Gardin 1979) agrémenté de termes disciplinaires désignant éventuellement des 'objets' appartenant à des sciences différentes (aux référentiels différents)[25], ce n'est pas encore un aboutissement, et ce ne peut l'être, car le problème est verrouillé par la *Constitution moderne*. En effet, le clivage Nature/Culture, puis à l'intérieur du concept Nature, la sectorisation en disciplines (accompagnées d'une nomenclature dans un certain langage), sépare fondamentalement les deux domaines. Si les efforts interdisciplinaires sont toujours sujets à critique et évolutions dans le sens d'une commensurabilité, ils sont de toutes façons et par définition, sans fin. Si d'ailleurs, le besoin se fait jour, aussi bien au niveau des manuels, qu'à celui des synthèses ou des explications, plus ou moins implicitement, plus ou moins clairement, non seulement dans le cas de recherches environnementales (approches archéologiques, approches naturalistes ou approches générales) mais aussi dans des cas pluridisciplinaires plus généraux, les problèmes restent encore posés dans le cadre de la *Constitution moderne*.

La prise en compte des difficultés théoriques de la pluridisciplinarité, à partir de travaux réels en cours, pourrait apparaître comme un jeu distrayant le chercheur de ses problèmes concrets. A la limite, ce pourrait être un leurre sinon un luxe. Nous pensons que c'est tout le contraire, comme l'explique bien l'histoire des sciences physiques après Copernic et Galilée. Théories explicatives concurrentes et faits rétifs ou nouveaux se renvoient la balle pour un approfondissement du savoir. L'opposition savoir quotidien/ordinaire (ici plus ou moins truffé de termes scientifiques, techniques) / savoir scientifique (ici représenté par la pédologie) découle aussi d'un problème quasi transdisciplinaire... (Marliac 1995d). On pourrait ainsi

---

[24] Comme dans un trèfle autoroutier, des monologues fermés sur leur discipline de référence, se croiseraient superposés sans se modifier mutuellement...

[25] Les connaissances archéologiques accumulées sur le Nord-Cameroun ne sont pas équivalentes dans leur ensemble à celles concernant par exemple l'Ile de France...

entreprendre l'examen des différentes façons dont la pluridisciplinarité a été effectuée, dont elle est effectuée et de repérer à cette occasion les lieux scientifiques et niveaux où la pratique pluridisciplinaire peut s'engager, c'est-à-dire les lieux où les modèles des deux champs théoriques peuvent être parallélisés ou croisés... Les niveaux où les discours peuvent s'harmoniser, à la condition que la théorie sous-jacente de cette harmonie soit clairement exprimable.

L'impératif de scientificité qui exigerait que la science soit à prendre déjà construite et figée comme un donné doit être dépassé dans la pratique de la pluridisciplinarité, depuis le bricolage jusqu'aux élaborations sophistiquées. L'entreprise scientifique démarre en même temps dans le concret (l'anthropologie est ce que font les anthropologues) et dans l'abstrait (comment et pourquoi l'anthropologue fait ce qu'il fait). Elle sépare ce qu'elle devra lier, elle rejette ce qui n'est pas conforme à ses modèles d'intelligibilité et exclut ce qui devient de plus en plus envahissant : les hybrides qu'elle crée sans cesse par la face cachée de la purification : la médiation.

On peut concevoir alors une autre *Constitution,* comme le propose B. Latour (1991), constitution qui permettrait de surmonter l'étrangeté consistant à séparer pour analyser puis recoller pour expliquer.

Que faire sinon ce qu'on a toujours fait ?

Faire dialoguer les disciplines, en l'occurence les sciences naturelles et les sciences humaines, c'est accepter la dichotomie Nature/Culture et comme il a été montré pour l'archéologie, après le travail réel de terrain où tout se mêle[26], revenir à la dichotomie enseignée, aux redistributions académiques et disciplinaires, revenir à la purification.

Or justement, ce qui est intéressant dans les travaux des archéologues sur le terrain, par rapport au monde purifié des disciplines scientifiques dans le couple ontologique Nature/Culture, c'est - comme nous l'avons vu précédemment dans le scénario imaginé et simplifié à partir du travail de terrain réel -, le répertoire ouvert des ontologies pratiques utilisées dont aucune jamais ne recoupe la différence entre contraintes matérielles et déterminants sociaux qui parait si évidente (Latour 1996 : 34). Cette

[26] Y compris difficultés matérielles et sanitaires, soucis de carrière et impératifs de coopération.

souplesse quant aux catégories disciplinaires purifiées pourrait conduire à une nouvelle façon d'interpréter pour les archéologues. Elle leur permettrait de sortir du va et vient Nature <---> Culture, que nous imposent la purification et la publication[27] où seule la conclusion en termes du langage naturel est la partie la plus attrayante de l'ensemble.

"*Débarrassons-nous une bonne fois de la distinction style/fonction, du modèle purification/conjonction, de l'épistémologie du sujet connaissant et de l'objet connu, de la croyance en une modernisation et comparons les collectifs d'actants aux ontologies différentes* " (Latour 1996 : 36). Dès lors, l'objet n'existe plus en-soi dans une Nature inaccessible : il est un hybride de nature-culture. Mais pour ce faire la nouvelle *Constitution*, que l'on pourrait nommer *amoderne,* doit être adoptée et les constitutions des sociétés anciennes dites *prémodernes,* devraient être prises en compte dans l'analyse des produits de leurs natures-cultures : ce que nous découvrons à la fouille. Quel que soit l'objet envisagé, il doit l'être à égalité à partir des points de vue scientifiques différents en question et, mieux, n'être que de définir lui-même sa nature et sa culture.

Pratiquement, cela signifie que le discours anthropologique-naturaliste présidant à l'exhumation des sols et des objets - comme celui que nous avons imaginé -, discours issu d'une formation professionnelle mêlée de toutes sortes d'apports et d'expériences, est aussi important que le discours synthétique final, appuyé sur des mesures, analyses sophistiquées et imageries diverses (du dessin à main levée, des photos au plan topographique et au MEB) et qu'ils doivent être associés. C'est le cas la plupart du temps quand après avoir aligné textes, comptages, courbes, histogrammes, croquis, etc., la conclusion se présente, dans la publication, en un énoncé général en termes naturels du genre (Marliac 1991 : 535) "*...On aurait à Mongossi une culture à deux stades : MONGOSSI A, débutant vers les Vè-VIè siècles ad, caractérisée par la poterie X, des objets de fer (bague et pendentifs) Y, des objets de parure (perles de terre cuite, pendentifs, boutons) Z, des modelages vraisemblablement animaliers M, quelques perles vitreuses V et une sépulture avec appareil S évoluant vers : MONGOSSI B...*". Soit elle est ainsi parce que c'est la seule façon de présenter des résultats provisoires, d'échelles diverses et de référentiels variés, soit aussi parce que c'est sous cette forme que les historiens ou ethnohistoriens peuvent l'utiliser, soit

[27] Il y a longtemps que l'on sait combien les thèses sont ennuyeuses et illisibles... Elles ne font que reproduire, rassembler les résultats de la cuisine - qui va du terrain au laboratoire et à la sanction académique -, nettoyés et allégés, *i.-e.* 'purifiés'.

encore parce que c'est sous cette forme ou une encore plus simplifiée, que les 'consommateurs' (les intéressés) l'assimilent et l'emploient à différents usages (Marliac 2001b)[28]. Cet énoncé très peu formalisé (pouvant pour d'autres sites et avec d'autres auteurs, bien sûr être beaucoup plus élaboré) correspond d'une certaine façon à la formule : **d2r /dt2 = 1 / m F (r,t)**, qui transcrit l'énoncé verbal suivant : [La trajectoire d'un objet dans un champ de forces donné est régie par la dynamique newtonienne comme suit] :" *la position de l'objet à un instant donné détermine la force qui agit sur lui, laquelle donne l'accélération qui caractérise le mouvement donc la position ultérieure.* "(Lévy-Leblond 1996 : 354). La physique n'est exacte que d'être mathématisée (*id.* : 354) et l'équation dissipe la complexité initiale du problème, comme notre énoncé synthétise et purifie les multiples sous-énoncés qui concernent notre problème d'archéologue.

Plus encore, les producteurs des objets étaient des prémodernes pour qui nature et culture constituaient un seul continuum, il est très plausible que leurs 'objets', hybrides des deux, exigeaient de ne pas mettre en cause l'ordre cosmique qui englobait nature et sociétés en un Tout sans coutures[29]. A chaque culture sa nature mais pas celle de La Science. Il est intéressant de noter que les archéologues, pour la plupart, traitent à la fouille leurs objets - contrairement à la vision moderne qui isole ce qu'elle obtient de la science en objets lisses (ou chauves) - en objets chevelus, c'est-à-dire qui sont tissés de relations sociales profondes, variables, complexes, d'incidences multiples, parfois inattendues et à longue portée. Bref, ils traitent leurs objets comme tous les anthropologues : pris dans des réseaux comme des natures-cultures, des hybrides... comme ces haches d'acier distribuées aux aborigènes qui d'un coup modifièrent la 'nature' qui les entourait et leurs relations intra-ethniques (hommes/femmes, jeunes), en remplaçant leurs précieuses haches de pierre (réservées aux hommes et liant tribus et territoires par l'échange et l'achat au long d'itinéraires signifiants) (Sharp 1952). Le problème c'est que ces archéologues les restituent le plus souvent sous les formes et concepts exigés de la *Constitution moderne* : d'un côté la société, de l'autre la nature telle que les sciences de la nature la définissent.

---

[28] On peut faire varier d'échelle la formule en ajoutant ou retranchant des éléments, passant ainsi d'une extension régionale à une extension villageoise.

[29] Il serait fort intéressant de déterminer à quel moment un certain clivage - peut-être seulement pragmatique - est né entre ce que l'homme a de plus en plus considéré comme extérieur et hors d'atteinte et ce qui se passait dans sa vie collective grâce au langage. A quel moment a-t-il eu conscience que son intérieur individuel relevait aussi de cet extérieur inaccessible ? Qu'il était lui-même une nature-culture ?

Le tableau général de l'hominisation, à une échelle suffisamment petite, conforterait bien cette image d'une fabrication et d'un investissement, étendu sur des centaines de millénaires, d'objets de plus en plus nombreux et de plus en plus adaptés à des usages de plus en plus précis, complexes, tout au long du paléolithique. Selon la vision actuelle d'un temps linéaire conduisant l'Homme, des millénaires sombres de la Préhistoire et de l'Histoire, vers un 'avenir de plus en plus radieux', survivre consiste à comprendre et maîtriser plus ou moins bien, longtemps et profondément son environnement à l'aide d'objets (outils pratiques, spécialisés, non-spécialisés, religieux, magiques et représentations), prolongeant la main dans une première étape puis utilisant des machines à qui déléguer[30]. Il semble bien à cette échelle, en accord avec B. Latour (1991 et 1995) pour qui les groupes sociaux tirent leur solidité, donc leur existence, d'objets créés par les hommes, qu'ils assimilent en nombre de plus en plus grand, que les sociétés humaines faites de ces groupes (*collectifs* dit Latour), depuis les plus anciennes, n'existent, ne survivent et n'évoluent que par ces objets (qu'ils soient prélevés, apportés ou fabriqués) qu'elles conçoivent, parfois fabriquent et utilisent, créant dans le même mouvement leurs sociétés et leurs natures. Reculant aux temps des hominiens très anciens, l'*homo* avec de moins en moins d'objets, cessant peu à peu d'être *faber* ou *habilis*, est-il toujours *sapiens* ? Ou inversement, l'homme moderne et postmoderne, couvert d'objets, cesse-t-il d'être pleinement *sapiens* en les ignorant ou les oubliant ? Comment s'est faite la socialisation à partir des simples interactions (Latour 1994), sinon par la solidification plus ou moins momentanée d'actions et interactions, gestuelles, délégués dans des objets de plus en plus complexes, assurant la pérennité d'un sens : adéquation aux moyens, besoins et visions du monde de la société en question.

Le 'dialogue', présenté ici, devenu translation/médiation, ne concerne plus directement celui prôné entre les représentations de l'environnement et la construction de territoires. Il s'agit de la fabrication conjointe d'un site d'habitat ancien saisie à partir de deux champs disciplinaires de représentations, problème propre aux archéologues[31].

---

[30] Le caillou, taillé ou non, du paléolithique inférieur réapparaissant d'ailleurs occasionnellement quand on est démuni de tout outil... dans la main du paysan sahélien voulant déterrer un tubercule ou dans celle du promeneur parisien cherchant à graver deux coeurs sur un grès de Fontainebleau...

[31] On ne saurait oublier les débrayages hétérogènes auxquels ces derniers sont soumis : corpus d'objets tronqué et de manières très diverses (érosion, destructions, utilisation, usure, rejet,

Peut-il servir à imaginer une nouvelle façon de considérer la fabrication de territoires à l'aide d'autres disciplines naturalistes et anthropologiques au sens large ?

---

absence d'écritures...), modèles d'analyse et théories interprétatives très majoritairement 'sociologistiques' (*i.-e.* modernes assymétriques)....

Carte 1

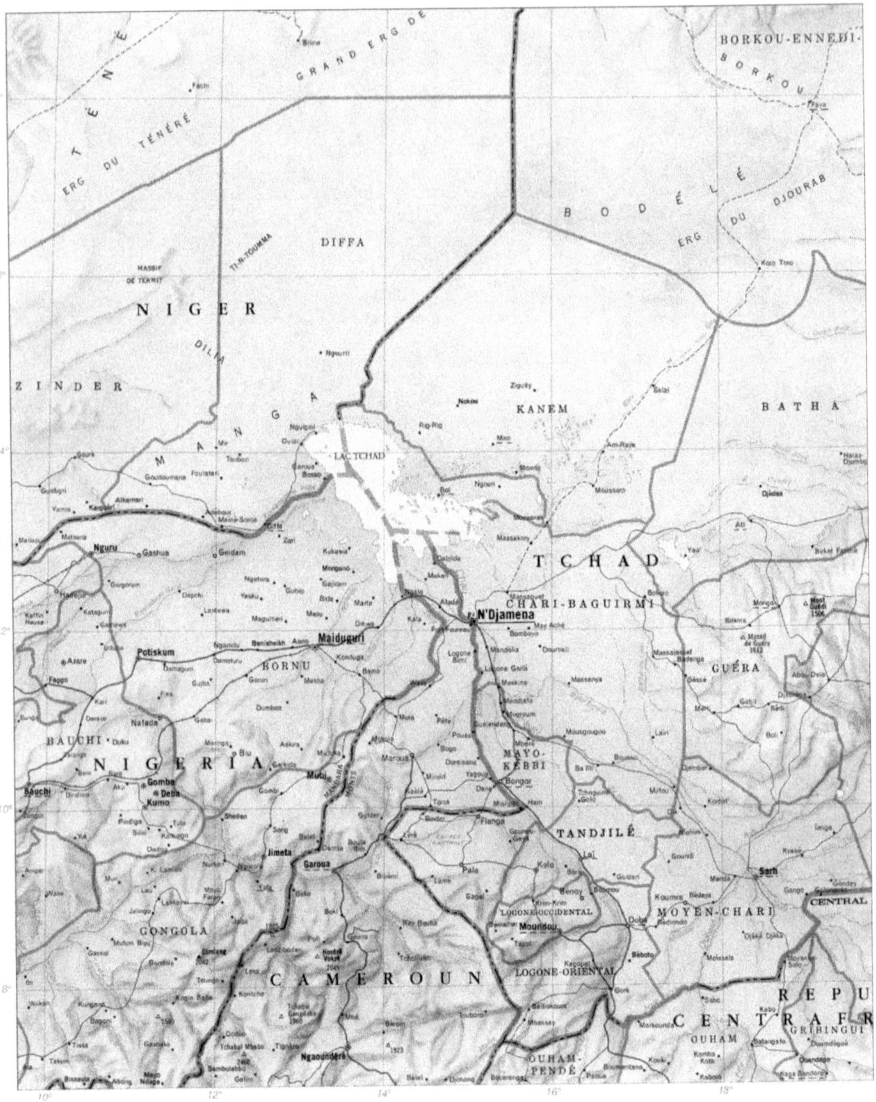
NIGER
DIFFA
ZINDER
MANGA
TCHAD
KANEM
BATHA
BORKOU-ENNEDI
BORKOU
BODÉLÉ
ERG DU DJOURAB
ERG DU TÉNÉRÉ
GRAND ERG DE
LAC TCHAD
N'Djamena
CHARI-BAGUIRMI
GUÉRA
MAYO-KEBBI
TANDJILÉ
MOYEN-CHARI
LOGONE OCCIDENTAL
LOGONE ORIENTAL
Moundou
Sarh
NIGERIA
BORNU
BAUCHI
GONGOLA
Maiduguri
Potiskum
Nguru
Gombe
Garoua
CAMEROUN
Ngaoundéré
OUHAM
OUHAM-PENDÉ
GRIBINGUI
REPU
CENTRAFR
CENTRAL

Carte 2

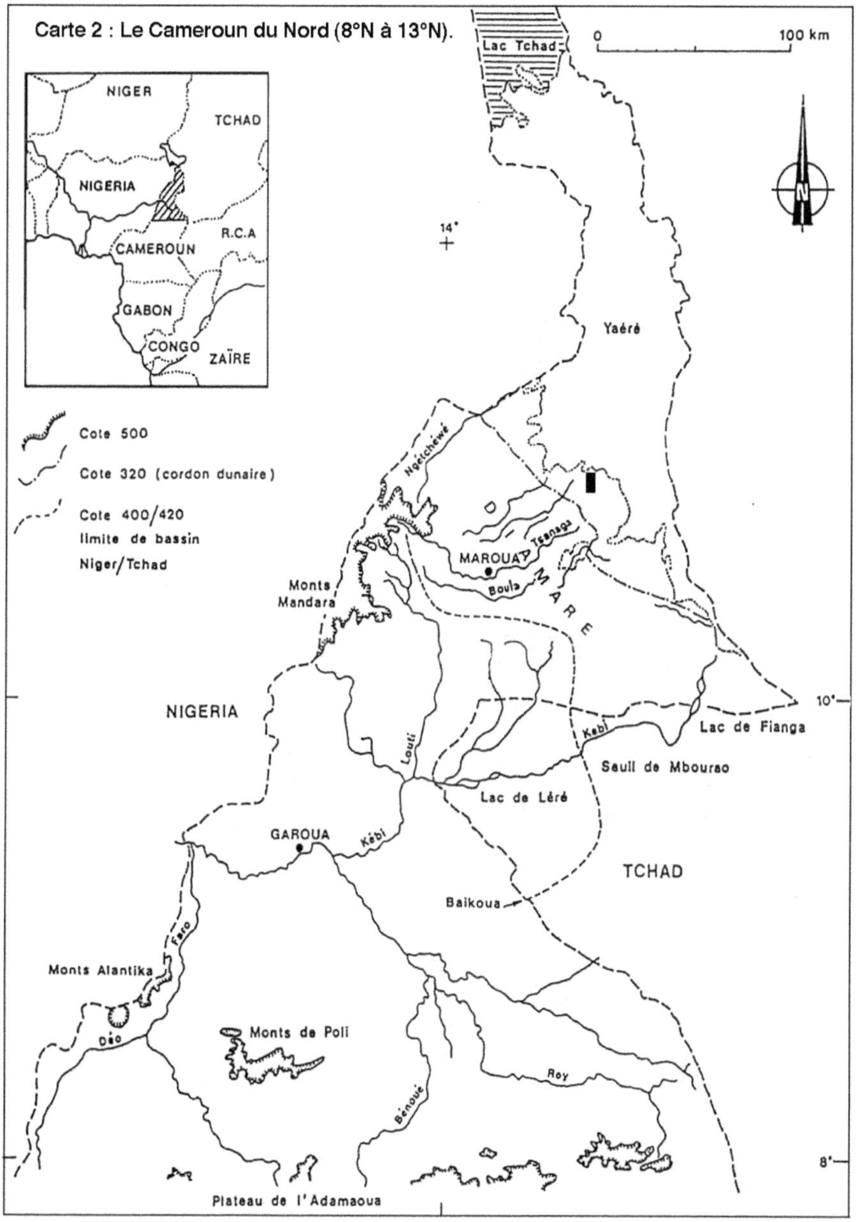

Carte 2 : Le Cameroun du Nord (8°N à 13°N).
Lac Tchad
0
100 km
NIGER
TCHAD
NIGERIA
R.C.A
CAMEROUN
GABON
CONGO
ZAÏRE
Cote 500
Cote 320 (cordon dunaire)
Cote 400/420
limite de bassin
Niger/Tchad
14°
Yaéré
Ngétchéwé
DIAMARE
Tsanaga
MAROUA
Boula
Monts
Mandara
NIGERIA
Louti
Kébi
Lac de Fianga
Seuil de Mbourao
Lac de Léré
10°
GAROUA
Kébi
TCHAD
Baïkoua
Faro
Monts Alantika
Déo
Monts de Poli
Roy
Bénoué
8°
Plateau de l'Adamaoua

Fig. 1

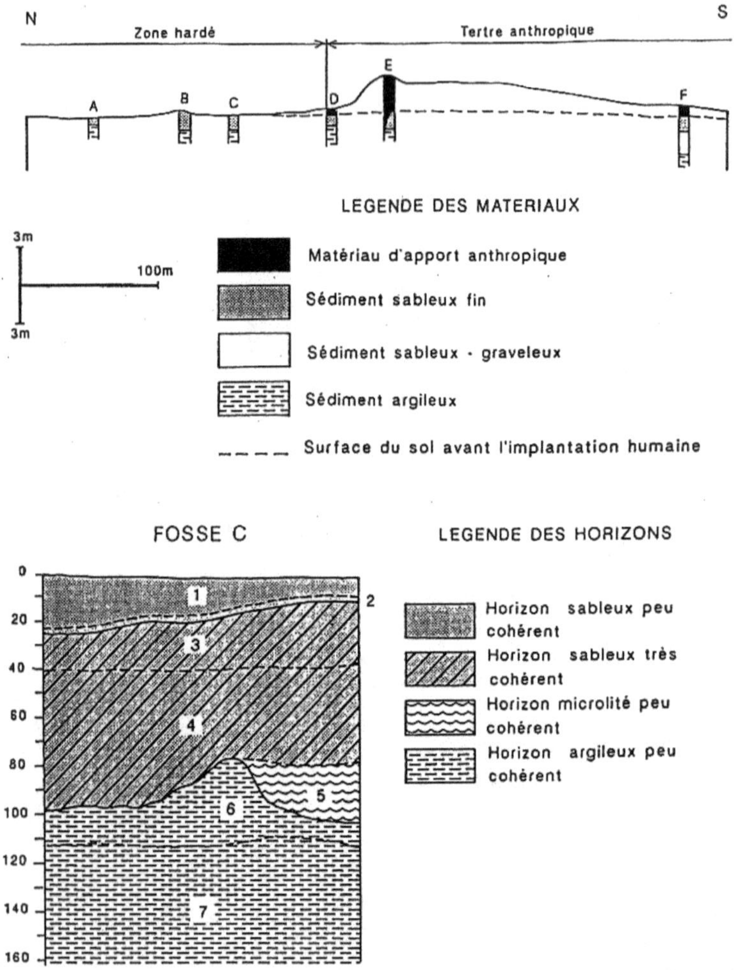

Figure 1 : coupe topopédologique du site Mongossi et coupe pédologique C dans le hardé (Lamotte 1995 : 36).

Fig. 2

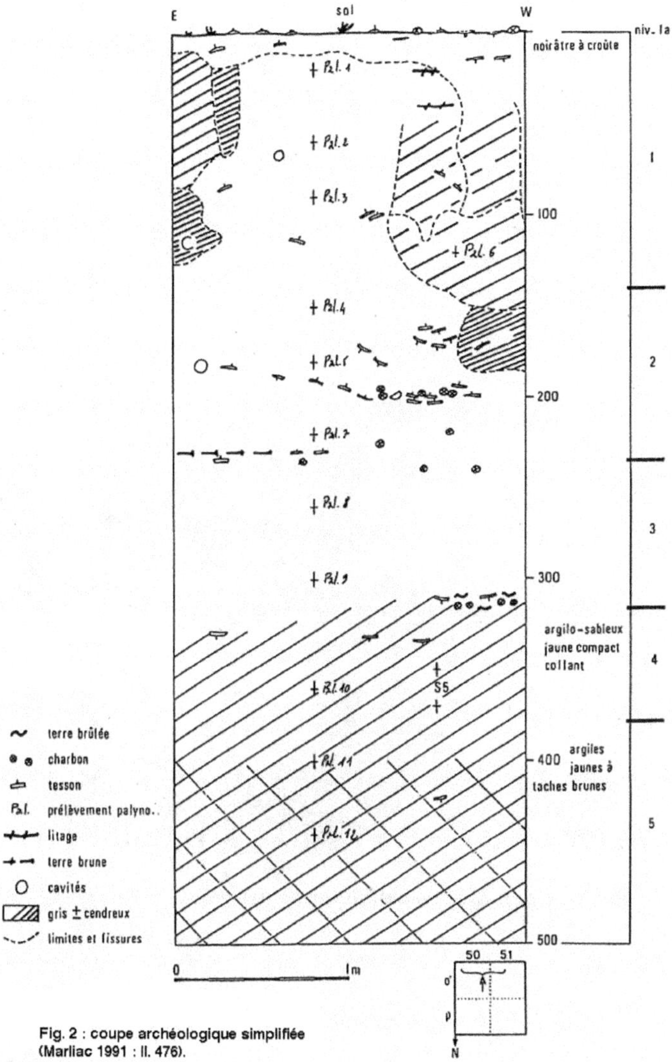

Fig. 2 : coupe archéologique simplifiée (Marliac 1991 : II. 476).

Fig. 3

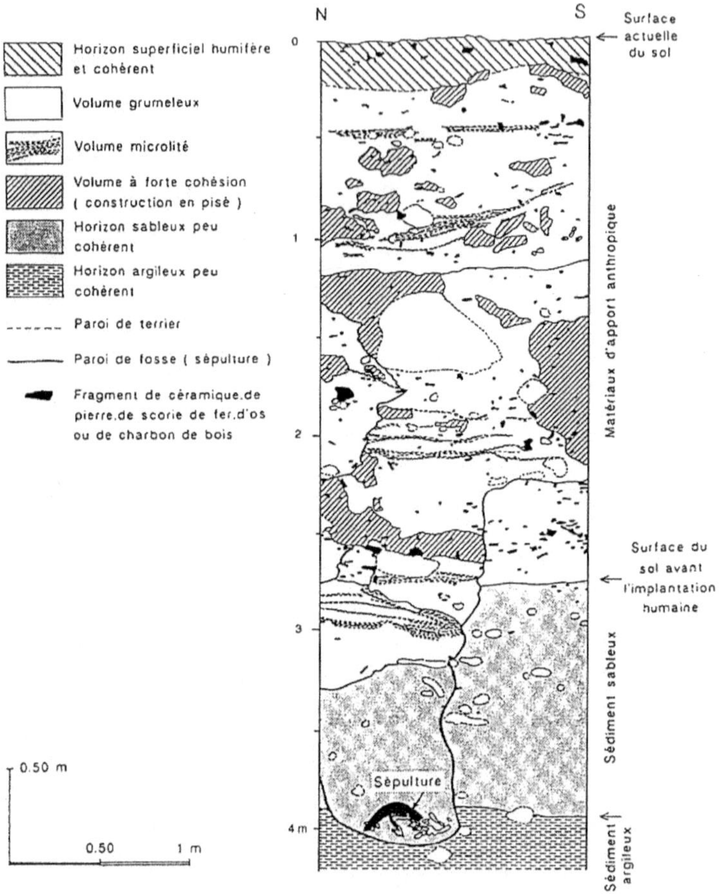

Fig. 3 : coupe pédologique E de la fouille Lamotte (id. 45).

Fig. 4

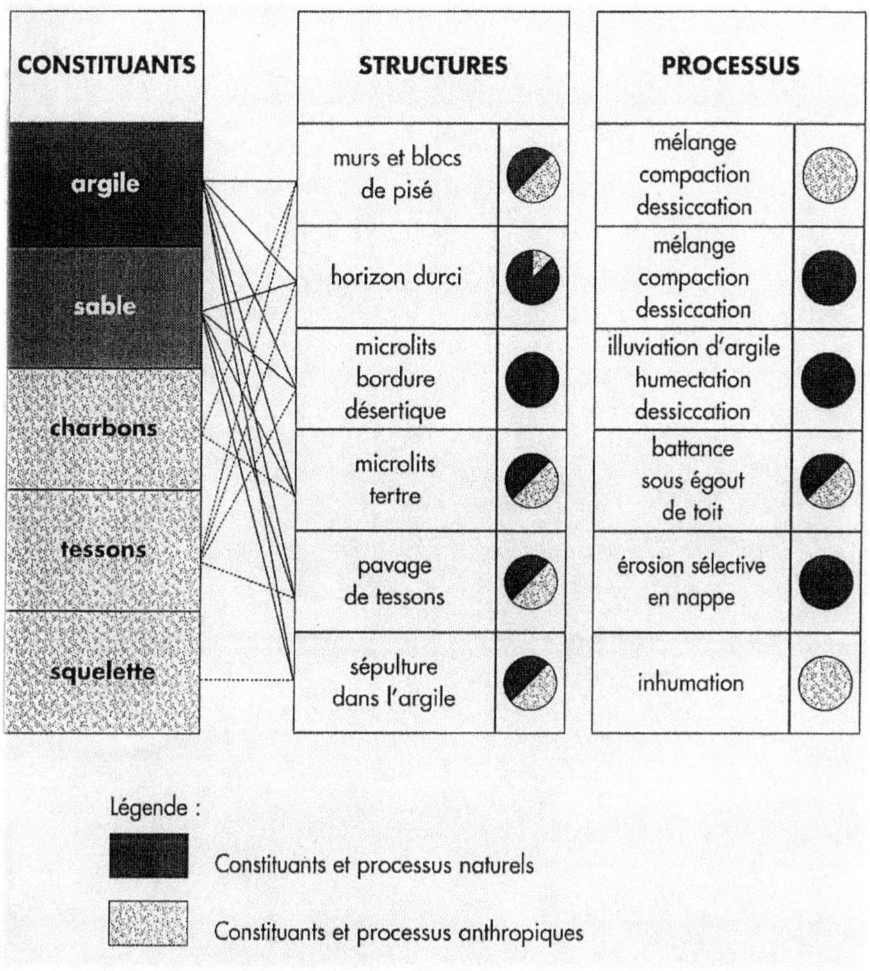

Fig. 4 : Relations entre constituants, structures et processus naturels et anthropiques (Lamotte & Marliac 1989).

Des 'terres noires' médiévales urbaines de France aux buttes anthropiques tropicales : l'archéologue en action[32]

[32] Publié en 2002 *in* ***L'Anthropologie 106*** : 745-761.

On a souvent parlé de pluridisciplinarité à propos de l'archéologie mais, enfermé dans les découpages disciplinaires qu'implique la question ainsi posée, on n'a pu percevoir que notre discipline était couramment pluridisciplinaire… à l'insu des disciplines.

Sur elle, comme sur les autres sciences sociales pèse, bien sûr, la *Cosmologie Occidentale* que B. Latour (1991) appelle *la Constitution Moderne* : ce dualisme né du clivage ontologique Nature/Culture dont on a les aboutissants dans les disciplines 'scientifiques' et des ersatz dans les disciplines 'dites scientifiques'... Les premières doivent leur succès à la solidité, dureté, obtenues au travers d'épreuves où, selon certains, la 'Nature parle' et où, selon d'autres, on la 'fait parler', produisant grâce à ces épreuves un "fait" qui va être nommé après la liste des épreuves traversées et devenir éventuellement une 'boite noire'. Le scientifique est son porte-parole, son représentant (Latour 1995). Les secondes copient, avec plus ou moins de réussite, les premières mais acquièrent peu à peu, frauduleusement, le même statut... Dans ce cadre constitutionnel, l'archéologie, fait partie de ces dernières mais, comme de par son 'objet', elle interroge aussi bien la Nature que la Culture, on peut dans certains cas appliquer à ses objets des observations habituellement réservées aux sciences de la nature... Mais comme on sent bien - quand on reste tributaire de cette *Constitution* - qu'il y a contradiction à traiter des objets que l'homme a manipulé, utilisé, comme des objets naturels, on tente de faire se rencontrer les deux approches : naturaliste et socio-anthropologique... L'impossibilité où se trouvent les sciences de l'homme, dans cette situation, à savoir de traiter tel objet de la Nature comme un objet culturel, les conduit à se réfugier dans l'analogie ethnologique, même s'ils s'en défendent âprement. On comprend dès lors la floraison de colloques, symposiums, séminaires sur la pluridisciplinarité, le dialogue, etc.[36], réunions qui d'ailleurs n'aboutissent jamais et pour cause, la majorité des chercheurs partageant les règles de la *Constitution moderne*.

L'analyse détaillée et précise de 'découvertes' scientifiques où un 'objet' est devenu un 'fait scientifique' donc indiscutable, (par ex. : S. Shapin, D. MacKenzie, H. M. Collins, T.J. Pinch et d'autres in Callon & Latour 1990 ; aussi Latour 1984, Callon 1989, 1995) a montré que ce fait était construit à partir de toute une cuisine associant idées, matériaux variés, techniques améliorées, argent, etc., plus toute une stratégie sociale entre scientifiques, qu'il était construit sans que cela veuille dire qu'il ne vaut rien, qu'il n'existe pas. Le téléphone de Bell et le moteur Diesel en sont de bons exemples comme tel nouvel élément chimique ou biologique. Toute découverte est pluridisciplinaire.[33]

De la même façon, observons ce qui se dit de l'archéologie et ce que dit l'archéologie et notons ce qui se fait. Dépasser les mots, ne pas écouter ce qui se dit, mais observer dans le détail ce qui se fait, offre un accès nouveau au problème si fréquenté du dialogue entre disciplines. En Archéologie comme ailleurs, on parle, discute, expose, analyse, compare des éléments et unités de science faite. On 'théorise' beaucoup (Hodder 1991) en distribuant bonnes et mauvaises notes, mais on passe sous silence comment les archéologues analysent et définissent ces éléments, fabriquent ces unités et les relient au nom des théories... La réflexion partira donc d'un certain niveau du travail des archéologues, celui où élaborant leurs objets d'une façon plus ou moins solide, les mains dans la glaise, le sable, les cailloux, puis à la paillasse, accompagnés de tout leur barda méthodologique, métrologico-instrumental et de toutes les connaissances, thèses et hypothèses accumulées depuis l'Université et constituant cette fameuse "théorie"[34].

Experimentum

Confronté à la fouille de l'un de mes sites, une butte anthropique (Marliac 1978, 1982, 1986), j'ai, à l'époque, sollicité l'appui de la pédologie pour tenter de comprendre autrement les couches-niveaux que je décapais (Lamotte & Marliac 1989). Après avoir lu différents essais de bi-disciplinarité (pédologie : Feller *et al.* 1981 ; Chavane & Feller 1986 ; micromorphologie : Courty *et al.* 1989), je rédigeai un premier essai de réflexion à partir de ce travail bi-disciplinaire (Marliac 1995). Je fus plus tard invité, par un collègue de l'Université de Tours[35], à discuter d'un objet qui semblait poser le même problème : celui des "terres noires" urbaines médiévales. J'avais entre temps réfléchi à cette double approche de terrain, à la cuisine du laboratoire, pour tenter de sortir de l'impasse Nature >-< Culture (Marliac 2001b). Tout ceci me confirma - dans le cadre exposé par B. Latour (1991, 1995) du clivage Nature/Culture - dans l'idée que l'archéologie "réelle" ou en train de se faire, pratique la médiation,

---

[33] Et même parfois constitutive d'une discipline nouvelle redécoupant un domaine dans celui où elle intervenait pour en faire le sien propre.

[34] A laquelle la *theoretical archaeology* semble si attachée, encore qu'elle la définisse bien étroitement (Hodder 1991).

[35] H. Galinié, DR au CNRS, Professeur à l'Université de Tours.

l'hybridisation constante entre les entités saisissables, pratique qui fait réponse à la segmentation disciplinaire (la pratique de purification)... On parle sans cesse de pluridisciplinarité[36], mais on n'analyse pas dans le détail les procédures qui l'assurent plus ou moins bien, renvoyant à la Nature ou à la Culture, l'ultime classification des choses humaines et non-humaines du monde qu'on veut connaître ou dont on examine les traces. La première (Nature) paraissant définitivement fixée, c'est par rapport à elle, sous l'expression 'monde physique', que la seconde (Culture) est définie : elle doit s'adapter, vaincre les contraintes du milieu, celles de la matière. Cette cosmologie/*Constitution* a des conséquences fondamentales quant à la conception du sens de la vie des hommes et donc de tout un chacun ici-bas : "*...la manière dont les hommes pensent les limites de la nature influe sur leurs représentations, leurs pratiques et leurs rapports aux autres* " (J. Souty *in* Descola 2001 : 40)[37].

De ce problème de définition-constitution de "l'objet", on avait eu en France, des signes prémonitoires, visibles ça et là, comme chez A. Leroi-Gourhan (1943) et nombre de disciples ou élèves ; des signes à déchiffrer dans la crise *newarchéologique* de certains collègues (Cleuziou *et al.* 1973)[38], dans leur soutien aux efforts de scientifisation tentés en pays anglo-saxons (Clark D.L. 1968, Binford 1972, etc.).[39] Des signes aussi dans la tentative de K. W. Butzer sous le terme " *human ecology* " (1982).

Mais ces essais manquaient le but en ne faisant que mimer ou copier les sciences de la nature. Or si la dichotomie N/C a quelque valeur, après avoir défini la Nature, il reste à définir la Culture autrement que comme un résidu

---

36 Exemples : "*Pour un meilleur dialogue en Archéologie* " Journée du 6 Nov. 1989 à Paris. Organisée par GMPCA et SPF. "*Archéologie africaine et Sciences de la Nature appliquées à l'Archéologie* " Symposium des 26-30 déc. 1983 à Bordeaux. Organisé par CNRS, ACCT et CRIAA. "*Archaeology and 14 C*" 2d Internat. Symp. Sept 87 à Groningen. Organisé par Biological Archaelogical Institute and Isotope Physics Laboratory of Univ. of Groningen (Pays-Bas). The *Fourth C14 and Archaeology conference* held in Oxford between the 9th and 14th of April 2002....

37 "*....il est difficile de se déprendre des systèmes cosmologiques et ontologiques dans lesquels on a été éduqué* " (Descola 2001 : 43).

38 Hodder 1991. Cleuziou S., Coudart A., Demoule J.-P. & Schnapp A. *in* Hodder 1991 : Chap. 5.

39 On pouvait en lire les signes inversés dans la réservation des deux postes archéologiques les plus prestigieux : le Collège de France à un paléontologue, le Museum d'Histoire Naturelle à un géopréhistorien, comme si l'Archéologie souhaitait affirmer encore sa scientificité en soulignant son acception traditionnelle, la plus naturaliste, en l'occurrence bien reçue par les autres disciplines.

de la Nature. Mais qu'est-ce qui est "naturel" dans la *Constitution moderne*, sinon ce que les sciences en disent ? Qu'est-ce qui est "culturel", sinon ce qui reste, qui n'est pas "naturel" et ce que les sciences de l'homme nous donnent comme explications ? Comment dans un tel cadre, traiter ce qui gît entre les deux à un point tel qu'il est indécidable ?[40]

La Constitution moderne

En fait, le problème du dialogue ne se pose que sous la *Constitution moderne*. Pris dans des définitions préalables disciplinaires qui séparent nettement des champs d'attribution au sein des activités de recherche (fouilles, définitions, inscriptions, listes, analyses, interprétations...), en distribuant tel ou tel objet, groupe d'objets, partie d'objet, horizon, sol, inclusion, etc. à telle ou telle discipline, je vins au contact d'un objet fuyant : ce que j'observais et souhaitais expliquer, *i.-e.* l'objet qui devait être défini à partir de l'observation, l'objet même du dialogue entrepris. Je ne pouvais le définir qu'en le faisant basculer autoritairement soit dans la Nature soit dans la Culture ou rester indéfiniment à doser les pourcentages naturel/culturel dont j'essayais de le doter. Cette fuite m'était - à l'époque - un échec.

En effet, en utilisant durant l'observation, dans l'ordre ou le désordre, des termes relevant de deux référentiels disciplinaires différents et plus ou moins scientifiques, celui de l'archéologie-anthropologie, celui de la pédologie pour aboutir à des énoncés souvent hypothétiques en langage disciplinaire, je n'arrivais pas à saisir cet objet dans son intégralité puisque je l'attribuais, ou en attribuais une partie, selon les cas à telle ou telle discipline, laquelle relevait soit du pôle Nature, soit du pôle Culture. La définition oscillait entre plusieurs pôles ou consistait à aligner/additionner des définitions et à questionner puis assurer leur traductabilité les unes dans les autres.

En respectant réellement la séparation disciplinaire, donc la dichotomie ontologique N/C, je sautais en fait d'une ontologie arrêtée à l'autre (les deux plus ou moins bien fixées), sans les lier vraiment puisque leurs référentiels différaient fondamentalement, adjugeant, selon la finesse possible de

---

[40] Hodder (1991) souligne involontairement cette dichotomie, en prenant dans les débats archéo-politiques une position fondée sur La Science indiscutable (pour lui, l'archéologie) dans son implication socio-politique ; sa position de chercheur humainement compréhensible est alors intenable dans son absolu (Marliac 2001a).

l'analyse, à tel énoncé tel pourcentage de pédologie + tel pourcentage d'archéologie (pourcentages toujours imprécis et révisables) sans résoudre le problème.

En réalité

Dans le cas des "terres noires" (TN), évoquées plus loin, l'accès à l'objet semble ne pouvoir se faire, après amélioration des méthodes proprement archéologiques (fouilles fines), que par diverses instrumentations susceptibles de 'découvrir' des traits nouveaux... Ici, on ne se préoccupe pas de la division disciplinaire impliquée par les instruments : on suspend un résultat à son interprétation, sa lecture par l'archéologue.

Est-ce une contradiction ?

- Oui, car respectant la *Constitution moderne* qui sépare fondamentalement Nature (expliquée par les différentes disciplines scientifiques) et Culture (racontée par les sciences sociales), on ne peut faire ainsi ;

- Non, car - en fait - je faisais (et mes collègues s'attaquant aux TN aussi) ce que tout le monde fait : je mélangeais ou saisissais mélangé, sans tenir compte de la séparation susdite, bien avant de purifier, parfois sans purifier, tout ceci dans le désordre qui correspondait aux référentiels variés, fugitifs, momentanés, vagues, solides... auxquels je faisais ou pas appel durant l'observation, l'enregistrement, la définition...

En équilibre avec la purification, je pratiquais, comme tout scientifique, la médiation et je ne pouvais en penser les produits hybrides dans le cadre de référence : le clivage ontologique Nature/Culture (Latour 1991 : 22), obligé de les attribuer une fois retenus, à l'un ou l'autre des deux pôles...

L'objet de ce court essai est de réfléchir aux conséquences de ce double travail archéologique, tel que je me permets de le définir ici, malgré les obstacles d'un vocabulaire profondément connoté par la cosmologie N/C. Je ne jouerai pas encore une fois à la dénonciation, au rejet de la discipline dans les ténèbres d'un passé dépassé[41]. Mettre en lumière la double vie professionnelle des archéologues, comme les conséquences de ce dédoublement en termes théoriques, pratiques, disciplinaires et aussi sous le point de vue 'application-développement', nous parait un enjeu plus

[41] Voir ce qu'est devenue la *New Archaeology* triomphaliste (Courbin 1982) !

intéressant dans la mesure où il nous montre que nous sommes toujours les mêmes tous et sur toute la planète - ne différant que par les objets créés et utilisés - ni modernes, ni antimodernes, ni postmodernes... Mais comment engager puis maintenir le dialogue ?

Il était une fois...
une butte anthropique

L'essai présenté à Poitiers (DP**) voulait comparer comment deux disciplines (l'une à la recherche de cultures disparues, l'autre à la recherche d'une description du sol et de ses horizons) entreprennent la fouille successive de ce qui est déjà[42] défini comme une butte anthropique : accumulation d'occupations humaines successives : *settlement mound.* Traditionnellement en Afrique subsaharienne, les naturalistes (pédologues, botanistes) les signalent à part sur leurs cartes : sol/butte anthropique situé sur des sols 'naturels'. De nombreux exemples de collaboration (avec aussi d'autres disciplines naturalistes) semblent répondre déjà qu'une telle entreprise a souventes fois réussi et ne nécessite pour le moment aucune révision. Réussir signifiant pour un archéologue : fournir une explication-définition cohérente et répétable d'un objet de son domaine disciplinaire, acceptée par la communauté des archéologues.

Bien évidemment, les deux disciplines fournirent deux fouilles différemment décrites, l'une plus attentive aux choses qu'aux matériaux, l'autre plus attentive aux matériaux qu'aux choses, les deux descriptions représentant un 'objet' commun au sens de l'observation ordinaire, quotidienne, commune. En conséquence, les deux descriptions et interprétations se recouvrent quelque peu. En effet, chaque scientifique est en général assez au fait de l'autre discipline, au point d'emprunter et utiliser telle ou telle définition à l'autre, ce qui fait qu'une certaine pluridisciplinarité - nous y reviendrons d'ailleurs plus loin puisqu'il s'agit alors d'une médiation 'spontanée'- est présente sans qu'un objet disciplinaire particulier existe[43]. A ce niveau, la controverse entre disciplines peut naître

---

[42] Définition anthropologique qui induit un référentiel. Au Nord-Cameroun, certaines buttes, rares, se sont révélées être des dômes argileux durcis (planosols ou *hardé*) sans structuration anthropique décelable en coupe mais avec quelques résidus d'artefacts profondément abrasés et érodés en surface ou en coupe.

[43] On trouve dans des cartographies pédologiques/botaniques en Afrique subsaharienne, des expressions comme : sol ou butte anthropique, végétation anthropique, anthropisée, bois

quand l'une reproche à l'autre une utilisation hors référentiel... Et plus le référentiel est techno-scientifique (granulométrie, biologie, palynologie, géochimie, microscopie électronique...) plus il acquiert de considération. C'est la "*physics envy* " des sciences de l'homme. En fait, c'est durant la collaboration elle-même, en cours de fouille, comme lors de la mise au net avec mon collègue, fouille et écriture constituant la "cuisine", où se fait "la science" (ou ce qui s'en rapproche) que, buttant sur les moyens de penser puis transcrire cette collaboration qui se faisait, partie par bricolage, essais-erreurs, collages, juxtapositions, partie par ajustages de prédéfinitions disciplinaires ou autres (pédologie, archéologie[44] ; savoirs communs), j'ai pris conscience du problème de l'objet commun traité par deux disciplines[45], pour autant qu'on les respecte, du problème du dialogue interdisciplinaire, entraîné par le clivage N/C (sociétés), évoqué plus haut.

En effet, respectée dès le départ, parce que posée par la question elle-même[46], cette dichotomie N/C, née de la purification des objets hybrides de la *Constitution moderne* crée une incommensurabilité de principe qui interdit la collaboration tout en appelant au dialogue. Mais lequel ? A chaque fois que nous choisissons tel concept dans telle discipline, son référentiel (puisque il est différent), interdit qu'on l'utilise dans l'autre. Le blocage apparent du dialogue découle simplement de cette approche qui pose au départ, sans que nous en ayons toujours conscience, la dichotomie fondamentale Nature (connue et seulement connue par les sciences) et Culture (connue par des sciences humaines copiant les sciences et respectant la dichotomie susdite).

* Ainsi comment vais-je traiter l'objet "tesson de poterie" (élément analysable en termes d'anthropologie) en termes de pédologie, *i.-e.,* comme élément constitutif de telle partie du sol ? Cet élément d'origine anthropique

---

sacrés, arbres fétiches, sans autre analyse, ce qui prouve bien d'ailleurs la difficulté du dialogue face à un macrocosme où tout s'entrelace, quand ce dialogue est instauré sous les auspices disciplinaires strictes.

[44] *i.-e.* en termes de Nature/Culture.

[45] On retrouve ce problème de dialogue entre les descriptions par les savoirs référentiels locaux différents. Par exemple dans le cas d'une excavation en cours, entre ceux qui l'observent selon qu'ils sont : planteur de manioc, riz, mil, sorgho, arachide ; pasteur de bovins, ovins ; chasseur (gros gibier (piège), petit gibier); collectrice-collecteur (baies, gommes, bois de feu, miel, hévéa, petit gibier...); lettré musulman local (*mallum*), potière, forgeron, sorcier, poète-griot, puisatier... ou plusieurs successivement ou en même temps.

[46] Contenant par exemple les termes (nombreux) : disciplinaire, pluridisciplinaire, multidisciplinaire, dialogue et les -logies intervenantes...

à partir de matériaux naturels est devenu partie intégrante d'un sol évoluant au cours du temps, au travers des climats et a subi une pédogenèse, en fonction de ses constituants, de sa morphologie, de sa topographie, etc., pédogenèse à laquelle il a participé par ailleurs... très probablement.

De même, comment faire pour tel autre objet anthropique comme : un "mur, un sol dammé, piétiné, à litière, de grenier, de cuisine ", fabriqué d'éléments 'naturels' (argiles, sables, végétaux, déjections animales, minéraux colorés...) ou anthropiques (tessons, chamotte, briques crues, dégraissant, colorants, cendres, scories...) devenus éléments du sol ?

*Inversement, comment vais-je traiter des objets comme les volumes à forte cohésion (définis ici par le pédologue) en termes d'archéologie, *i.-e.* comme élément de la culture ancienne responsable ? Cet objet ici isolé, formé de constituants naturels et partie intégrante du sol fouillé est le résidu d'objets anthropiques : probablement des murs (élément connu de la technologie des architectures anciennes locales dites "en pisé", effondrés depuis), additionné d'éléments naturels (fines, pollens, débris végétaux...). Ici opère l'analogie ethnographique. Cet objet a subi une anthropogenèse interférant avec la pédogenèse qui a succédé à sa destruction et son enfouissement... On peut même imaginer dans de tels sites que tel niveau limono-sableux ou argileux d'aspect totalement naturel (alluvions, colluvions ?) soit en fait d'origine anthropique (sablage des aires de repos, imperméabilisation de sols de greniers, en position aval des écoulements pluviaux)[47].

...des terres noires médiévales

Cette couche sombre située régulièrement entre la stratification du Bas-Empire (IVè-Vè) et celle du Moyen-Age (Xè-XIè) compacte, à la stratification invisible à l'oeil nu, est attribuée parfois à l'homme (rejets, jardins, friches, pâtures...), parfois à la morphogenèse (alluvions)[48]. La variété des couleurs (que le terme TN regroupe abusivement), la découverte d'objets humains variés, la disparité des situations topographiques, géographiques, plaidèrent pour que cette appellation TN soit prise en

[47] Durant la fouille de Salak au Cameroun du Nord, j'ai rencontré un niveau-épandage de nodules calcaires apportés, pensè-je, pour durcir, combler, niveler un 'sol'... (Marliac 1991, vol. I).

[48] Je suis ici bien évidemment sous contrôle de mes collègues médiévistes.

considération dans le détail. L'hypothèse explicative globale qui sous-tendait son contenu globalement considéré : rétraction urbaine entre le Bas-Empire et le Moyen Age, ne réussit plus à convaincre. Eu égard aux disparités, il a dû y avoir des scénarios divers.

Les "terres noires" (TN) m'apparaissent sous un statut similaire à celui de "butte anthropique" dans le § précédent. Il s'agit d'une dénomination générale descriptive, commode pour un moment, désignant un objet plutôt imprécis (couche compacte interstratifiée dans plusieurs sites), et à définir, car ces deux termes semblent ne plus suffire. Le savoir ordinaire, commun plus ou moins enrichi disponible et produit sous ce sigle TN, permet de présumer désormais une origine anthropique à l'objet, par ailleurs situé toujours dans le tissu urbain ou ses ruines. Des observations nouvelles (couleur, texture, nature sédimentologie, situation topographique, quelques artefacts, par ex.), la mettent en cause même si elle désigne un ou des phénomène(s) tous chronologiquement situés à la même période. Travailler sous le double terme TN a conduit les équipes archéologiques concernées, au contact d'objets autres et de situations différentes, à ne plus s'en contenter (Cammas *et al.* 1995 ; David *et al.* 2000 ; Cammas 2000 ; Galinié 2002). L'objet "Terres Noires" est à déconstruire/reconstruire ou abandonner, découper, recomposer pour un autre... qui naîtra des travaux et controverses des archéologues médiévistes concernés[49]. C'est par analyses successives interprétées et ré-interprétées que naîtra un objet ou plusieurs objets...

Il a été fait appel à des méthodes et techniques présentées globalement comme "archéologiques" (David *et al.* 2000 : 19), mais dont il est dit auparavant que ce sont des disciplines "le plus souvent naturalistes". Ce seraient donc des techniques liées aux sciences naturelles qui prennent le relais de l'observation purement archéologique dont "l'échelle" était insuffisante. On note alors que les archéologues attendent d'études, en général qualifiées 'naturalistes', des réponses à des questions archéologiques *i.-e.* anthropologiques (ouv. cité : *id.*). Ceci confirme comment pour définir, durcir un objet, les archéologues jouent et se jouent des disciplines.[50]

---

[49] Comme de l'appui politique (municipal, régional, national) et financier qu'ils obtiendront ou pas.

[50] En contre-point, H. Galinié souligne d'ailleurs (2002 : 1) lors de la mise en contact des diverses spécialités sur le problème des TN, que "*Chacun à sa façon, pose ou résout un problème historique dont ni l'énoncé ni la réponse ne sont partagés et entendus au-delà des limites de son groupe* ", rappelant l'incommensurabilité disciplinaire dont je parle dans ma première partie, prête à surgir à tout moment pour peu que l'on souhaite préciser les disciplines...

Ainsi comment l'archéologue passe de "l'observation naturaliste" à la déduction "culturelle" si ce n'est par un tour de passe-passe où le résultat instrumental (absolument silencieux) 'parle' par la bouche du scientifique qui fait appel à son référentiel de modèles anthropologiques (ethnologie) pour fournir un résultat (Cammas 2000 : 53) ? Il arrive très souvent que l'interprétation soit (momentanément ?) impossible comme dans l'analyse par résistivité électrique citée (David *coll.*2000 : 67-68) qui isole au site concerné, des couches conductrices, résistantes, dont l'interprétation ne peut dire que : il y a des niveaux organisés imperceptibles à l'oeil. Par ailleurs, C. David (*et al.* ouv. cité : 22-29) expose les méthodes géophysiques et photographiques qui ont permis dans certains sites d'individualiser des contrastes à l'intérieur des TN mais rappelle qu'ils ont dû "*...être parfois interprétés en couches et en structures...*" Plus loin (ouv.cité : 31), soulignant la valeur de la démarche micromorphologique car " *elle seule permet de discriminer les mécanismes pédo-sédimentaires naturels et ceux qui résultent des activités humaines* ", il conclut : " *il s'avère que les terres noires résultent de l'interaction de phénomènes anthropiques et naturels complexes...* "

La dichotomie N/C devrait rendre effectivement l'opération impossible : c'est l'incommensurabilité. On note cependant que l'objet est soumis à des épreuves comme le sont habituellement les objets dits "naturels", qu'il répond à ces épreuves de façon x, y ou z dans le cadre d'une science ou d'une technique dérivée : ses réponses relèveraient donc de l'ordre naturel. Elles sont cependant lues et interprétées directement en termes anthropologiques par les archéologues qui, à la fois, posent les questions et y répondent.

Les archéologues, comme tous les chercheurs dont la discipline repose en partie ou complètement sur un paramétrage, une instrumentation, des mesures, s'érigent en porte-paroles des inscriptions fournies par les instruments ; pour ce qui concerne la culture responsable disparue, ils s'érigent pareillement en porte-parole sur la base de l'analogie ethnohistorique[51].

Dans les deux cas vus ici, on voit se croiser, s'additionner, se retrancher différents énoncés attachés à préciser l'objet, dans une oscillation entre les deux pôles N/C. Comme nous l'avons vu précédemment, les archéologues procèdent ainsi quand ils fabriquent des 'faits archéologiques', en mélangeant, collant, associant, rendant commensurables de proche en

[51] Ce que cette culture disparue a de semblable ou similaire aux cultures actuelles ou subactuelles connues ou supposées proches des cultures disparues du Moyen Age.

proche, etc., et parlant pour les résultats des épreuves exercées par l'instrumentation. Celle-ci, élaborée pour répondre à des questions précises, laisse libre la réponse dans le cadre monté pour la question : elle peut être ambigüe, imprécise ou déjà implicante.

Ne plus voir double ?

Comment alors concilier l'incommensurabilité épistémologique et le traitement pragmatique des spécialistes ? (Marliac 1995c : 262) Comment accorder ce qu'ils disent : 'nous faisons de la science', 'nos résultats sont scientifiques' et ce qu'ils font réellement (Marliac 1999 : 43)? Comment vivent-ils cette situation "schizophrénique" ? (Stengers 1997).

Ma première tentative pour dépasser cet obstacle, qui à l'époque me paraissait fondamental (épistémologique) puisque je tombais quelle que fut la finesse de l'analyse soit d'un côté (la Nature) soit de l'autre (la Culture), fut de relier certains termes et certains énoncés déterminés par leurs référentiels disciplinaires, à un *troisième référentiel* composé de termes abstraits, de contenu très général : constituants, structures, processus naturels ou anthropiques ou les deux selon les relations constatées.

Le tableau en résultant (DP**) - bien imparfait - montre plus clairement les associations sans pour autant sortir de la dichotomie Nature/Culture, tout en fournissant une traduction - appuyée sur un langage naturel plus ou moins amélioré - c'est à dire le passage d'observations locales, particulières, vers des énoncés généraux réutilisables ailleurs.

Pluridisciplinarité en action

En parlant précédemment de contradiction (cf. supra), je voulais souligner que dans la réalité du travail de terrain (ici la fouille), ce qui est en phase de définition (artefact aussi bien que modelé, couleur, nature ou écofact) est aussi saisi tel quel par le langage naturel avec ou sans respect particulier - selon l'objet envisagé - pour tel ou tel référentiel dit scientifique selon l'observateur. Il est recherché et défini sous forme d'énoncé dans des domaines ontologiques souples, mal découpés, évolutifs, adaptatifs, momentanés et croisés, chacun avec son instrumentation. Il reste un énoncé modifiable, modalisable, à tout moment par un autre énoncé, selon le tracé du travail, la résistance qu'il oppose aux étapes de ce tracé, *i.-e.* aux critiques, aux épreuves. Il y a dialogue, "*...les faits sont construits en abandonnant les modalités qui limitent la portée de l'énoncé* " (Latour & Woolgar 1988 : 200). C'est ce que cache la Constitution moderne : la phase de médiations, traductions, adaptations, co-mesures, éliminations...

Tel objet est, par exemple, nommé en langage ordinaire : effondrement, fosse, poubelle, inhumation sans restes, terrier postdépositionnel, résidu de talus ou une combinaison de deux ou trois (sans oublier les évolutions ultérieures), selon des définitions variables, modulables, souples, incluant si nécessaire telle ou telle dénomination scientifique/ordinaire, dérivée du savoir local, etc. C'est une construction qui peu à peu s'affirme, se durcit. Cette cuisine de terrain-labo au cours de laquelle on a inventorié, mesuré, pesé, photographié, dessiné, levé sur plan, manipulé, lavé, classé, répertorié, déclassé, redéfini, essayé, reclassé, réarrangé, sans en référer sans cesse à la dichotomie constitutionnelle[52], cette cuisine est passée sous silence (Latour 1995 : 61, 69). C'est la connaissance en train de se faire, la fabrication d'un 'fait'[53]... C'est le dialogue entre eux des savoirs, dont les savoirs scientifiques...

Nombre d'éléments d'observations sont rejetés (ne serait-ce que lors de la mise en place de protocoles), tandis que les éléments retenus sont alors redistribués en catégories de plus en plus disciplinaires si possible, dans le cadre constitutionnel Nature/Culture. Ces catégories ont des duretés très variables selon la discipline : en anthropologie (culturelle) catégorie maison ou habitat, mur, inhumation ou catégorie classes fonctionnelles, techniques, fabrications, lieux, ou en physique doses d'irradiation (TL), magnétisme rémanent, déclinaison, pression, etc. C'est la purification de ces catégories par disciplines que nous publions, présentons, à partir de référentiels différents, en principe incommensurables : granulométrie, géochimie, anthropologie culturelle, zoologie, éthologie animale, analyse thermique différentielle, TL, RC, spectrographie de masse, pédologie, acquis professionnel plus ou moins rigoureux (typologies, savoirs antérieurs), savoirs tacites, etc., reliés par le langage naturel...

---

[52] Même si celle-ci est présente à la mémoire et peut jouer aussi puisqu'elle est la base de l'enseignement des disciplines elles-mêmes.

[53] En parallèle aux procédés de l'observation ordinaire, la plus banale pour ses propres besoins. L'observation scientifique n'en est que le prolongement par instrumentalisation, accumulation et effets rétroactifs.

Académies et opinion

Quand fut évoquée au § II la 'réussite' par rapport à la communauté des collègues, je passais sous silence qu'elle dépend du (devrait-on dire 'des'?) paradigme(s) régnant dans la discipline et qui forment le savoir tacite des archéologues, selon leurs spécialités et leurs écoles : système explicatif, ce que tant adorent appeler "théorie" (si bien qu'on ne sait plus de quoi on parle), théorie d'où découlent méthodes et techniques d'étude[54].

Cependant, il faut présenter des résultats conformes à telle ou telle théorie et aux règles disciplinaires académiques et céder la place à des résultats lisses, propres, histogrammes, courbes, références... tout l'attirail habituel de données traitables, calculables, comparables, interprétables, généralisables ce qui est l'objectif même de la science, son utilité. On opère alors un clivage attribuant tel fait à telle science, puis l'ensemble des "faits" à la science (l'archéologie), repeignant mesures, analyses et bricolages péniblement tressés ensemble, aux couleurs indiscutables de La Science. Le caractère 'scientifique' des observations apparaissant comme une garantie de vérité. La présentation des résultats dans le cadre obligatoire de la *Constitution moderne* représentée par sa *nomenklature* : Universités, Académies, Instituts de recherche et comités de lecture, seules instances de reconnaissance pour ces résultats, fige les raisonnements concernant l'origine des objets fabriqués par les hommes. Au contraire des moments où les chercheurs ne distinguent pas Nature de Culture, faisant parler leurs instruments comme ils le souhaitent, en revanche toutes les hypothèses concernant cette origine, oscillent en effet entre un réalisme naturel et un réalisme social inaccommodables : lois de l'évolution, lois de la matière, lois de l'environnement, lois de la société[55]. Ce qui était flottement heuristique, liberté, finesse, innovation parfois, devient dès lors un basculement autoritaire d'où tout choix est exclu.

Nous savons en outre que dans le domaine des sciences en général cette purification permet de durcir l'objet jusqu'à en faire un 'fait' indiscutable qui sera réutilisé tel quel sans controverse, enfoui dans le savoir tacite des chercheurs, et permettra telle autre découverte. Nous savons ainsi que cette purification a permis - dans d'autres domaines - une maîtrise du monde qui

---

[54] Chez certains, cela se transforme en jargon, plaisanteries de clubistes, raccourcis d'initiés (Cf. les rencontres newarchéologistiques aux E.-U.), chez d'autres en purs soucis méthodologiques ou techniques...

[55] Voir aussi les expressions : milieu technique, ambiance néolithique, etc.

nous entoure (relative car tout fait n'est que momentanément fixé, toujours susceptible de remise en cause) et nous pensons que le savoir scientifique est indiscutable et définitif.

Pourquoi dialoguer ?

On pourrait conclure ici qu'il n'y a rien de neuf puisque les archéologues ont toujours plus ou moins procédé ainsi. C'est le mécanisme même de la *Constitution moderne* et de ses succès : la médiation est liée à la purification, l'une ne marche pas sans l'autre. L'activité réelle des chercheurs dans ce cas prouve bien que les adjectifs naturel ou culturel (anthropique) sont des définitions finales, des aboutissements, des constructions dont la dureté peut-être à tout moment éprouvée. Les chercheurs abandonnent l'épistémologie. Mais on peut, tout autant, se demander pourquoi en parler si souvent et soulever le problème du pluridisciplinaire ou du dialogue chaque année quelque part dans le monde ?

Les TN comme beaucoup d'objets étudiés par l'archéologie historique ou préhistorique montrent clairement que les approches multiformes et multisavoirs sont les meilleures et illustrent bien la position défendue par B. Latour : il n'y a ni Nature ni Culture mais une fabrication de Nature-Culture :

- la nôtre par les sciences (purification) et par contrecoup une fabrication de Culture totalement séparée (purification), à partir "d'objets" (produits des médiations), de plus en plus complexes qui sont des hybrides de Nature-Culture ;

- celles des observés présents ou disparus (prémodernes), en général mélangeant plus ou moins Nature et Culture. Les hommes ont d'ailleurs toujours procédé ainsi, la purification n'étant qu'un cas particulier, moderne, de ce processus de traitement du monde. La méthode scientifique déductible des sciences dures a permis par réduction de trouver quelques chemins explicatifs dans l'imbroglio du macrocosme.

Mais il s'en faut de beaucoup qu'elle trouve tout, en accumulant tant d'hybrides nature-culture.

L'archéologie accepte le langage naturel[56] puisque ne pouvant faire autrement et produit alors un discours mélangeant les disciplines selon des

[56] Cas extrême significatif : le mathématicien Dieudonné souhaitait que les ouvrages mathématiques ne comportent rien en dehors des mathématiques qui sont à eux-mêmes leur propre langage.

modes variés de pourcentages, d'appréciations verbales, images, mode verbal conditionnel, etc. De fait, on ne sait comment attribuer l'objet en phase de définition, qu'il s'agisse de pluridisciplinarité entre sciences ou de compétition de savoirs multiples entre eux, ce sont les analyses, essais, épreuves réussies ou pas qui définissent ou pas, définitivement ou momentanément pour des durées variables, un ou plusieurs objets, lesquels sont alors attribués ou pas et parfois à Dieu. Le langage qui y fonctionne comme médiateur est par définition des plus souples.

Pèse cependant sur nous la *Constitution moderne* à travers le langage lourdement connoté par trois siècles de marche à la modernité, à travers nos formations depuis l'Ecole communale, les grands médias qui nous parlent de La Science, en fête ou pas, à travers ce que les blouses blanches veulent bien laisser voir... (Latour 1995 chap. 2, §. A ; Callon *et al.* 2001).

La pluridisciplinarité conduisant *in fine* sous la *Constitution moderne* à choisir (ou laisser dans une ombre cette dangereuse incertitude), entre Nature et Culture, on se découvre toujours assis entre deux chaises quant à la paternité des 'cultures'. Sont-elles oeuvre de la Nature (de la matière diraient d'autres), de la Société (des idées diraient certains)? De l'Homme lui-même ou de Dieu ? Dieu gardé à part, on peut dire que décider pour l'une ou l'autre des deux solutions entraîne des concrétisations politiques profondément différentes dont l'histoire nous a illustré souvent les monstrueuses conséquences. Pour le moment, malgré le questionnement en cours (Latour 1999), Dieu étant barré, c'est *la* Nature qui reste l'ultime Vérité qu'on ne saurait confier aux discussions des hommes entre eux (la Culture). Discuter ici des prolongements et conséquences de tel ou tel choix de vision du monde nous entraînerait au-delà des activités propres de l'archéologue. Il se trouve néanmoins que ces activités exercées dans d'autres pays sous l'égide du Développement nous y ramènent, soit en poussant à un développement classique, soit en appelant à des solutions dramatiques à 'effet de foule' : aucun des deux ne tenant compte des réalités de la *Constitution moderne*[57].

Comment en effet dialoguer avec les sociétés qui n'utilisent pas notre Constitution (Marliac 1997a, 1999) ? Sociétés pour qui notre dichotomie ne fonctionne pas ? Comment et pourquoi s'introduire dans leurs Passés si ce n'est parce que nous tenons celui que nous construisons comme Vrai ?

---

[57] " *Défaire le développement, Refaire le monde* " (colloque organisé par Le Monde *diplomatique*) nous parait emblématique de ces mouvements qui n'existent que de s'opposer, chacun exigeant d'imposer ses opinions dans des slogans globaux sans portée pratique puisque relevant tous de la *Constitution moderne*... (cf. Porto Alegre / Davos).

Comment vais-je dire à un Peul sédentarisé de Garoua (Cameroun) qu'il n'est pas Peul ?[58] Que veulent dire mes typologies et mes datations absolues pour les villageois mousgoum ou guiziga au milieu de qui j'exécute une fouille (Marliac 1997a, 2001a) ?

Cet appel au dialogue semble dès lors devoir être soumis à une réflexion approfondie quant à la Vérité des connaissances, et relever d'analyses plus étendues quant à leur transmissibilité/traductabilité (Marliac 2001a). On entr'aperçoit ici les problèmes idéologiques et politiques qui en dépendent. Ces temps-ci, on s'émeut beaucoup de l'utilisation de La Science (ici l'archéologie) par tels ou tels mouvements (Hodder 1991 : ***x***), sans se rendre compte de sa propre position politique liée à la *Constitution moderne* qui la rend discutable comme les autres.

Dialogue

Si dialogue interdisciplinaire il y a, il n'est pas entre les disciplines telles que figées par la *Constitution moderne* et qui sont un aboutissement (la science faite): tout l'acquis accumulé dans la discipline et dans les autres et stabilisé, fonctionnant comme boites noires, est utilisé : c'est, en quelque sorte, le 'paradigme' Kuhnien permettant à telle science de fonctionner, découvrir. Le dialogue est au niveau où se fabrique la science, par d'autres formes et procédures, consistant en toutes sortes de montages (une cuisine), permettant de dépasser l'incommensurabilité qui n'est que le produit de la dichotomie Nature/Culture, pour maîtriser tel ou tel aspect du monde.

Ceci veut dire que répondant à la dichotomie N/C de la *Constitution moderne*, la purification est équilibrée par l'autre pratique de la connaissance : la médiation, mais elle est pour différentes raisons présentée et enseignée comme unique et seule image de la science, appuyée sur ses formidables succès technologiques, de plus en plus consciente de ses énormes échecs... Tchernobyl, Bhopal, nivellement culturel et les autres... et de ses sombres perspectives. L'une ne saurait exister sans l'autre comme aussi lorsqu'il s'agit de retourner sur le terrain, dans le monde, dans le macrocosme, il va bien falloir adapter les résultats purifiés au local, au personnel, au particulier. Il va falloir utiliser les ingénieurs, techniciens,

---

[58] Exemple un peu appuyé : son père haoussa du Sokoto entraîné dans la migration du clan Yillaga se déclarant peul (= musulman) lors du jihad d'Othman dan Fodio, marié à une Bata (Bénoué) convertie déclarant descendre des Sao, mais issue d'un village fali du Kangou.

aménageurs, négociateurs, politiques dont c'est la fonction et prendre réellement en compte les personnes concernées car les problèmes d'application, les problèmes dits culturels ou d'acceptation sociale en fait politiques, sont - on le sait maintenant - parties à la définition d' “ objets ” qui ont cessé de se prétendre "lisses" (Callon *et. al.* 2001 : 50-58).

Requalifié par les termes translation /médiation/traduction, impliquant des passages, des fondus, des intermédiaires, des réductions plutôt que les permutations/juxtapositions/associations entre elles d'essences immuables, le dialogue correspond mieux au travail réel de la science en train de se faire et ceci d'autant que nombre de disciplines ne sont pas des sciences au sens strict (reproduction, généralisation, prédiction). Il y a plus que dialogue en fait puisque les disciplines et surtout les nôtres changent au fil des ans à la suite des traductions... Il faut donc faire plus que dialoguer qui implique un maintien en l'état, il faut traduire, accommoder, co-mesurer, adapter, juxtaposer, pour, ensuite, créer, recréer, adapter, bref, redéfinir des disciplines.

Nous dirions à ce stade que l'amélioration de ce fameux dialogue passe par la prise en considération des conditions, instruments, théories, épreuves et controverses qui le constituent, à la fois pour faire progresser les disciplines existantes et ne plus s'appuyer sur une quelconque Vérité immuable née du clivage N/C, et du succès des sciences dures, idée dangereusement répandue dans le public et cultivée de façon (irresponsable ?) par chercheurs et médias. Parmi ces théories, il y a celle(s) de l'archéologie qui ne sont en fait que celles de l'anthropologie...

Archéologiquement vôtre

L'archéologie, en particulier préhistorique, confirmerait l'idée de Bruno Latour selon laquelle le social ne doit sa dureté, son poids, sa ‘saisissabilité’ qu'aux 'objets' dont il est lesté. Rien n'existe des sociétés disparues, depuis les *homo habilis* jusqu'aux néanderthaliens et aux *sapiens* d'avant l'écriture, hormis des objets aussi divers que les paysages, les artefacts lithiques, céramiques et métalliques, les peintures-gravures, les inhumations, leurs ossements, leurs huttes, villas, villages, champs, villes fortifiées, monuments, tel pourcentage de pollens, telle déficience minérale des os, telle technique de boucherie, etc. Les archéologues ne traitent que d'objets "*en termes de culture* " au sens de Dunnell (1971). Ces objets sont différents et proches les uns des autres et infiniment émouvants. C'est sur eux seuls que s'appuient nos hypothèses, thèses et résultats, où l'on parle des idées de ces hommes, leurs passions, leurs religions, leurs organisations, leurs techniques, leur survie, leur art, leurs évolutions. Sans eux, nous ne saurions absolument rien.

Appuyés sur toutes nos connaissances, nous 'reconnaissons' ces objets. Nous sommes leurs porte-paroles. Nous les faisons parler, eux qui ne disent jamais rien, comme, à la télévision, ces crânes alignés utilisant la voix du paléontologue accrédité pour nous dire ce qu'ils sont... Et parce que ces objets, quelque fois beaucoup plus inattendus, comme des bois de rôniers ou de karités dans une savane africaine arborée, une île immergée au large de Gibraltar, un demi-cercle de pierres à Olduvaï, une pyrite de fer à Arcy-sur-Cure, une oeuvre sur sable, sont des objets de nature-culture, des hybrides...

Dès lors, pourquoi ce recours aux disciplines, au clivage Nature/Culture, si ce n'est à cause des succès obtenus pour les deux derniers siècles ? Succès de connaissance et de maîtrise du monde dit “ naturel ” ? Ou pour des raisons politiques qui excluent de fait tous les non-chercheurs du domaine de la Vérité - donc du domaine du Pouvoir, tout en s'associant ceux qui permettent socialement et financièrement ce travail cloîtré parce qu'ils ont intérêt au maintien de cette “ Vérité ”?

Connaissances et savoirs pour l'histoire : réflexions sur le cas du Nord-Cameroun[59]

[59] Publié en 1995 *in* ***Africa***, L, N° 3 : 325-341.

On a déjà beaucoup discuté sur les continuités qu'on pouvait établir à partir de la culture matérielle, entre les ethnies, définies en termes d'anthropologie et les cultures, définies en termes de préhistoire (Marliac A. 1991). Si cette pluridisciplinarité pose problème, qu'en est-il lorsqu'on passe de ces constructions "scientifiques", aux constructions élaborées par les membres des ethnies eux-mêmes ? Aux interrogations de la pluridisciplinarité "classique", qui peuvent revêtir parfois un aspect technique prononcé, s'ajoute alors le problème de la signification vécue des résultats, problème de "pluricognition". Ces questions ne sont pas vaines car elles posent deux problèmes fondamentaux : l'un dans le champ de l'épistémologie des sciences, l'autre dans le champ de la pertinence socio-culturelle des données des sciences. Il n'est pas sûr qu'éviter plus ou moins consciemment le premier ne se fasse pas aux dépens de la pertinence des réponses au second...

Comment d'abord utiliser ensemble des données provenant de champs scientifiques différents : problème de l'incommensurabilité[60]? Cette question renvoie au problème de la "nature" des définitions utilisées dans chacun des champs donc aux "théories"[61] délimitant ces champs. On pourrait certes se demander, face aux urgences des besoins d'historicité des peuples : "pourquoi expliciter la charpente théorique de nos recherches"? On s'apercevrait alors qu'on rejoint, par une autre voie, l'interrogation suivante.

En effet, comment fournir, à partir de ces différentes données, une histoire (ou des histoires) "consommable" pour les peuples concernés ? Ceci soulève le problème de la nature de la transformation des données de la science ; transformation les rendant opérationnelles dans le champ du vécu psychosociologique, donc "utilisables"... Ceci renvoie ainsi à la "nature" de ces données, donc aux "théories" gouvernant les différents champs en question, aussi bien qu'aux procédés de transformation utilisés et, enfin, à la nature de l'expérience socio-culturelle.

Pour étrangers qu'ils ont pu paraître l'un à l'autre, ces deux ordres de questions se rejoignent dans la nécessité d'une explicitation des postulats qui sous-tendent l'édifice théorique des champs scientifiques ou autres concernés. Ils renvoient en même temps à tous les problèmes de

---

[60] Au sens élargi où des unités définies dans un champ de connaissance particulier explicite ou implicite, sont intransformables, non-comparables à d'autres provenant d'un autre champ (Cf. P. Feyerabend 1979 *Contre la méthode*. Seuil, Paris. Chap.17).

[61] Nous entendons ici par "théorie" un ensemble de propositions (postulats) et de relations entre ces propositions qui permettent telle ou telle interprétation du réel phénoménologique.

pluridisciplinarité : comparabilité des concepts, niveaux de pertinence, langages adaptés et langages de transformation.

Dans l'attente de solutions, *if any,* il faut "faire de la science"... Pour nous archéologues c'est, au moins partiellement, "faire de l'histoire", pour la communauté scientifique à laquelle on appartient, la communauté scientifique en général, le grand public, les médias, les écoliers... Faire de l'histoire dans notre cas, c'est assembler et **gérer** dans un discours cohérent au regard d'une certaine logique scientifique ordinaire, plusieurs séries d'énoncés, archéologiques, anthropologiques, économiques, géographiques, etc. Ceci aboutit à un discours intégrant d'une façon compréhensible des histogrammes, plans, discours analytiques, graphes, typologies, stratigraphies, datations, etc. Cette **gestion** pragmatique et concrète des données, est pluridisciplinaire ; elle est hors du champ de la science *stricto sensu,* mais reste appuyée sur une logique, c'est-à-dire une "théorie", au sens où toute "association de données" à but démonstratif requiert une "théorie"[62]. Le discours résultant de cette transformation-intégration n'a de sens en effet qu'appuyé sur une théorie aussi vague soit-elle... Dans le cas présent, il s'agira de la gestion de données différentes et de leur intégration sous une même théorie avec son langage. Cette théorie est de niveau très vague, très général, comme nous le verrons au §1 (cf. aussi J.-D.Forest, 1992). Le seul langage utilisé est d'ailleurs le langage naturel, le seul capable par sa souplesse connotative, son "flou", de mettre ensemble ce qui ne peut l'être, momentanément peut-être, en langage formel[63].

Ce qui nous intéresse ici c'est de voir l'association de données provenant d'un même champ ou de plusieurs à partir d'un exemple et comment se passe cette transformation à des fins d'explication générale. Quels sont les concepts et procédés mis en oeuvre dans la fabrication d'histoire ? En bref, quelle est la "théorie" qui préside à cette transformation ? La réponse peut être envisagée selon deux étapes :

- la première : élaboration qui peut poser des problèmes allant de la comparabilité des données utilisées jusqu'à leur incommensurabilité ;

- la deuxième : élaboration transformant, peu ou prou, le produit de la première en matériau utilisable dans le champ historico-politique.

---

62 Que celle-ci soit une intuition judicieuse, un ersatz, un canular ou un édifice idéologique...

63 En quelque sorte, l'a-scientificité/imprécision d'un langage révèle l'a-scientificité de la théorie qu'il exprime.

Si les deux étapes se conditionnent l'une l'autre et laissent augurer de la nature des conclusions ultérieures pour divers usages, nous pensons que la deuxième, la transformation, vulgarisation dans certains cas, est à considérer tout autant que la première, car elle constitue un exercice courant et nécessaire, en même temps que très mal explicité pour des raisons à la fois de difficultés - difficultés à appréhender et délimiter tous les niveaux successifs par lesquels on passe du "scientifique" plus ou moins formel au "non-scientifique" - et pour des raisons idéologiques qui font tenir au discours scientifique un rôle qui n'est pas le sien. Dans ces deux exercices, le jeu sur les différentes gammes du langage naturel, porteur et porteur unique de cette transformation, permet de passer d'un niveau à l'autre sans justifications.

Nous prendrons comme exemple un texte se voulant "scientifique" et répondant au souci légitime de "faire de l'Histoire", en la rendant appréhendable, même "consommable" par tous, scientifiques ou non. Il était honnête que le texte critiqué ici fut, au moins partiellement, de l'auteur de la critique. Il s'agit donc d'un essai historique rédigé avec O. Langlois à propos des civilisations historiques et anté-historiques du Cameroun Septentrional, où la gestion se passe entre des données archéologiques et ethnologiques distribuées dans le temps et l'espace (Marliac A. & Langlois O. 1996)[64].

Quel est finalement dans ce pays, objet de l'article critiqué ici, l'enjeu des recherches archéologiques ? Comme ailleurs en Afrique subsaharienne, c'est l'approfondissement chronologique d'une histoire diminuée par le manque de textes, la carence et la maigreur temporelle des traditions orales. Comment établir l'histoire des peuples/ethnies actuels de cette région, à la fois pour eux et pour la "science"?[65]

En bref, comment au Diamaré "faire de l'histoire", comment "faire l'histoire du Diamaré"[66]? Techniquement, la question se pose comme suit :

1° Quels liens établir entre les cultures définies pour l'Age du fer final local (de 1650 ad. au XVIIIè) et les peuples historiques identifiés par l'ethnohistoire dans la même région (entre le XVIIIè & le XIXè-début du XXè) ? Si les ethnologues et les historiens sont en prise partielle sur

---

[64] Cf. aussi la thèse en cours d'O. Langlois à l'Université de Paris I. La relecture critique de ce texte commun présentée ici ne met bien évidemment en cause que l'auteur.

[65] C'est-à-dire aussi bien pour les ethnies actuelles que pour nos collègues naturalistes, historiens, géographes ou anthropologues.

[66] Nous nous sommes focalisé sur le Diamaré, province centrale de la région Nord du Cameroun, parce que c'est la mieux connue à divers points de vue. Cf. Carte 2 p. 54.

l'histoire "réelle", et peuvent "donner sens" (vrai ou faux) à l'histoire des peuples qu'ils étudient, le peu de recul dans le temps les limite par ailleurs[67]. Les archéologues qui paraissent leur offrir ce recul n'ont, en revanche, que très peu prise sur cette histoire, l'histoire des ethnies. Dès lors, comment passer de la préhistoire à l'histoire ?

2° Si ethnologues, ethnohistoriens comme archéologues doivent fournir une histoire correspondant au vécu historique des peuples concernés, quelle est alors la "théorie" de ces peuples à ce sujet, en soi comme par rapport à ce que disent les scientifiques ici nommés ? Quelle histoire porte sens pour ceux qui la vivent ? Comment fabriquent-ils leur histoire ?

De la préhistoire à l'histoire
Comment faire une histoire ?

Quel discours rationnel utiliser ou créer, qui relie les données des uns aux données des autres ?[68] Il semble évident que l'archéologie ne puisse participer qu'en profilant ses données sur celles de l'ethnohistoire, en interprétant ses données en termes d'ethnologie/ d'ethnohistoire. L'inverse qui consisterait à "transformer" les données ethnologiques en données archéologiques a été proposé (Gallay A. 1986) mais le procédé serait d'une certaine façon tautologique, car l'archéologie n'est, en fait, que de l'ethnologie compartimentée[69]. Données et unités archéologiques sont gérées légitimement sinon inévitablement, à partir **de concepts anthropologiques** extraits du dispositif constitué par les propositions théoriques de cette discipline.

1° Unités culturelles.

Dans le texte en question, comment s'est passée la mise en forme des données archéologiques ? Très classiquement, par une mise en **séquences chronoculturelles** plus ou moins précises des données extraites de fouilles.

[67] Localement, les traditions orales et les rares textes n'autorisent un recul historique de plus en plus ténu d'ailleurs, que jusqu'aux XVII-XVIII siècles.

[68] Les seules données qui traversent les siècles relèvent de la culture matérielle (pierres, poteries, métaux, ossements, corne, bois...).

[69] Ce qui permettrait de dire que lorsqu'on "fait de l'archéologie", on "fait de l'anthropologie" mais sur un matériel limité... ce qui ramène l'ethnoarchéologie à ce qu'elle doit être : un catalogue de modèles...

L'essentiel des séquences repose sur l'analyse et le regroupement d'attributs (formes, décors et techniques) de la culture matérielle (poterie, métal, objets lithiques, etc.), à partir de leurs fréquences d'association sur les objets, des similarités technomorphologiques et de similarités de motifs de décors (natures, formes et localisations). A ceci s'ajoutent des données particulières : flore, faune (domestications), métal, et des unités constituées par les relations dans le temps et l'espace de toutes ces données.

Les séquences ainsi établies, toujours sujettes à révision, permettent à l'aide de traits discriminants encore grossiers et d'échantillonnages de surface, de définir l'existence, sur un fond technomorphologique commun entre le Vè et le début du XVIIIè AD, de deux "cultures" contemporaines subdivisables en trois phases d'évolution. Au-delà du XVIIIè, le tableau se complique à la fois pour des raisons de gisement, probablement aussi pour des raisons historiques (donc anthropologiques) restées encore inconnues.

Nous avons utilisé dans cette étude la méthodologie ensembliste classique[70]. Très générale en archéologie, appuyée ou non sur un appareillage algorithmique, plus ou moins sophistiqué dont la rentabilité est discutable (Courbin P. 1982), elle présuppose un sens au produit obtenu ou au produit visé : les ensembles et leurs intersections. Elle repose sur une "théorie". La fabrication des résultats implique une "théorie". Qu'il s'agisse d'ensembles techniques, fonctionnels, socio-économiques, culturels, stylistiques ou autres, la "théorie" qui permet de les identifier comme tels est l'Anthropologie/Ethnologie[71], à l'aide de concepts comme : unités domestiques, codes symboliques, contraintes technologiques, chaînes opératoires, style, etc. Le "concept" regroupant ces différents domaines à un niveau supérieur intégré est celui de "culture" qui relève aussi de l'Anthropologie. Et cette notion, aussi critiquable soit-elle, est une notion anthropologique (A. Leroi-Gourhan (ed.)1988 : articles *culture* et *ethnie*), dérivation appauvrie de la notion d'ethnie, mais pleinement anthropologique et, de plus, indispensable à la construction d'histoires.

C'est dans ce cadre que nous avons interprété (Marliac A. & Langlois O. 1996) les changements techniques observés aux différentes phases du ***Salakien***, culture s'étendant selon des critères archéologiques du VIè AD au XVIIè AD (Marliac A. 1991). Sont-ils significatifs de simples acquisitions et choix techniques, ou d'un changement ethnique ? Ce changement ethnique

---

[70] Fabrication de classes d'attributs dont les intersections sont interprétées.

[71] Au sens le plus général de science de l'homme ; de point de vue anthropologique... avec toutes les théories parfois opposées qui concourrent à son évolution.

supputé est-il limité aux potières ? Dans cette dernière hypothèse il faudrait admettre que le "style" de la production continuerait d'être imposé par la population autochtone (une ethnie ?) et par là même, admettre le rôle prépondérant de cette dernière. Au sein de l'ethnie, les potières auraient-elles un statut particulier, lequel[72]? Inversement, le changement des décors et des formes marquant le début du **post-salakien** est-il le signe d'une suprématie tardive des introducteurs de la chamotte, la conséquence d'une modification du statut des potières ou faut-il derechef conjecturer un nouvel apport humain ("apport ethnique") ? La transition entre les cultures dites ***Mongossien*** et ***Tagamré I***, quant à elle, semble indiquer une "fusion" des styles et des techniques suggérant une cohabitation sans domination réelle de deux groupes distincts (ethnies ?).

Dans ces quelques exemples d'interprétation, le concept d'ethnie fonctionne, dissimulé ; comme il opère à la base même de la fabrication des "cultures" (ici par exemple le ***Salakien***) car les critères archéologiques (attributs) ne sont que des critères anthropologiques appauvris. Avec d'autres, le concept d'ethnie confère une intelligibilité aux faits archéologiques, il permet leur "gestion". Le terme de culture, avatar déguisé de la notion d'ethnie[73], pâle image d'une réalité elle-même critiquée (Amselle J.-L. 1990), est donc un des concepts majeurs qui permettent de saisir, interpréter, gérer enfin, les ensembles récurrents de traits archéologiques, les attributs descriptifs, comme d'autres concepts anthropologiques permettent de saisir et interpréter des ensembles spatiaux comme des "unités domestiques" (foyers, cuisines, ateliers de taille, greniers, fours...). ou autres (caches, dépôts rituels, inhumations) et des ensembles spatio-temporels comme preuves d'échanges-circulation d'objets ou d'individus et d'évolutions...

2° *Unités actuelles.*

Ensuite, à côté de la carte des ethnies traditionnelles de la région, on a procédé, dans le domaine de la culture matérielle traditionnelle (poterie surtout), à la **classification** de certains attributs pour obtenir des assemblages de fréquences maxima. Cette analyse confirme partiellement la cartographie

---

[72] L'endogamie des forgerons-potières est un trait caractéristique de nombreuses sociétés montagnardes dans cette région du Cameroun.

[73] L'ethnie est définie par tout un faisceau de traits, la culture en archéologie ne dispose pour sa définition que des résidus matériels de l'ethnie, le plus souvent tronqués ou remaniés.

des ethnies mais en même temps donne des groupements qui ne leur sont pas exactement superposables. Ils sont parfois plus larges ou découpent différemment dans la classification ethnique reçue, selon que l'on considère tel ou tel attribut retenu, ou ensemble d'attributs ou selon tel ou tel domaine de référence de cet attribut (technologique, morphologique, décoratif, fonctionnel...) ce qui n'est pas étonnant. L'ethnie ne se réduit pas à la dimension culturelle matérielle, sauf à réduire l'histoire au technologique, au morphologique, au fonctionnel, etc., même si cette culture matérielle est constitutive de l'ethnie, même si souvent elle en porte la marque, l'emblème (Helliwell C. 1991).

De plus, certains groupements de traits dans l'espace sont interprétables en termes d'unités domestiques, c'est-à-dire à un niveau déjà plus complexe, mais là encore l'ethnie n'est pas réductible au particulier, au sectoriel, à l'individuel, à la caste, à la fonction, la classe, au métier ou au commerce... L'analyse des cultures matérielles n'annihile pas (pas plus que l'émiettage généalogique décodé par les ethnologues dans l'étude des traditions orales), l'ethnie traditionnelle telle qu'elle s'auto-identifie et telle qu'elle apparait comme niveau d'intégration de ces différentes dimensions. *A contrario* même, elle renforce et souligne l'ethnie comme niveau d'auto-organisation élevé dépendant (mais non réductible à) de ses éléments de base : lignages ou familles et aux domaines transculturels du technologique, de l'économique ou du symbolique etc., sans parler des déterminismes bio-écologiques fondamentaux. Paraphrasant B. Juillerat[74], nous dirions que l'ethnie est le premier niveau d'auto-organisation et auto-identification des groupes au-delà de la parenté et de l'alliance.

3° *Fabrications d'histoires et bricolages.*

Les données exposées ici (archéologiques et ethnologiques) sont comparables et manipulables ensemble, grâce à leur appartenance aux deux disciplines majeures concernées (archéologie, ethnologie) dépendant du même référentiel théorique général, l'Anthropologie. Il permet de passer de la Préhistoire à l'Histoire et l'Ethnologie dans les limites de ces mêmes disciplines. L'insuffisance, la limitation des données archéologiques, associée aux étendues temporelles en cause, explique qu'on ne puisse que rarement, et à de petites échelles, relier directement telle configuration

---

[74] "*....comment se fait-il que tant d'éléments minoritaires et disparates aient fini par constituer une ethnie, ou mieux un groupe linguistique?" in* Tardits C. 1981: 208.

d'artifacts à tel modèle d'activité, tel groupement d'attributs à tel domaine ; ou expliquer les ruptures ou les différences.

On dispose, par exemple, du postulat que les "groupes/sociétés/peuples/ethnies" enfin, constituent des entités évolutives mais individualisables à partir d'ensembles de traits matériels particuliers les différenciant les unes des autres, sur des intervalles de temps limités ; entités dont les éléments changent jusqu'au jour où on a affaire à une autre entité. Grâce à ce type de postulat, le plus souvent implicite, des liens, ruptures, similarités ont pu ainsi être établis, en particulier entre les ensembles archéologiques et les ensembles ethnologiques. On a "fait de l'histoire" à la condition d'expliquer, interpréter, **gérer** ces "relations", à l'aide de concepts, notions ou idées exprimées dans le langage qui soutient l'Anthropologie.

A quelle histoire avons-nous abouti ? Les cartographies résultant de ces divers groupements/classifications (ethniques, technomorphologiques, archéologiques) ne se recouvrent pas. La distribution spatiale des ethnies actuelles connues au Diamaré ne se superpose pas à la distribution spatiale datée des cultures de l'Age du Fer Final[75]. Si l'on repère parfois, à travers le temps, des relations[76], elles reposent sur peu de traits culturels ou sur des juxtapositions ou superpositions géographiques plausibles mais à très petite échelle. Ceci tient certes aux insuffisances des données tant ethnologiques, géochronologiques qu'archéologiques, mais aussi à leur comparabilité réduite[77].

Localement, nous avons abouti à une histoire abstraite mettant en scène des ensembles appelés cultures parce qu'ils partagent certains traits. Nous les opposons à d'autres cultures aux traits différents. Nous nous apercevons qu'ils partagent certains autres traits mais que leurs territoires sont bien individualisés. Cette abstraction est relativement effacée par le lien reconnu entre "culture archéologique" et "ethnie". A cette fin, il a fallu un langage de transfert car d'un côté on a des unités définies sur la base d'assemblages d'attributs (fréquence, intersections, similarités, etc.) et de l'autre des unités définies par l'ethnologie. Ce langage ne peut être que le langage naturel agrémenté de connotations nouvelles, plus ou moins bien définies.

---

[75] La datation par 14 C de ces séquences soulève aussi, comme nous le soulignions ailleurs, des problèmes de pluridisciplinarité (Cf. Marliac A. (ed.) 1995b).

[76] Le terme filiation est trop fort, car il n'en est pas du culturel comme du génétique.

[77] L'ethnologie du Cameroun du Nord s'est bien peu souciée de la seule dimension utilisable : la culture matérielle des peuples auxquels elle s'intéressait.

A petite échelle, on a établi la continuité de certains traits de la culture matérielle, la pérennité territoriale de certains groupements, l'existence d'un réservoir régional de traits à usage éventuellement symbolique (David N., Sterner J. & K.Gavua 1988). Nous n'avons pas cependant abouti à une histoire au sens convenu du mot ou au sens d'histoire des peuples, sauf à passer par glissement de sens d'ethnie à peuple après avoir accepté de passer de culture (archéologie) à ethnie (anthropologie).

Cette tâche de "faire de l'histoire" n'est pas scientifique. Le croire serait ignorer les difficultés épistémologiques que sa nécessaire pluridisciplinarité entraîne et qui encadrent, expliquent ou mettent en cause, plus ou moins explicitement, la "charpente théorique" du produit. Mais nous n'attaquons pas cet aspect en tant que tel, car on voit mal comment procéder autrement. En revanche, à défaut de dépasser les termes de cette gestion à laquelle nous sommes, comme tous les autres, soumis, il peut être fructueux de l'étudier et de tenter de cerner les points où elle émerge à la science, c'est-à-dire d'identifier dans les discours en question les conditions de cette élaboration, les lieux où cette entreprise de confrontation des disciplines, soit butte, soit s'approfondit ou encore, vaticine. Notre propos s'est particulièrement focalisé ici sur la notion d'ethnie en réponse à une offensive ultra-réductionniste qui tend à supprimer le concept d'ethnie de l'arsenal conceptuel des archéologues. *"There would seem to be a growing skepticism if not disbelief in our identifications (anthropologists'identifications,* rajouté par moi A.M.*) while 'they' are busy identifying themselves and making their own histories".* (Friedman J.1992 :846)[78]. Face à cette offensive, définie ailleurs comme idéologique et scientiste (Marliac A. & Langlois O. 1996 : 8), nous souhaitions rappeler :

- que ce concept correspond à un niveau d'auto-organisation particulier et opérationnel des sociétés humaines. Si nous restons dans le domaine de la "pratique scientifique" (ou d'une activité à prétention scientifique), dans le cas envisagé ici, la critique du concept d'ethnie perd sa pertinence au

[78] A propos de ces attaques, on pourrait retourner contre l'accusation qui nous est faite de réifier ce qui n'est qu'un concept opérationnel, la même accusation. *"Il y a là un cas/.../ de stratégie théorique* (et idéologique *A.M. dixit) caractéristique de la science actuelle: à partir d'observations et d'expériences menées dans un certain domaine de réalité, on construit un modèle et à partir de ce modèle on continue à affiner la connaissance comme si on avait affaire à la réalité même"* (Canguilhem G.1993 republication de la conférence *"Le cerveau et la pensée"* 1980 *in* "Georges Canguilhem, philosophe, historien des sciences". Albin Michel, Paris, p.19).

changement de niveau qui conduit de l'individu au groupe[79]. Si *Individual ethnicity is in fact situational and experienced at several levels* (David N. 1992), c'est bien que l'ethnicité existe mais à un autre niveau.

- qu'il est le seul à permettre de passer de la préhistoire à l'histoire qui serait réduite dans le cas contraire soit à des histoires individuelles enchevêtrées[80] soit à des histoires de masses définies, au choix, selon les techniques, les pouvoirs, le sexe, les rites, les classes, les terroirs, la démographie etc., sans qu'aucun lien ne les relie. Masses dont l'évolution dépendrait uniquement de changements socio-économiques. Ceci séparerait fondamentalement les hommes d'avant l'histoire, produits d'un strict déterminisme, de ceux de notre temps pour lesquels l'histoire prend sens si elle vise au-delà de ce déterminisme...

- qu'enfin il nous est, régulièrement et même spontanément, opposé par les premiers utilisateurs de nos données : les peuples que nous étudions. L'histoire n'a d'intérêt pour eux qu'ethnique.

Du discours scientifique aux discours historiques
Comment raconter des histoires ?

Peuples/ethnies/sociétés et individus ont une connaissance qui leur est propre de leur identité, donc de leur histoire. Par quel procédé passer de la connaissance "scientifique" des ethnies à cette connaissance "traditionnelle"[81] ? *" What kind of meaning is being constructed and for whom?"* (Friedman 1992, note 28 :848).

1°/ Histoires et identités ethniques...

En effet, cette connaissance est globale, enracinée dans le symbolique et le mythique C'est une connaissance acquise depuis l'enfance, totalisante, par nature inconciliable avec la connaissance scientifique. C'est un savoir chargé de valeurs et de significations immédiates qui répond aux besoins du groupe

[79] Il est frappant que souvent ceux qui démontent les ethnies en sous-groupes pas mieux définis d'ailleurs, ne peuvent parler des gens qu'ils étudient qu'en les regroupant sous un nom...

[80] *Dévider de tels écheveaux est une entreprise vouée à l'échec* selon Martin J.-Y. in Tardits C. 1981: 314 note 23).

[81] De nos jours, elle est plus ou moins mâtinée d'éléments "scientifiques" véhiculés par manuels scolaires, articles de journaux, émissions culturelles à la radio ou la télévision.

et qui est opérationnel au quotidien comme à l'exceptionnel. "*Tous les individus, à l'éveil de leur pleine conscience, trouvent en eux-mêmes une vision du monde toute faite, à laquelle ils n'ont pas volontairement contribué. Chacun la reçoit comme don de la nature et de la civilisation* " (P.Feyerabend 1989 : 230)[82].

Cette vision est bien antérieure dans l'être des ethnies, par rapport au savoir qui les analyse et qui tendrait, en retour, étonnament, à ignorer sinon occulter celles-ci ou à les rendre "invivables". Le "savoir", fondamental et millénaire des sociétés comme guide du comportement de ces sociétés dans ce monde et dans l'autre, préexiste au savoir scientifique, le déborde et lui est irréductible. Il reconnait des groupes de référence à différents niveaux, en particulier celui que l'Anthropologie a nommé ethnie.

S'il a pu apparaître aux ethnologues que l'ethnie était la fusion plus ou moins solide d'éléments divers, il ne leur est pas apparu suffisamment que l'entité, née de cette fusion et écartelée entre ses diverses origines et ses diverses fonctions, renaissait sans cesse. La fabrication d'identité ethnique est un processus sans cesse en action. Des ethnies disparaissent, se fractionnent, fusionnent, ou persistent et se développent dans le temps et l'espace. Le Nord du Cameroun fourmille de tels phénomènes jusqu'à fournir l'exemple d'une ethnie colonisatrice tolérée, acceptée puis conquérante, se mélangeant par mariages, s'islamisant sous les apparats du Bornou et restant peule, en conservant sa langue. Un tel exemple pourrait fournir des arguments aux deux positions théoriques opposées évoquées au §1.3, mais essentiellement, dans le cas des Peuls, nous souhaitons souligner qu'il exprime la "théorie" de l'ensemble des personnes revendiquant cette appartenance. Etre Peul sous la condition de certaines limites c'est vouloir l'être dans le temps et l'espace... Etre Peul c'est suivre un certain nombres de "façons d'être" rassemblées sous le terme de *pulaaku.* Ce terme du langage naturel peul n'est pas qu'un descriptif énumérant les différentes conditions requises pour être Peul. Décrivant un "état" hors du temps et de l'espace permettant aux vivants de posséder le passé afin de vivre l'usure du présent, selon les traditions pour préparer un avenir conforme à ces traditions afin de rester soi, il relève du symbolique. Si l'ethnie peule est amenée à l'existence ou dissoute par la connaissance "scientifique" (ici l'Anthropologie), elle existe pour les Peuls dans la réalité des choses. Etre Peul est donc presque un mythe au sens où globalement, il donne sens et dignité à tout un ensemble de

---

[82] Citation de E. Mach "*Erkenntnis und Irrtum* ", Leipzig 1917. (Traduction française chez Flammarion en 1930 "*La connaissance et l'erreur*") *in* P. Feyerabend 1989.

peuples en Afrique soudano-sahélienne. Il structure des personnalités, sans que cette fonction soit épuisée par l'analyse que par ailleurs on peut en donner. Un Peul connaîtra le détail de ces "façons d'être", saura apprécier et connaitre les détails d'une analyse extérieure mais comme rationalisation *a posteriori* d'un donné total.

Dissoute lorsqu'elle est analysée sous le principe de la non-contradiction, principe scientifique de base, l'ethnie est prise au contraire en bloc par la connaissance traditionnelle pour qui non-comparabilité et incommensurabilité des constituants ne posent pas problème. Et c'est le cas puisque être Peul, par exemple, implique de faire vivre ensemble des constituants éventuellement contradictoires (histoire individuelle, filiation biologique, emprunts culturels de toutes natures...), même de mener plusieurs activités ou stratégies intra-ethniques comme inter-ethniques...

2°/ Pluridisciplinarité et bricolage.

L'interrogation soulevée au début "Pourquoi/Pour qui faire de l'histoire ?" trouve sa justification dans la réalité historique : les peuples vivent et font constamment leur histoire avec ou sans explication scientifique à ce sujet d'ailleurs. Le "comment ?" reste à explorer lorsqu'on veut associer les connaissances construites par l'archéologie (entre autres) ou par une collaboration de plusieurs disciplines (phytogéographie/archéologie/anthropologie) aux connaissances avec lesquelles les groupes pensent et vivent leur (ou leurs) histoire(s).

A vrai dire, pendant des millénaires, les peuples ont pu gérer leur être et leur devenir à l'aide de leur savoir ancestral, fruit d'une longue adaptation à des milieux et événements particuliers et variés. Il n'est pas prouvé qu'il soit plus ou moins "vrai" que celui que nous leur opposons. Seul l'impact du développement scientifico-technique les contraint à envisager d'autres points de vue et à se tourner vers cette connaissance apparemment triomphante : la science...

Nous sommes sollicités par cette demande et pourtant ne saurions y répondre directement car, à leur propre sujet, les intéressés ne se posent pas des questions scientifiques, ou, s'ils le font c'est rarement. En effet, aux questions qu'ils posent à l'histoire, ils attendent des réponses en termes de "valeurs", réponses tout à fait hors du champ scientifique... si tant est, répétons-le, que l'archéologie et l'anthropologie y soient. Le chercheur est donc devant la contrainte, éventuelle, de rendre consommable le produit de sa recherche. Cet objectif de consommabilité du produit qui sera transformé n'est pas critiquable en-soi, encore que sa préparation fasse bien ressortir la distorsion qui guette le savoir scientifique quand il sort de ses limites. Ce sont les conditions de cette mise en forme, de ce transfert qu'il faut éclairer.

En parlant d'"unités" (§ 1.1,1.2) nous souhaitions souligner la différence de "nature" entre le savoir scientifique "objectif" et le savoir traditionnel ou celui que les intéressés ont quant à leur propre histoire et, en même temps, pouvoir parler des deux domaines de savoir en question ici : celui qui découpe pour analyse et celui qui connait d'emblée. *"Mais il faut rejeter comme illusoire cette conception primitive et quasi cannibalistique de la connaissance, qui veut que connaitre une chose exige préalablement qu'on la réduise en pièces, comme l'enfant qui démolit une montre et en éparpille les rouages pour en comprendre le mécanisme."* (R.Thom cité par G.Giorello 1990 : 1043). Si, du côté "scientifique", l'on peut se laisser aller à parler d'unités, de l'autre peut-on, sinon par artifice, parler d'unités ? Il ne saurait en être question dans le savoir traditionnel, sauf à le confondre avec le premier dont c'est une des caractéristiques. L'identité pour la tradition est un tout qui ne se négocie pas. Quand il est, à l'imitation des anthropologues, disséqué par les intéressés eux-mêmes, c'est que l'ethnie est en voie de disparition. Il est donc vain de chercher à utiliser de la même façon les résultats de la "science" définis d'une façon très particulière et les opinions, jugements, principes, règles du savoir "tacite" (Feyerabend P. 1989, note 34 :186). Rajoutons de plus que les théories scientifiques qui sous-tendent l'archéologie ont peu à voir avec celles qui régentent la physique. Et l'on peut se demander si le succès de ces dernières impliquent que l'archéologie (entre autres) doivent inclure des principes d'objectivité et d'abstraction comparables ou identiques.

Pour paraphraser J. Friedman (ouv.cité, note 28), tandis que nous raisonnons, "les gens" vivent et font leur histoire et leur identité... Cela seul leur importe qui donne sens à leurs vies... Cette "vie" est conduite à partir d'informations aussi diverses que nombreuses incorporées au savoir déjà présent, le modifiant ou non... Sans qualifier dès maintenant ce savoir, sauf qu'il est "orienté", l'on peut dire que les informations puisées dans "la science" y seront importées sans tenir compte de la différence entre les conditions d'élaboration et d'utilisation de ces informations et celles du "savoir tacite". C'est ce qu'on peut appeler du bricolage depuis que le terme a été ennobli par C. Lévi-Strauss...

Encore une fois, c'est le langage naturel qui permettra par son flou, ses imprécisions, ses glissements de sens, de faire dialoguer des modes par définition irréductibles l'un à l'autre. Il peut fournir des termes recouvrant des notions partiellement en intersection, ou suffisamment abstraites pour être applicables dans les deux situations. Tout ceci en parfaite connaissance de cause, bien sûr. A défaut, pour le moment, d'avoir des principes d'unification entre les deux domaines de connaissance, on doit pouvoir créer une unité de langage à base de termes communs de sens assez abstrait.

Ce "langage" se déploiera dans le champ mal défini entre connaissance scientifique et savoir traditionnel, à la frontière fluctuante des sciences. C'est là que se passent pluridisciplinarités, associations, conjugaisons. C'est ainsi que se construit la Science dans le halo des idéologies, croyances, souhaits et besoins qui font appel à "elle". Et c'est dans cette expérimentation, au plus près de la gestion des problèmes subséquents de nature pluridisciplinaires, sous la réserve d'en bien définir les conséquences théoriques, que s'ébauchent les solutions qui permettront une avancée. Par expérimentation nous entendons aussi la prise en compte d'une "avancée" par un langage plus ou moins adapté - c'est-à-dire plus ou moins lié au langage naturel - comme la tentative d'associer des énoncés sous ce langage. C'est par le langage naturel permettant d'évoluer aux marges de la science, qu'émergent les problèmes pour lesquels un nouveau langage, plus formalisé, doit être bâti comme outil manipulatoire d'une nouvelle théorie interprétative. Car l'objectif est, grâce au dialogue, de remonter aux sources de la théorie, *i.-e.* aux postulats afin d'en énoncer de nouveaux mieux adaptés au réel connu par d'autres voies. Ces nouveaux postulats seront la base de la nouvelle "théorie".

Le premier stade sera donc de bâtir un "vocabulaire d'approche/vocabulaire provisoire" aux échelles de comparaison où il pourra être opérationnel. Il y a donc deux voies d'approche complémentaires :

- une à partir du théorique, c'est la prise en compte des non-comparabilités et des incommensurabilités[83], momentanées ou pas, entre telle ou telle définition ;

- une à partir des problèmes réels définis sur le terrain qui impliquent un dialogue entre disciplines et modes de connaissance.

---

[83] S'il faut associer à ces tableaux des données relevant de champs scientifiques différents comme la géologie, la botanique ou la pédologie par exemple, la comparabilité n'existe plus. Il s'agit de problèmes de commensurabilité. Nous avons proposé à partir d'un cas réel entre pédologie et archéologie que la gestion, le dialogue, soit rendu possible par l'utilisation de termes du langage naturel appuyés sur une théorie *ad hoc*, c'est-à-dire de notions suffisamment imprécises pour contenter les deux disciplines en jeu : processus, structures, etc. Cf. Marliac A.1994, note 24 ; Lamotte M. & Marliac A. 1989.

Pour notre propos qui est ici de considérer comment se fait l'histoire avec la contribution archéologique, la notion d'ethnie a paru particulièrement pertinente, même si implicite ou masquée à l'interrogatoire pour des raisons propres aux idiosyncrasies ou aux groupes eux-mêmes ou encore sous des pressions idéologiques externes dont la prégnance ne peut plus être ignorée de nos jours à travers écoles, universités, médias, partis politiques, etc. L'ethnie est, en réponse à la tâche que nous nous donnions en début d'article, l'un des "lieux" où peut opérer la pluridisciplinarité. La mise en forme ou la gestion des données archéologiques se font à partir de ce concept, dès lors qu'une élaboration historique à usages multiples est le but, même si cette notion est discutée dans son propre domaine de référence. Dans le domaine historique, comme nous le rappelle cruellement l'actualité, c'est l'ethnie et ses avatars (nation, peuple) qui est pertinente. Au-delà, on ne saura empêcher l'histoire vécue et interprétée par les intéressés de venir piocher dans le réservoir de données de la discipline pour des usages aussi divers que non-scientifiques. A ce propos, il serait intéressant de développer l'analyse des conditions socio-historiques des périodes de déploiement de la recherche (le contrôle et la diffusion des connaissances)[84], les conditions sociopolitiques d'utilisation de ses données (les cibles) comme le fonds idéologico-politique dominant (rationalisme, relativisme culturel, positivisme et réalisme, etc.).

L'archéologie sera alors sollicitée de justifier telle ou telle conduite ou revendication. La rigueur intellectuelle obligera les chercheurs à répondre comme les biologistes qu'il y a erreur sur l'objet de la recherche scientifique (Atlan H. 1986 :27-28) avec en plus, l'humilité d'une discipline bien peu "scientifique"... La science pose certaines questions, les histoires veulent des réponses d'une autre nature. Il appartient aux individus et aux peuples de prendre leurs responsabilités et de faire leurs choix à partir des différents modes de connaissance disponibles, en fonction d'une éthique sur laquelle la science ne saurait se prononcer. Après tout, c'est bien là le moins que le savoir scientifique peut bien nous laisser si nous voulons rester des hommes.

---

[84] Contrôle de la presse (écrite ou télédiffusée), des manuels d'enseignement, sans parler de la législation et de la fiscalité. Cf. Feyerabend P. 1989, ou Georges Orwell...

Développement et archéologie : d'un langage à l'autre[85]

[85] Publié en 1999 *in* ***Natures, Sciences, Sociétés*** 7, 1 : 42-51.

La pluridisciplinarité sciences naturelles-sciences de l'homme, indispensable en particulier aux études sur l'environnement, concerne deux secteurs du travail de la recherche : bien évidemment et en premier lieu, l'intersection des disciplines intéressées par un objet placé au croisement de la nature et de la culture, mais aussi le champ du politique qui relève aussi de la culture, puisqu'il va falloir passer aux actes à propos de cet objet. En effet, s'il apparaît nécessaire de partir de deux points de vue (naturaliste-anthropologique) pour examiner tel ou tel problème environnemental, on doit considérer aussi, une fois cet examen réalisé, la façon dont le résultat va être saisi et appliqué réellement " dans le monde ", donc passer dans le champ du politique.

Cette pluridisciplinarité implique des paradigmes ou théories allant, pour ce qui est des activités dites scientifiques en général, et en forçant le trait, du pôle Nature au pôle Culture-sociétés. Pour ce qui est des activités de " transfert-application ", on entre dans la confrontation des modes de savoir " scientifiques " avec le savoir commun, ce que les anthropologues appellent la " culture " d'un peuple, d'un groupe, d'une nation...

Les énoncés, représentations, résultats et dialogues liés à ces activités sont exprimés dans des langages, allant des plus formels, les plus spécialisés jusqu'aux langages naturels[86]. De la même façon, les peuples et décideurs expriment leurs conceptions-représentations des mêmes questions puis les " instructions-actions " grâce auxquelles les solutions de ces questions " scientifiques " sont appliquées. Le dialogue entre langages, depuis les plus formels jusqu'aux plus " naturels ", est l'expression des problèmes pluridisciplinaires.

Mais cette rencontre entre des langages différents pose, outre le problème de leur comparabilité, celui de leur commensurabilité. S'il se pose lorsqu'il s'agit de rencontres entre langages relevant de différents paradigmes (théories) scientifiques, il se pose tout autant lorsqu'il s'agit de dialogues entre langages relevant d'un côté du pôle " nature " (sciences de la nature) et de l'autre du pôle " culture " (sciences de l'homme). Ils sont en effet, par principe, incommensurables.

Comment dès lors, opère le chercheur, vecteur de " science " déclaré quand il est naturaliste, masqué s'il est anthropologue - mais le plus souvent hybride des deux grands domaines, comme les politiques - et dont on attend

[86] La géographie des sols d'une région sera faite selon un langage *spécialisé* à partir d'une analyse des profils faite selon un langage *formalisé* et sera interprétée pour les utilisateurs (ingénieurs agronomes et agriculteurs) en langage *semi-naturel* ou *naturel*.

qu'il nous dise en même temps ce qu'est le milieu, comment les gens qui l'occupent le voient et comment il va falloir le gérer désormais ?

Nous exposerons d'abord comment dans l'ordre du " scientifique " cette rencontre des langages nous apparaît du point de vue général de leurs référentiels, ensuite comment nous l'avons entreprise, dans un cas particulier entre deux sciences.

Nous nous interrogerons ensuite sur la nature de la connaissance issue de ce dialogue au carrefour de modes de connaissance différents, voire incommensurables. Cette connaissance en effet, conditionne les critères de la décision politique censée sortir de cette rencontre. C'est de cela qu'il s'agit quand on parle, entre autres, d'environnement et de développement car, pour les pays en voie de développement, relier et faire dialoguer tous les savoirs, en vue d'améliorer la connaissance de cet objet interface, l'environnement, ou d'un autre objet comme l'histoire, est bien évidemment un objectif prioritaire puisqu'il concerne leurs ressources, la pérennité de celles-ci ou bien encore, leur identité.

Le mode d'élaboration des connaissances reflète et conditionne à la fois la façon dont on conçoit l'objet étudié et la façon dont on entend l'ordonner. Nous nous permettrons dès lors de conclure en proposant de considérer le pluridisciplinaire, à partir de ses réalités langagières, comme objet d'étude à part entière.

Recherche et commensurabilité : Une contradiction ?

Le clivage que nous venons d'évoquer entre l'objet des sciences naturelles qu'est l'environnement (la nature : les milieux et leurs constituants), l'objet des sciences de l'homme que sont les sociétés[87] d'une part, et d'autre part, le mode de connaissance que les sociétés exercent sur elles-mêmes et le monde extérieur, est considéré en Occident comme fondamental. Chaque objet en effet relève de modes de connaissances irréductibles d'un point de vue épistémologique.

[87] Le classement (volontaire ?) des deux domaines sous le nom de sciences ne doit pas nous tromper sur la différence qui les sépare comme il doit nous faire réfléchir sur le label scientifique qu'ont toujours recherché les sciences de l'homme.

Hommes et groupes sociaux appréhendent le monde *grosso modo* selon deux pratiques de pensée, deux modes de connaissance. L'un venant des profondeurs du temps met en réseau l'ensemble des activités d'un groupe afin d'arriver à un résultat. Nous l'avons appelé dans d'autres écrits, à la suite de P. Feyerabend (1989) : " connaissance traditionnelle-connaissance tacite " (Marliac 1995a et cet ouvrage). C'est le mode de connaissance mis en lumière par les anthropologues dans les sociétés non-occidentales : ordres divin, naturel, social, individuel sont inséparables, sont tissés ensemble. L'autre mode a dissocié dans ces activités intellectuelles une certaine façon de raisonner, l'a développée et appliquée et de ce fait, a isolé différentes parties du monde habituellement mises en réseau. Il les a placées dans des états séparés incommunicants : nature et culture pour parler grossièrement. On identifie les origines de ce mode de connaissance en Grèce vers le VIè siècle BC (Feyerabend 1989). Cet isolement s'est cristallisé vers les XVIIè-XVIIIè siècles en Europe sous le nom de science et a " créé " en quelque sorte, *primo,* le monde naturel relevant de la science (la physique), *deuxio,* la société relevant des sciences de l'homme (la sociologie) et *tertio,* le discours de la société, indépendant de tout mais reliant les deux (Latour 1991). L'instauration d'un fonctionnement séparé de ces deux modes de connaissance aurait donné naissance au monde dit " moderne " où coexistent nouvelle et antique pratiques, mais où l'on est constamment sommé à la fois de choisir entre elles (ce qu'on énonce est-il scientifique ou ne l'est-il pas ?) et de les associer.

Les savoirs traduits

On constate ainsi que, dans la réalité de la recherche milieux-sociétés (pour ne parler que d'elle), depuis longtemps, il existe une pluridisciplinarité de fait, afin de pouvoir exprimer des résultats et afin de pouvoir œuvrer. On n'a pas attendu, en effet, pour passer des bilans hydrologiques à la construction de barrages et à la mise en place de plans d'irrigation. De même, la géographie de la trypanosomiase bovine enclenche immédiatement des campagnes vétérinaires, des déplacements de troupeaux. Sociétés et groupes sociaux, y compris sociétés et groupes " en voie de développement ", doivent prendre journellement, par l'intermédiaire de leurs politiques, une multitude de décisions socioculturelles pour gérer l'ensemble de leurs activités, en particulier, l'exploitation des ressources naturelles. Le " développement " n'attend pas... Les sociétés manipulent donc conjointement nature et culture, science et non-science et ceci constamment. Il y aurait donc ainsi en contradiction l'un avec l'autre, *primo* l'existence d'un dialogue des représentations par l'intermédiaire des langages, dialogue allant des plus scientifiques aux plus politiques, et *secundo* l'impossibilité épistémologique de ce même dialogue. Dès lors, comment sont gérées ces situations pluridisciplinaires injustifiables ? Pour cela, les différents aspects des deux champs milieux-sociétés sont soit déjà traduits réciproquement dans les langages des disciplines concernées aux différents niveaux plus ou moins formalisés auxquels elles se placent, soit traduits dans un nouveau langage, soit encore existent dans le langage naturel. Tout un travail a lieu en permanence, soit pour réduire les langages les uns aux autres ou les juxtaposer valablement, soit pour créer un langage commun, soit pour créer un langage de transfert ; qu'il s'agisse du quotidien, des laboratoires, de l'activité de terrain ou des publications. Nombre d'ensembles de représentations du milieu venant de champs très différents, scientifiques ou non, non seulement dialoguent déjà en toute liberté, mais ont aussi quelque emploi effectivement et quotidiennement à travers le monde, d'un bout à l'autre de l'humaine existence… Cette manipulation des connaissances et des savoirs existe et a existé au quotidien, toujours et partout, en dépit et même contre les exigences épistémologiques évoquées auparavant.

Cette “ traduction ”permanente n'est en fait que le pendant de la séparation nature-culture dans la mesure où, plus apparaissent des domaines de la nature susceptibles d'être traités scientifiquement[88], plus il faut les “ traduire ”pour passer aux applications. Le résultat est donc un “ discours ” plus ou moins fragmenté en différents langages et dont le liant est assuré par le langage naturel (Atlan 1986).

Les savoirs des autres

Dans notre activité de recherche dans les pays en voie de développement, nous rencontrons cette opposition sciences de la nature-sciences de l'homme, qu'il s'agisse du problème général de l'analyse des phénomènes ou de l'analyse de la façon dont les habitants concernés en rendent compte. Dans notre mission de transfert aussi puisqu'il s'agit de “ faire passer ”données et méthodes (analyses et synthèses) dans un autre monde culturel où le savoir traditionnel diffère du savoir occidental qu'il soit scientifique ou autre. Dans cette activité, que faisons-nous, sinon essayer d'adapter des connaissances à d'autres connaissances ? En l'espèce aussi,

[88] Au prix d'un découpage du réel de plus en plus petit, d'appareillages de plus en plus lourds, de chercheurs-ingénieurs de plus en plus nombreux…

nous sommes confrontés à la prise en compte de dialogues entre des paradigmes, des idéologies, des savoirs traditionnels, des conceptions éventuellement autres qui s'appliquent à ce que nous avons étudié " scientifiquement "... Ainsi à propos de pratiques culturales traditionnelles, l'étude pédologique d'un terroir africain devra dialoguer avec l'étude botanique mais aussi avec l'étude géo-anthropologique des sociétés occupant ce territoire, puis " passer " par l'agronomie à des propositions concrètes, industrielles ou techniques pour aboutir à la " pratique " des agriculteurs que l'on souhaite, la plupart du temps modifier. L'application apparaît au bout d'une sorte de chaîne de notions mises bout à bout, d'échelles et de natures différentes constituant des fragments reliés par le langage naturel. Ce " dialogue " peut se présenter sous une forme encore plus technique, sous différents " langages " : colonnes d'analyses géochimiques des sols, tableaux d'indices de fertilité, mis en face de constats comme : 1° absence de rotation des cultures ou de transcriptions, 2° angoisse des villageois. Seront éventuellement associés des projets dessinés et quantifiés dans un chapitre du plan quinquennal ministériel, des budgets détaillés en dollars matérialisant une aide au développement qui sera sollicitée pour amender ces sols... L'on peut y associer encore : le verdict des villageois traduit par le journaliste d'une ONG, repris par une chaîne de télévision, les tableaux et isohyètes régionaux d'un climatologue reliant la baisse de fertilité à la maigreur des pluies sur vingt ans ou les blocs-diagrammes d'un géologue désignant la nature des roches-mères, etc.

Le chercheur sollicité se trouve au milieu de ce réseau et voit passer par exemple, sa cartographie pédologique traduite en carte d'aptitudes des sols qui servira à dessiner, superposée à une carte hydrologique, une carte d'aménagement (rizières-habitats-drainages) où entreront de gré ou de force, des agriculteurs, caractérisés par ailleurs dans leur habitat traditionnel par des traits communs comme : rotation de la culture de sorghos sous pluie, un habitat dispersé avec dévolution par héritage paternel mais mariage uxorilocal, etc. Il n'est pas dans une position différente de celui qui définit une pollution par des surplus de gaz émis dans l'atmosphère : tel groupe s'emparera de ses conclusions pour débattre avec telle manufacture " polluante " laquelle appuiera son argumentation opposée sur d'autres chercheurs, le tout étant largement diffusé auprès des habitants " pollués " qui n'en peuvent mais et manifestent devant la mairie qui ne sait quoi décider. La même incertitude quant aux limites de vérité de sa recherche et à leur adaptabilité aux travaux prévus et aux peuples à déplacer, pèse sur le malheureux naturaliste arpentant les savanes sahéliennes.

On voit donc un " être ", un " quasi-objet " (par exemple ici : un groupe de profils pédologiques) passer d'un mode de connaissance à un autre (alors même qu'ils étaient considérés incommensurables) et, pendant ce parcours, se transformer (Latour 1991). Entre pays développés et pays en développement, les processus de gestion de l'environnement en cours ne diffèrent pas par nature.

Finalement quel savoir l'emporte ?

A la réserve près que, dans les pays en voie de développement pas encore complètement acculturés-déculturés, si le jugement des utilisateurs est pris en considération, qui va enregistrer fidèlement le " dit " des gens ? Quelle place ce " dit " va-t-il occuper dans la gestion prévue ? Comment va se faire concrètement son association avec les autres langages ? N'est-il pas admis qu'il est insuffisant parce que non-scientifique ? Comment va-t-on le " traiter " pour l'amener à commensurabilité ? Est-ce même faisable ? Va-t-on sombrer dans la position inverse et ignorer tout autre savoir que le savoir traditionnel, comme ces Hopis qui, avec sagesse peut-être, ne s'intéressent absolument pas aux recherches archéologiques les concernant (Adams 1980) ? Nous avions déjà souligné ce problème pour notre propre discipline (Marliac 1997a). En contexte de développement, l'on assiste en fait à un partage inégal, le scientifique supplantant le non-scientifique-traditionnel, ethnologue compris, même si les récits que celui-ci rapporte nous ont rappelé la chair d'une histoire aujourd'hui disparue[89]. On se retrouve dans une situation où on ne discute pas, pour le moment, l'approche "scientifique"[90].

Et pas plus qu'en Occident il n'est envisagé - si la question l'exige - que l'on modifie le processus en plaçant l'étude scientifique (pédologique ou autre) en position relative par rapport à l'ensemble des " savoirs " qui vont la surdéterminer ou la " modaliser " (Latour 1995) comme nous l'avons montré auparavant. Les décideurs, souvent formés au Nord, posent déjà le problème dans les termes habituels : c'est la recherche scientifique qui va s'en saisir. Par voie de conséquence, on introduit directement déjà le clivage, d'un côté la nature, de l'autres les hommes, la culture... Plus subtilement, une hiérarchie : d'un côté la " science ", de l'autre la " non-science "... Pour finir

---

[89] Et transformée en folklore en Occident entre le XVIIè et le XIXè siècles (Marliac 1997a), comme si, en retour, les Autres, narrateurs innombrables et inconnus, nous offraient au travers de l'ethnologue, un passé retrouvé...

[90] C'était sensible lors du colloque ORSTOM-UNESCO " *La science hors d'Occident au XXè siècle* " (Waast R. (ed) 1996 ORSTOM, Paris).

par adopter comme référence, bien évidemment, la science. En même temps que les savoirs traditionnels encore survivants sont évacués ou niés, l'ensemble des concepts des sciences de la nature tel qu'il est aujourd'hui (et la conception du monde qu'il entraîne) est importé et imposé en bloc (par les universités copiées du Nord et par le rouleau compresseur médiatique). L'ambiguïté régnante en Occident, entre une norme étalon constamment mise en avant et l'existence surmultipliée de pratiques toutes différentes, s'est installée hors Occident.

Car, comme en Occident, dans l'attente du règne de la raison, il faut agir. Mais le " résultat " de l'étude pédologique prise comme exemple " scientifique ", ignorant les savoirs locaux, ne sera, lors du transfert, pas plus pédologique qu'ailleurs, mais, comme nous l'avons vu, un " compromis " entre la pédologie *stricto sensu* et toutes sortes d'autres " savoirs scientifiques ". Il se fondra, de plus dans un compromis avec d'autres exigences[91], y compris *in fine,* ce que pensera le préfet de la région concernée ou *l'apparatchik* chargé d'une direction générale au ministère impliqué. Implicitement ou explicitement, lors de la décision, on aura rendues commensurables les différentes " unités " isolées par chaque savoir spécialisé ou non...

Commensurabilités

C'est cette construction des commensurabilités qui est le cœur de la pluridisciplinarité. L'incommensurabilité " sciences de la nature-sciences de l'homme-savoir traditionnel " n'existe que pour autant qu'on accepte comme définitive et réelle cette dichotomie sciences/non-science ou nature/sociétés. Il faut prendre en compte, à propos du monde en général, les deux modes de connaissance dialectiquement opposés mais indissolublement liés et qui fonctionnent conjointement : le savoir scientifique (tel qu'il est défini dans les manuels), le savoir " non-scientifique ", " autre ", celui des peuples... et élaborer constamment des traductions.

Comme le dit B. Latour (1991) : " *les mondes n'apparaissent commensurables ou incommensurables qu'à ceux qui s'attachent aux mesures mesurées. Or, toutes les mesures, en science dure comme en science*

[91] *...les sciences réelles, comme elles sont pratiquées par les scientifiques, ont peu de chose à voir avec le monstre monolithique "science " qui sous-tend la prétention au progrès* (Feyerabend 1989).

souple, sont aussi des mesures mesurantes et celles-là construisent une commensurabilité qui n'existait pas avant leur mise au point ".

Les maîtres-mots de la pluridisciplinarité seraient donc : traduire, créer, co-mesurer. Mais comment ? Comment construire la co-mensurabilité ? Et à partir de quoi ? De quelles unités ?

Exemple pratique et proposition de méthode

C'est à partir d'une expérience personnelle et de méthodes susceptibles de " mettre au point " des optiques différentes, de traduire des " faits " les uns dans les autres, en les rapportant à une mesure commune que nous tentons de répondre à ces questions.

Savoir archéologique et savoir pédologique

Nous avions exposé le mode d'approche choisi par deux disciplines (pédologie, archéologie. Cf. DP**) pour comprendre certains traits apparus dans la fouille archéologique d'une butte anthropique au Cameroun du Nord (Lamotte & Marliac 1989 ; Marliac *in* Marliac1995b)[92]. Ce projet s'inscrivait par ailleurs dans l'objectif général consistant à comprendre les processus d'évolution culturelle des peuples installés sur ce site entre le Vè AD et le XVIè AD, à partir d'une interprétation des comportements des occupants fondée sur l'analyse des résidus matériels de leurs occupations. Ces vestiges d'activités anthropiques empilés constituant la butte avaient subi une, ou des, pédogenèses dont les caractéristiques tenaient à la nature des matériaux et des conditions environnementales. On pouvait ainsi tenter de les prendre en considération comme des " objets pédologiques ". L'objectif final était, en les soumettant en même temps, à une observation pédologique et à une observation anthropologique[93], d'utiliser les réponses d'une discipline pour éclairer les réponses de l'autre. Ainsi, telle observation pédologique permet-elle de mieux définir les structurations considérées comme anthropiques ? Il

---

[92] Cet essai bi sinon pluridisciplinaire avait été précédé et a été suivi de nombreuses discussions avec d'autres pédologues de l'IRD, en particulier A. Beaudou, mais aussi F.-X. Humbel, M. Gavaud et D. Schwartz.

[93] Nous n'entrons pas dans le détail des autres disciplines mobilisées-mobilisables : géochimie, pétrographie, chimie, taphonomie, palynologie, anthracologie, malacologie, physique nucléaire, anthropologie physique, paléozoologie, technologie, stylistique, etc.

s'agissait donc de faire une description pédologique d'un objet " anthropologique ", la butte, ayant subi une évolution " naturelle ".

Si nous partons, pour la fouille du site en question (fig.2 & 3)[94] des deux descriptifs de la fosse résultante, l'un pédologique, l'autre archéologique[95], on pourrait penser disposer de deux descriptions chacune strictement référée à sa discipline. Or, si elles révèlent des différences nettes, elles ne sont pas cependant totalement étrangères l'une à l'autre... En fait, l'interrogation pédologique ne pouvait oublier que les apports constituant son objet étaient le produit de cycles d'activités anthropiques : elle évitait difficilement l'utilisation d'explications anthropologiques simples[96]. L'interrogation archéologique ne pouvait, quant à elle, éviter de découper le site en " niveaux ", à comparer aux " couches " du pédologue... On s'aperçoit ainsi que les deux descriptifs, volontairement très simples, constituent déjà des interprétations mêlant partiellement en langage naturel des termes relevant des deux disciplines de référence. L'archéologie copie en partie le langage morphologique de la pédologie, voire lui emprunte des termes ; la pédologie décrit des objets anthropologiques : tessons, sépulture. On a, déjà, une " association bidisciplinaire ".

Savoirs croisés

Est-elle suffisante sous l'angle de l'approfondissement de la connaissance ? Limitée à un niveau morphologique simple qui autorise une traduction aisée, cette bidisciplinarité n'apporte pas grand chose. On pouvait penser n'avoir pas disposé d'une observation suffisamment approfondie, détaillée, et devoir augmenter la précision des descriptifs chacun dans leur domaine. La critique est recevable même si des explications ont été données quant aux conditions - limitatives - de fouille. Les descriptifs eussent-ils été plus précis que le problème resterait entier puisqu'il ne résout pas et même

94 Les figures apparaissent dans l'article précédent (DP).

95 Bien entendu à ces descriptifs en *x*, *y* et *z* sur les niveaux, la texture, la couleur, les " inclusions " d'origine anthropique, on ajoutait ce qui nous paraissait immédiatement définissable en termes anthropologiques : sols, trous de poteaux, fosses, poubelle et les artefacts (tessons, perles, métal, pierre). N'oublions pas aussi les datages absolus, les restes fauniques, floristiques et palynologiques toujours répertoriés en *x*, *y* et *z*...

96 Allant de la construction jusqu'à l'effondrement des habitations en passant par tout " ce qui avait pu se passer " dans ce site, transcrit dans un vocabulaire d'approche élaboré à partir d'une observation ethnologique locale : les cultures de " cases ", plus les rejets de consommation, de bris domestiques, les silos, fosses, sépultures, etc.

aggrave celui de la traduction d'un descriptif dans l'autre. Entrer par exemple dans le détail d'une description pédologique nous eût d'autant éloigné de la description anthropologique et inversement. Nous n'ignorons pas que des travaux communs entre les deux disciplines ont réussi des accords produisant de nouvelles connaissances, mais la nature de cet accord, problème soulevé ici, n'a pas, la plupart du temps, été explicitée. Il s'agit en effet d'un mélange de termes ou de juxtapositions de discours enchaînés par le langage naturel (Cf. *Proposition de méthode*). Proposer qu'une tierce discipline, la stratigraphie, permette la comparaison, c'est oublier que cette dernière n'est pas neutre mais naturaliste, elle ne répond pas au problème posé puisqu'une strate (couche-niveau) en pédologie n'a pas le sens d'une couche (niveau) en archéologie. L'une et l'autre n'ont pas la même origine, le même référent " théorique " comme l'a bien exposé Harris (1997).

Eussions-nous utilisé d'ailleurs la " stratigraphie archéologique " explicitée par cet auteur que le problème réapparaissait à un autre niveau, puisque, par exemple, en cas de rupture d'une strate archéologique (fossé, inhumation) *the parts of the strata must be correlated by their soil composition*, ce qui réintroduit la pédologie (*ibid.*). Plus loin (*ibid.*) l'analyse du sol réapparait car, une unité stratigraphique (archéologique) une fois formée *it is thereafter subject only to alteration and decay...*

Essai de traduction

Dès lors, que comparer et comment comparer, associer ou ajuster les descriptifs-énoncés-propositions-hypothèses faites dans chacune des deux disciplines à supposer maintenant qu'elles " fonctionnent " en totale séparation ? Comment définir les objets d'étude à comparer ? Par discipline ? Cela semble un prérequis, sans oublier que dans chaque discipline interpréter est parfois difficile[97]. Mais on peut très vite heurter le mur de l'incommensurabilité : rien n'est traduisible de la pédologie en

[97] Ainsi en archéologie où l'interprétation se limite *...au genre 'histoire vraisemblable' auquel recourrent les archéologues pour reconstruire tant bien que mal l'histoire des siècles obscurs – la règle du jeu étant de faire le moins de suppositions possibles – pour rendre compte de la manière la plus économique des quelques traces que le pur hasard a choisies et laissées venir jusqu'à nous* (Veyne 1971) et où par exemple *l'attribution de l'effondrement d'un bâtiment découvert en fouille à un séisme est aussi délicate que celle d'un incendie à une invasion* (Leveau 1990).

termes anthropologiques et inversement[98]. Si chacune des deux disciplines est prise en tant que telle, si chacune reste définie par l'ensemble de ses postulats fondateurs et persiste dans son langage, on aboutit vite à deux discours parallèles. La " conduite de fuite " fréquente des naturalistes, plaçant délibérément à part dans leurs cartographies - et parfois hors analyse, ou sous la simple référence '*anthropique*' - les points du paysage manifestement modifiés par l'homme, révèle bien l'incapacité relative de décrire un objet hors de son paradigme et donc la limitation du langage propre à ce paradigme... (Lamotte 1993). Respecter chaque langage disciplinaire exclut tout dialogue, toute interprétation s'appuyant sur des disciplines différentes[99].

Alors sous quelles formes les comparer ou les co-mesurer ? Dans quel ordre les mobiliser ? Alternativement ? Par paquets ? En ce qui nous concerne, nous avons tenté au-delà du constat précédent de " traduction ", de croiser certaines données élaborées dans les deux disciplines en utilisant un certain nombre de termes du langage naturel communs ou mis en commun. Il s'agit donc en quelques sorte d'une nouvelle forme de traduction.

Nous avons pris acte du mélange des processus naturels et anthropiques, sans prendre en considération un quelconque ordre chronologique. Nous avons alors choisi des phénomènes locaux repérables à la fouille : les niveaux indurés, les microorganisations et les concentrations, arrangements définis assez abstraitement. Ils ont ensuite été analysés en fonction des trois notions suivantes et dans chacune des deux disciplines : structures, processus, constituants. Ces termes sont suffisamment vides pour être utilisables dans les deux disciplines. Leur abstraction relative permet de croiser-traduire les contenus variés qu'on y met[99]. Nous nous sommes placés à un niveau où le passage d'une interprétation à l'autre ne nécessitait pas plusieurs traductions. Ainsi a-t-on pu différencier à un certain niveau de généralité ce qui relevait de chaque discipline, repérer ce qui relevait des deux et nécessitait un approfondissement.

---

[98] Aucune analyse géochimique (science collaborant à la pédologie) n'est compréhensible par l'anthropologie sauf par 'traductions successives' où la géochimie est de moins en moins géochimique mais de plus en plus 'humaine'.

[99] *Sans de constants abus de langage, il ne peut se faire aucune découverte, aucun progrès* (Feyerabend 1979).

Le résultat a permis d'associer des significations se référant aux deux disciplines. Quel est le gain ? Il doit être mesuré en fonction de l'objectif : gagner un savoir, “ scientifique ” ou pas, meilleur ou différent[100].

Il n'a pas été inutile de “ faire lire ” par le pédologue, structures, constituants et processus identifiés par l'archéologue. Ainsi, l'interprétation des microorganisations stratifiées en “ résidu de battance sous égoût de toit ” par utilisation de la notion (naturaliste) d'effet de battance en liaison avec une structure anthropique disparue est intéressante. En effet, elle permet de réinterpréter le même trait dans d'autres fouilles et de comprendre différemment l'ensemble archéo-stratigraphique auquel elle peut être liée *in situ*. La définition de la sépulture comme processus anthropique à structure mixte (ossements dans substrat argileux) permet d'envisager telle étude pédologique intrasite dont on espère tirer telle conclusion sur son évolution et partant l'interprétation de son état actuel. Mieux, l'intégration, sous un nouveau vocabulaire, permet de soumettre tel objet d'une discipline à l'analyse de l'autre. On peut ainsi considérer les ossements comme éléments grossiers tels que les définit la pédologie et leur faire subir une analyse pédologique. On s'aperçoit néanmoins que les associations trouvées et figurées en tableau (fig.4) ne peuvent faire l'économie du langage naturel. L'alternance d'utilisation des concepts se fait grâce à lui. C'est le texte même de notre communication (Lamotte & Marliac 1989) qui constitue le liant sans lequel le travail n'a plus de sens[101].

Proposition de méthode

De telles expériences, courantes en archéologie, préhistorique ou autre, permettent de proposer d'établir une méthodologie de la pratique pluridisciplinaire dans d'autres situations où il sera question de sociétés dans leurs milieux ou des milieux dans les sociétés. S'assurer qu'on utilise bien les méthodes et les outils d'analyse de chaque discipline ne suffit pas. Quoique la qualité disciplinaire soit un prérequis, cette même qualité entraînerait, si la notion d'incommensurabilité était tenue pour définitive[102],

---

[100] Dans d'autres situations, l'objectif est un savoir technologiquement plus efficace.

[101] De plus, nous avons bien évidemment affaire ici à deux disciplines non-formalisées. Si l'anthropologie ne peut faire l'économie du langage naturel, la pédologie elle-même non plus, quoique à un moindre degré.

[102] Par exemple, dans le cas des sciences dures…

l'impossibilité de toute pluridisciplinarité. Nous savons qu'une telle position n'est pas tenable. Dès lors, expliciter la réalité du fonctionnement interdisciplinaire sur la base de l'incommensurabilité des modes de connaissance est le programme que nous proposons sous forme d'une recherche sur les langages utilisés et les langages en fabrication, pour cet objectif.

La mise en commensurabilité, l'aboutissement du processus pluridisciplinaire n'est d'ailleurs jamais que provisoire. Par exemple, à propos de l'extinction de la civilisation de Mohenjo Daro vers 1800 BC dans la vallée de l'Indus, les niveaux limoneux épais scellant cette fin sont l'objet de deux interprétations différentes. S'agit-il de crues dévastatrices ou d'accumulations de matériaux de construction (Leveau 1990) ? La controverse gît là même où on ne sait comment choisir entre une interprétation naturaliste (“ crues ” à partir de la granulométrie) et une autre, anthropologique (“ accumulations ” à partir des techniques de construction). Aucune des deux “ sciences ” ne permet de décider. L'absence de conclusion acceptable va conduire à affiner les disciplines. Cette “ indécidabilité ” doit être surmontée si l'on souhaite, dans l'exemple donné ici, conclure quant aux raisons de l'extinction de cette civilisation. Les deux disciplines identifiées doivent trouver une “ mesure ” commune, c'est-à-dire un langage.

Nous ne sommes pas les premiers à avoir expérimenté une approche pluridisciplinaire. En revanche, à notre connaissance, il n'y a pas eu chez nos prédécesseurs - sauf chez Harris (1997) - autre chose que le discours habituel juxtaposant ce qui est proprement naturaliste à des énoncés anthropologiques généraux et *vice versa* (Courty *et al.* 1989). Il n'est pas exclu d'ailleurs que la pluridisciplinarité réside parfois dans ce qui apparaît comme une juxtaposition de savoirs, là où des référentiels implicites sont à l'œuvre, là ou un autre référentiel général non-scientifique opère (Béchillon 1997)[99].

L'effort est donc à porter *primo* sur l'éclaircissement des procédés utilisés (les conditions de traduction) plus que sur leur conformité ou non à la science, même si – puisqu'on ne saurait lui échapper – cet aspect ne peut être négligé ; *secundo* sur la “ nature ” du résultat. Cela aboutira, très clairement, par la mise au jour de théories implicites, par de nouvelles conceptualisations, redécoupages du réel et par voie de conséquence création de termes portant ces concepts et redéfinition des langages concernés. Ces questions - de nature épistémologique - posent le problème de la “ théorie ” ou des “ théories ” mises en œuvre, la plupart du temps implicitement, pour ordonner ces objets. Retracer le cheminement des questions, en définissant chaque fois, leur référentiel revient en effet à reconstruire la “ théorie ”, utilisée pour saisir les “ faits ”ou, comme diraient les bachelardiens, pour “ faire les faits ”. Inversement, l'on pourrait dire que cette “ théorie ”, c'est le cheminement qui conduit l'ensemble de ces questions. La “ traduction ” éxécutée est la théorie sous forme éventuellement d'un langage nouveau même si peu détaché du langage naturel. Créer un langage, c'est créer un référentiel nouveau, un niveau d'organisation nouveau (Atlan 1986).

Dans notre exemple, nous n'avons rien fait d'autre que mesurer, d'une façon nouvelle et provisoire, des objets complexes à partir d'un groupe de termes outils. De cette façon, nous rendions mieux commensurables des interprétations disciplinaires. Juger du niveau de telle ou telle commensurabilité se mesurera à son succès, sa “ rentabilité ” pratique. E. Harris (1997) part, lui, d'un concept connu et défini en géologie - la stratigraphie - qu'il place à un niveau de généralité plus élevé, en le vidant de son contenu précédent et en le subdivisant en deux : la stratigraphie géologique déjà définie et la stratigraphie archéologique dont il définit les principes sur la base de connaissances anthropologiques, les termes communs disponibles pour allocation de sens étant : strate, superposition, horizontalité, continuité, succession.

Dialogues et pouvoirs

Produire une explication-interprétation intéresse bien évidemment la discipline elle-même (les collègues), les autres disciplines convoquées mais aussi les utilisateurs (habitants actuels, instituteurs, professeurs, journalistes, politiques à tous les niveaux), décideurs et opérateurs (développeurs-planificateurs, institutions de recherche) et enfin les payeurs. Ceci sur deux plans : la connaissance elle-même comme élément de décision et le mode d'acquisition de cette connaissance. En l'espèce, nous passons d'une pluridisciplinarité au sens habituel (dialogue entre disciplines à vocation scientifique) à une pluridisciplinarité au sens large : celle qui concerne le dialogue avec l'opinion des utilisateurs directs ou indirects. Il s'agit alors du rapport entre les “ sciences ” et l'exercice du pouvoir. Eclairer les pluridisciplinarités, c'est éclairer les racines du pouvoir.

Décision politique, choix du savoir

Si le mode d'acquisition de la connaissance repose sur des “ compromis langagiers ”, illustrant des “ compromis intellectuels ”, entre théories mutuellement exclusives ou incommensurables, qu'en est-il de sa valeur de référence ? La décision politique appuyée sur elle n'aura jamais de sens que relatif...

Une prise de décision politique est analysable aussi comme un enjeu pluridisciplinaire. Elle est en effet au carrefour de différents modes de savoir parmi lesquels, la " culture " du décideur-utilisateur, la palette de ses références. Quels vont être les poids respectifs des différents constituants de la décision, dont le constituant " scientifique " qui se voit enlevé son caractère d'étalon ? Selon quelle méthode les différents constituants vont-ils être associés ? Quelle " théorie " va justifier le langage explicite ou implicite de cette association pouvant aller de la simple juxtaposition au " tissu sans coutures " dont parle Bruno Latour où le langage naturel lie sans ruptures tous les mondes ? Sous cet angle, élaborer et étudier ces différents discours revêt une importance plus que méthodologique mais bien politique... surtout si, comme souvent, pouvoir économique et politique aidant, le discours scientiste occidental est repris tel quel.

La mise en demeure fréquente faite aux sciences sociales de participer au développement trouvera ici une réponse. Ainsi, bien au-delà de la pluridisciplinarité sciences de la nature-sciences de l'homme évoquée auparavant, mais déjà dans celle négligée, à l'œuvre dans l'application des recherches, apparaît la nécessité d'envisager à l'aide de quel savoir les utilisateurs vont assimiler les résultats de la recherche. L'acculturation dans le Tiers-Monde n'est pas encore définitive. Dans son ensemble, ce monde est multiple et encore bien enraciné dans ses cultures. La lecture quotidienne des médias révèle bien, une fois passés les filtres idéologiques, et parfois fantasmatiques, les modes particuliers d'applications, de décisions ou de choix politico-culturels. La réalité est toujours entre des déclarations de principe (appuyées sur " la science " et ses avatars rationalistes) et des décisions locales prises dans un rapport de forces où s'associent savoirs locaux et savoir techno-scientifique occidental souvent dominant. Et dans certains cas, la science ne suffit plus à décider de " la vérité ".

Notre histoire est notre savoir

Pour demeurer dans notre domaine de travail qui se définirait comme la production de connaissances sur certaines civilisations ouest-africaines à l'aide de cette science appelée " l'archéologie ", nous avons déjà posé la question de savoir comment une fois rassemblées les diverses contributions scientifiques, ces " productions " sont assimilées-utilisées par les peuples concernés. Quelle philosophie transportée dans le langage naturel va assumer le tout, le condenser, le rendre politique, utilisable dans leur vie individuelle, ethnique, nationale... (Marliac 1995a, 1997a). C'était, sous une forme modeste, une contribution au débat sur *l'Afrocentrisme* dont on ne peut plus ignorer qu'il a contribué - dans la première puissance de la planète - à l'émergence d'un important groupe de pression, les *African Americans,* dont les intellectuels en particulier, appuyés sur les travaux de Cheikh Anta Diop (1954, 1967), mettent en cause le discours généralement accepté sur la préhistoire de l'Afrique[103]. Il s'agit bien là d'une pluridisciplinarité opposant des savoirs divergents allant chercher leurs références hors de la science, clairement ou non.

C'est au point qu'A. Froment (1996), bien que jouant la carte du " scientifique " contre le diopisme, s'est senti obligé pour présenter les conclusions d'A. Langaney quant à la contribution négative à l'époque de la génétique au thème de l'origine négroafricaine de l'homme[104], de le dédouaner politiquement à l'avance. Et comme cela ne suffit pas, il lui adjoint A. Jacquard... Ce ne sont pas les conclusions scientifiques qui comptent mais leur conformité ou non à un savoir tout autre, une idéologie. Descendue de son podium par la force des besoins pluridisciplinaires, la science a besoin d'être encartée pour exister *de jure*.

Le savoir scientifique lui-même ne suffit plus. C'est l'*aura* de la science qui est recherchée comme jadis la Révélation... Voilà encore une preuve que pour édifier un paradigme (nom respectable pour idéologie ?) des mesures mesurantes sont recherchées mais qu'en même temps il n'existe pas de vérité à quoi rapporter ses choix politiques et donc éthiques.

Le fardeau pluridisciplinaire

On pourrait conclure ici que le " pluridisciplinaire " à l'encontre d'une idée reçue, au vu de la réalité de la constitution du savoir, pour autant qu'il soit " appliqué ", est un objet de recherche en-soi (Couty 1993). Il est en effet immédiatement posé comme problème à la seconde où l'on sort du

---

103 Cf. par exemple : Deschamps 1962, Oliver et Fage 1962, Deschamps et Mauny 1968, Ki-zerbo 1978, Clark 1970, 1982, Lugan 1989.

104 Thème repris dans la presse (*Science et Vie* 1998, n°967), suite à certains travaux, en particulier ceux de P. Underhill (Univ de Stanford), M. Hammer (Univ. d'Arizona). Voir aussi les découvertes paléo-anthropologiques et paléontologiques récentes faites en Birmanie.

strict domaine disciplinaire. Il émerge alors comme problème langagier. Il est au cœur de tout argumentaire scientifique dès lors qu'au moins deux disciplines sont en jeu. Enfin il est, bien évidemment, posé au moment même de tout transfert, toute application. Ce qu'on appelle le pluridisciplinaire, c'est ce que B. Latour (1991) appelle la " traduction ", c'est-à-dire la face cachée et inévitable du disciplinaire, le contrepoint de l'élaboration continue des langages scientifiques.

S'il s'est agi, au long de l'histoire, à chaque création d'une nouvelle discipline de délimiter, au sein du langage naturel, des secteurs signifiants avec leurs langages particuliers... par éliminations successives de toute connotation. Il s'est agi, en même temps, inévitablement, d'élaborer sans cesse des traductions de ces langages les uns dans les autres et de tous vers le savoir commun de chaque culture.

Cette " prolifération pluridisciplinaire " introduit le questionnement sur la nature, l'origine et l'avenir de ce clivage fondamental : nature/sociétés. Pour rester au plan de la recherche, l'incommensurabilité qui en résulte ne serait-elle qu'une exigence liée à l'évolution inévitable de la pensée, à dépasser désormais, une condition transformée (quand, par qui et pourquoi ?) en interdit ? Resterait-elle au contraire une exigence fondamentale indépassable de la pensée scientifique ? L'investissement général du réel qu'elle implique sous forme d'un effort continu pour égaler les langages les plus scientifiques et qui tend à recouvrir l'ensemble des savoirs, peut-il réussir ? Ne s'agit-il pas d'une impossibilité de fonds ou d'une prétention inutile plus justifiable comme moteur de la recherche que comme but définissable ? En effet, énormément de choses de ce bas-monde échappent aux exigences scientifiques, sans parler des questions existentielles les plus fondamentales. Concluera-t-on que la connaissance déborde la science de toutes parts ?

Renouer les fils du savoir

Sous une acception dont on peut nous reprocher l'extension, le pluridisciplinaire nous paraît ainsi être la réalité à partir de laquelle les sociétés doivent prendre de multiples décisions, posant sous un autre aspect la célèbre distinction wébérienne que nous avons rejointe en fin d'exposé : éthique de conviction/éthique de responsabilité. Toute décision repose sur une association de connaissances dont la nature est objet d'évaluation, de polémique. Nous proposons de prendre en compte ce problème, plus spécialement dans ses réalités langagières, afin d'en mieux comprendre les savoirs de référence.

La nature, autrefois omniprésente et efficiente, intégrée dans l'ensemble des activités du groupe, depuis les plus techniques jusqu'aux plus intellectuelles et spirituelles, était gérée, hors de toute science, dans le cadre des savoirs traditionnels, plus ou moins rationalisés-explicités dans des discours pratiques, recettes, listes et rites… L'association des connaissances se faisait alors " sans coutures " (Latour 1991) à l'aide de l'ensemble des langages disponibles. Il en est encore ainsi, comme nous le disions au § premier, en particulier hors Occident[105], mais depuis, dans les sociétés occidentales d'abord et plus récemment au-delà, l'homme a peu à peu considéré deux mondes exclusifs l'un de l'autre : nature et culture, et a constitué des " mondes disciplinaires ", tout en devant continuer de pratiquer sans cesse du pluridisciplinaire à coups de traductions innombrables[106], donc à coup de langages variés.

La question parfois posée : " Qu'est-ce que le développement ? Que faites-vous pour le développement ? " se verrait répondre que nous définissons le développement comme nous définirions à grands traits l'installation des sciences et techniques en Occident : passage d'une situation de " savoirs en continu " à une situation de " savoirs clivés ", accompagnée d'un retranchement des autres savoirs et des autres cultures et que nous proposons d'expliciter la nature des pluridisciplinarités mises en œuvre dans la recherche pour le développement - en rendant lisible entre la totalité des acteurs - un réseau d'échanges jusqu'ici masqué entre les divers modes de connaissance à l'œuvre. On mettrait ainsi en pleine lumière les situations hybrides multiples qui en résultent et, partant, les raisons du choix final, quelles qu'elles soient.

Les " exils " successifs que l'homme a subis du fait de ce processus fondamental et qui ont consisté à détacher le sujet de l'objet[107] seraient peut-être ainsi à reconsidérer puisque l'homme a tout construit et qu'il continue

---

[105] Les *nakhodas* (capitaines) des senneurs javanais ne partent en campagne de pêche qu'après consultation de l'état des marées, de la situation des bancs de poissons et des oracles traditionnels (com.pers. R. Clignet ; cf. aussi Widiatmono *et al.* 1997).

[106] Pris lui-même dans ce grand écart, il s'est trouvé renvoyé sans cesse à deux définitions : il est soit un être de culture, soit un être de nature, étrange duplication scientiste de l'ange et la bête de Pascal.

[107] Et dont parlait Freud (cité in Péquignot 1990) soit : expulsion du centre de l'Univers (Copernic), expulsion de l'Histoire (Marx), de sa langue (Saussure) et de son inconscient (Freud).

de le faire. Nous devrions désormais mieux prendre en considération la face cachée indissolublement attachée à ce processus et, comme dirait B. Latour, considérer qu'entre nature et culture, définies comme notions opérationnelles, l'homme continue d'être ce qu'il a toujours été : l'acteur central, construisant et concevant sans cesse des " natures-cultures ". Point n'est besoin de se déplacer chaque fois d'un point de vue à l'autre (Marliac 1995b). Il suffit de se mettre au milieu pour constituer les deux pôles.

Sous un angle sociétal, définir ainsi l'homme dans ses activités réelles plutôt que dans des activités projetées nous éviterait de le rejeter dans les choix de transcendances absolues soit de la nature soit de la culture, choix aboutissant assez généralement à des conceptions totalitaires. Et le rendant ainsi responsable, chaque jour et chaque fois de ses décisions, on lui rendrait, certes l'angoisse de l'absurde existentiel, mais aussi la responsabilité de son éthique, quelle qu'elle soit.

Problèmes archéologiques, problèmes humains : moi, nous et les autres[108]

[108] Présenté au ***XIVè congrès UISPP**** les 2-8 Sept. 2001 à Liège (Belgique). Publié résumé en 2006 *in* Actes du XIVème Congrès UISPP, Section 15. ***BAR International Series*** 1522 : 153-161.

Le développement et l'échange des connaissances

Le Développement est à la recherche de légitimation, alors que l'entreprise "Développement" s'étend apparemment sans obstacle (le mondialisme), qu'il s'agisse des vieilles nations, des nouvelles ou de systèmes socioéconomiques apparemment autres ou 'ennemis' (Chine, Vietnam). Si l'Ecologie politique, chaussant les bottes des scientifiques, n'a pu que, soit persister dans une vision du monde 'moderne' laissant la Nature à la Science pour aboutir à l'inefficacité politique (Latour 1999), soit se laisser phagocyter, la même vision[109] et ses impératifs tend un peu partout à un nivellement socioéconomique et culturel parallèle (Williams 2000 : 503). Elle pousse à la libre circulation des capitaux, des techniques et des produits et corrélativement, aux migrations sans contrôle de mains d'œuvre déculturées, corvéables et consommatrices. Elle porte d'ailleurs en elle, comme contrepoids virtuel, une frénésie de tourisme obligé à la recherche de cultures comme de paysages perdus, assoiffé de traditions 'en boîte'[110] dont les manifestations sont ce voyeurisme par écrans interposés ou l'appropriation de rites plus ou moins bien compris... Comme effet boomerang, elle entraîne, par la perte ou la mise en cause des repères, l'affirmation, violente si nécessaire, de tous les nationalismes et communautarismes véhiculée par les médias, l'opposition de ses thuriféraires et bénéficiaires, bizarrement en même temps, déconstructivistes, culturalistes ou non-culturalistes et antinationalistes.

L'universalisme culturel particulier de l'ethnologie générale[111], vision du monde devenue l'idéologie bien-pensante du moment, a vu le terme partenariat, plus convivial, remplacer celui de coopération bien dénigré. Cette amitié égalitaire reste cependant toute verbale et sentimentale. Elle n'affecte pas entre les partenaires la position asymétrique fille de cet universalisme commandant les échanges de savoirs[111].

---

[109] Qui imprègne de plus le vocabulaire qu'elle utilise, et conduit à se défier de cette réduction de contenu des termes qui les transforme en " donneurs d'ordre " (I. Stengers in Mathieu 2000 N°3 : 53 ; N°4 : 59).

[110] Eventuellement remobilisées (après avoir été réprimées) pour le tourisme porteur de devises (Thaïlande du Nord, Cameroun du Nord, par ex.).

[111] Adjugeant à chaque culture sa vision du monde mais à la Science seule la vraie connaissance de la Nature (Latour B. 1991 : 142).

Si le mot implique l'égalité des capacités et des droits et l'équité des règles le gouvernant, sans pour cela inclure automatiquement l'identité des moyens, ni des conditions intérieures ou extérieures de son activité, il introduit aussi la confrontation et la comparaison des connaissances. Dans le domaine où la recherche est productrice de savoirs-connaissances, si l'égalité des capacités est désormais reconnue à partir de recherches comparatives sur les modes de connaissance (*e.g.* Horton R. 1990 ; Goody J. 1979), d'études sur l'invention du raisonnement scientifique en Europe occidentale (Shapin S. & Schaffer S. 1993 ; Stengers I. 1993), comme d'un nouveau positionnement anthropologique (Latour B. 1991), l'égalité des droits n'est pas réalisée, l'asymétrie persiste. Tout contribue à étendre le règne du savoir "rationnel" dit scientifique par : contenu enseigné, systèmes scolaires, universitaires, médias, produits de toute sorte nés de la science occidentale 'moderne'... Comme l'enseignaient les instituteurs de la IIIè République : la science est le seul moyen d'améliorer le monde et les hommes. Cependant, régulièrement, sur le terrain, elle entre en conflit avec les savoirs locaux, indigènes, particuliers ou même singuliers[112], au Nord comme au Sud d'ailleurs.

De la même manière qu'une innovation technique à l'Ouest, une importation technique brute au Sud entraîne des conflits en provoquant des réaménagements techniques, économiques et sociaux, un produit 'culturel' représenté par des objets (livres, appareils, manuels, catalogues, théories, presse, films, télévision...), peut entraîner inconfort intérieur et conflits. C'est ce qui s'est passé dans l'ordre des idées, conceptions, cosmologies, règles de vie, bref dans les visions du monde quand on a fait connaître dans des villages islamisés du Sahel le premier voyage sur la Lune ou quand *La guerre du feu* arriva sur les écrans du Sud. Comment, chez tel ou tel individu, le conflit va-t-il être réglé pour son plus grand équilibre, son confort sociopsychologique (image du monde, image de soi, image du groupe d'appartenance, image de l'autre) ?

Au Sud, c'est par cette irruption de connaissance étrangère associée aux Techniques, à la Science et au Pouvoir, que furent touchés les individus et parmi eux les plus aptes à comprendre le nouveau savoir : les élites, c'est-à-dire ceux formés à la culture scientifique occidentale. Ils représentent une

[112] C'est ce que traduit l'extrait du Programme du Congrès International tenu à Makerere University (Ouganda) les 25-27 Octobre 2000 sous le titre 'Quels défis pour les sciences sociales en Afrique au XXIè siècle?' : "*The academic world has been constrained by intellectual language and epistemological complexities while cultural practices have aggravated gender-based development issues and problems*".

aire de conflits pertinente, au sens où ils maîtrisent telle ou telle discipline, dont l'histoire, tout en restant rattachés (jusqu'à quel point, comment ?) à leur culture et groupe d'origine, la gestion de ces différents apports restant des plus délicates (Bisanswa 2000). De plus, ils sont souvent plus visibles que les paysans, artisans, employés, à travers la littérature ou les médias qui les diffusent et ils pouvaient mieux que d'autres exprimer les sentiments que soulevaient en leur for intérieur, leur description par d'autres.

C'est ce qui s'est passé quand les premières synthèses archéologiques ou historico-archéologiques sur l'Afrique parurent : chaque Subsaharien capable de les lire ou instruit par leur vulgarisation, pouvait se sentir dénié de tout passé à l'opposé des autres hommes et principalement les Européens.[113]

Peu de gens informés acceptèrent longtemps une telle qualification globale et il y eut contestation de ces "connaissances". Chacun règle ses problèmes existentiels (quotidiens, annuels, décennaux...) ou compose avec, en fonction de ses besoins, ses moyens et ses buts dans le cadre des mots d'ordre et contraintes de son groupe d'appartenance et de sa vision du monde, sa *Constitution*[114]. Nous envisagerons donc comment la notion de “ race ” en même temps que problème de connaissance (scientifique ou autre ; Hiernaux 1991) est un problème d'être. Le traiter uniquement d'un point de vue 'scientifique' au sens étroit du terme n'épuise en aucun cas sa pertinence humaine individuelle ou collective. Un examen pragmatique de ses diverses élaborations et utilisations conduit d'ailleurs à penser les savoirs en général selon un continuum de fabrication de 'faits' constitutifs. A partir de la naissance d'une notion dans le domaine du savoir ordinaire, le savoir scientifique éventuellement prolonge et conduit sa fabrication jusqu'à la solidification éventuelle en 'fait', à travers de nombreux montages, bricolages, associations, juxtapositions, discours et controverses.

L'archéologicité du nous et du soi

La réflexion et l'action de ces élites formées aux sciences "porteuses de Vérité" et de Pouvoir délimitent un champ particulier d'exercice aux croisements des savoirs dans la mesure où ces croisements peuvent créer

---

[113] Comme chaque Blanc peut se sentir aujourd'hui en tant que tel, lié à un passé condamné ou remodelé, à la lecture d'histoires "*revisited* ", ou de campagnes de presse.

[114] Mode de répartition des pouvoirs et des forces entre les Dieux, les humains, les non-humains : leurs propriétés, relations, compétences et groupements. (Latour 1991 : 26).

pour certains groupes une situation politico-économique difficile ou quotidiennement dévalorisée, que ces élites peuvent prendre en charge, représenter et combattre. Par exemple, pour ce qui est des 'peuples noirs d'Afrique', dans la foulée de ce qui devait être nommé une exclusion sociopolitique "raciste"[115], leurs élites vivaient une autre exclusion, "scientifique", dans la mesure où - disent-ils - l'Histoire de l'Afrique écrite jusqu'ici, les a relégués majoritairement, dans des rôles subalternes : on y parle de primitifs, sauvages, attardés, de sorcellerie, parfois de races inférieures...[116]

Dans certains cas, c'est l'approche scientifique qui est critiquée au-delà des termes et des cas baptisés 'racistes'. Dite "moderne" ou "postmoderne", la *Constitution* sur laquelle elle s'appuie (Latour 1991), rejette (par exemple, sous le terme ethnobotanique, ethnomédecine, etc.) ou reconstruit, les classifications, connaissances particulières et, en même temps, les auto-identifications liées à d'autres *Constitutions* qui sont celles mêmes faisant sens pour ces Autres.

Aujourd'hui, ce qui leur sert d'identité est régulièrement rejeté par les scientifiques patentés, déconstructionnistes ou pas. Il n'y a ni races, ni ethnies (Amselle 1990, M'bokolo 1992, 1995, Bayart 1996, Froment 1996, Amselle & M'bokolo 1999)[117]. On a même parlé de " *déchromatiser le débat* " (Kabou 1991, citée par Froment 1996 : 331). Pour notre part, nous ne nions ni n'affirmons l'existence de nègres, sauf à partir de notre expérience quotidienne, la même que celle de Diop…

Nous n'envisagerons pas ici l'ensemble du problème, son détail[118], ou une éventuelle Vérité, mais sa qualité de controverse complexe produite par la réaction d'un membre de ces élites, Cheikh Anta Diop (1954, 1967, 1981)

---

[115] *i.-e.* tirant de l'observation et classification ordinaire ou "scientifique" de critères physiques présents ou absents (la couleur de peau en particulier), une hiérarchie des "races" en termes d'intelligence ou de droits politiques.

[116] Cette revendication de filiation implique une ascendance plurimillénaire transmettant aux vivants une identité intangible et donc une responsabilité. Le même descend du même et, soit on s'en glorifie, soit on bat sa coulpe sur la poitrine des générations passées.

[117] Alors même que les heurts, après *West Side Story*, devenus plus violents se déclinent majoritairement en termes ethniques sinon raciaux (Mauritanie, Sénégal, Rwanda, ex-Zaïre, Nigeria, Ghana, Watts, Cincinnati, Oldham (2001), Afrique du Sud, Sangatte en France, Allemagne, Mongolie intérieure, Sri Lanka....) qui traduisent la persistance de *constitutions* autres que celle qui gouverne généralement de nos jours les 'sciences' sociales...

[118] Voir en particulier Froment 1992, 96, 98, 99 ; Lefkowitz & McLean Rogers 1996.

à la conception sous-jacente de l'histoire des nègres[119]. Nous concentrons l'analyse sur le champ de l'archéologie, les réponses entraînées et les réflexions auxquelles ces événements nous conduisent.

Que ressort-il globalement de la littérature 'scientifique' qu'ils ont suscitée ? Il s'agirait, en quelque sorte (paraphrasant K. Popper et l'Ecole falsificationniste), au sujet des "nègres" et leur histoire, de comparer le contexte de découverte/mise en place de cette notion et son contexte de justification, voire les raisons et essais de sa transformation réelle ou pas en 'fait'. La controverse qui s'ensuivit représente une tentative de solution, à partir d'un sentiment d'infériorité largement partagé, utilisant énoncés, objets et raisons considérés comme scientifiques. Elle participe du besoin général des peuples à se donner une histoire aussi ancienne et glorieuse que possible, du besoin d'*archéologicité* des individus. Elle a débouché sur ce qui allait devenir "l'Afrocentrisme", qui a connu une deuxième naissance aux E.-U., où il a relancé le débat sur la notion de race et conforté ensemble racismes anti-noir et anti-blanc (Bernal 1999 ; Lefkowitz & McLean Rogers 1996 : 288-91).

Moi, Diop, nègre, et fier de l'être

Dans cette controverse, prise ici comme exemple limité et topique, les deux protagonistes (C. A. Diop et A. Froment, choisi comme représentant des scientifiques) utilisent le même arsenal dit "scientifique" pour définir la notion de "race" pour affirmer ou nier sa validité, afin de résoudre des besoins différents. C. A. Diop était préoccupé, comme on peut le comprendre, par l'investissement généralisé de sa culture par une autre et la déréliction de la sienne, de son pays, sa *race* (fermement revendiquée), en compétition avec la culture occidentale, la civilisation "blanche", à qui Malcolm X déclarait la guerre et dont l'ancienneté et la supériorité semblaient indiscutables.

L'histoire des "nègres", de la Préhistoire au XVIIIè siècle, parfois concentrée en empires, royaumes fragiles ou fugaces en compétition, dispersée en milliers d'ethnies, pour ce qu'en disent les sources (M'bokolo 1995), se dilue, en quelques siècles, dans un passé préhistorique anonyme

---

[119] Nous avons choisi ce terme sans tenir compte de ses utilisations injurieuses que nous rejetons bien évidemment après tant d'années de recherches de terrain dans les villages et savanes du Nord-Cameroun, mais pour bien marquer justement que c'est autour de la notion de 'race' que se place le débat.

(*les siècles obscurs*), fait de classes de poteries, de rares monuments (Zimbabwe), de remarquables statuaires parfois (Jenné), de mégalithes (Bouar en R.C.A.), d'outils de métal et d'os ou corne, de pierres taillées, d'art pariétal (Afrique du Sud, Sahara), de plein air très riche et varié (Aïr, Tassili, Bidzar)... de restes osseux humains représentant l'évolution des hominiens dans son ensemble (Cf. Deschamps & Mauny 1968, Clark J.D.L. 1970, 1982, Ki-Zerbo 1978, Lugan 1989, M'bokolo 1992, 1995). Ce corpus continental peut paraître pauvre face à l'histoire des Européens depuis les origines[120]. Diop voulait que les nègres, ses frères, bénéficient d'une histoire aussi prestigieuse que celle qui fleurit avec le christianisme en Europe depuis les Grecs et les Romains. Il voulut démontrer l'antériorité de la "civilisation nègre" et magnifier l'évolution historique des Nègres par opposition à celles des Blancs en voulant rattacher leur être de "nègres", - auto-identification fondée sur leur savoir traditionnel différenciant blancs et noirs, - à une histoire aussi ancienne et prestigieuse que d'autres. Il s'auto-désigna comme porte-parole des nègres (ce qu'il devint par la suite dans une certaine mesure)[121]. Il lui fallut dès lors construire des faits indiscutables, les reliant, lui et tous ses frères, à ce qui sur le continent africain avait un égal prestige, de plus, une grande ancienneté à laquelle même les Grecs se référaient parfois (*e.-g.* Hérodote) : l'Egypte Ancienne. Phénomène comparable au phénomène "*roots* " mais plus tourné vers un enracinement très ancien, allant du culturel au paléontologique, impliquant une filiation parfaitement immuable depuis des [*australopithèques/habilis*-nègres] jusqu'aux anciens égyptiens, aux peuples nègres connus et Diop lui-même.

---

[120] Ou l'histoire des Jaunes fortement soutenue par la Chine et autres pays asiatiques (Cf. Oppenheimer S. 1998 *Eden in the East : the Drowned Continent of Southeast Asia*).

[121] Notons que l'utilisation de certains termes ou de certaines syntaxes par ces porte-paroles vrais ou auto-désignés (ils, nous, on ; voie passive) a l'énorme avantage politique, très utilisé dans les médias, d'enrôler avec soi des foules d'alliés sans craindre leur démenti ou leurs réclamations, comme le fit le Pr. E. M'bokolo à qui M. Cavada, lors d'une émission télévisée "La Marche du Siècle", s'adressa pour lui demander : "*Alors, M. M'bokolo qu'en pensent LES congolais ?*" A quoi l'intimé ne s'interdit pas de répondre, se considérant le représentant et porte-parole de millions d'hommes qui ne l'ont jamais mandaté, n'auront jamais accès à la télévision française et n'ont pas encore appris comme les Aborigènes ou les Suisses, à contrôler ceux qui parlent en leur nom (Moizo B. "*L'anthropologie aboriginaliste : de l'application à la fiction*" in Agier M. (ed) 1997b : 65-74. (Cf. aussi J.-M. Lévy-Leblond 1996: 259, citant une lettre d'Einstein à H. Broch, où il se reproche d'avoir trop utilisé le 'on' et le 'il').

En un combat douteux

S'appuyant sur les exigences de l'archéologie à laquelle il s'était formé, Diop, et plus tard ses épigones, se sont alors attaqués aux 'faits scientifiques' qui semblaient légitimer leur mise à part. L'entreprise diopiste démarre, *primo* sur une auto-identification physique vécue dont la vérification est réclamée sur la base de critères anthropologiques physiques (raciale donc); *deuxio* sur le repérage de tels critères en archéologie préhistorique et en anthropologie physique, à partir des témoignages ostéologiques et dermatologiques des momies égyptiennes ou le déchiffrage de sculptures ou bas-reliefs, associés à la comparaison linguistique, symbolique et à celle des rituels royaux, etc. La conclusion envisagée devait montrer la grande ancienneté des nègres et leur présence déterminante durant la civilisation égyptienne, preuves de leur valeur intrinsèque et ancestrale. Brassant faits plus ou moins scientifiques et conceptions essentialistes (sur la race par exemple), cette entreprise est tout à fait parallélisable aux entreprises du même genre de par le monde, tendant à démontrer la primauté des uns sur les autres[122]. Elle exemplifie un échange où l'un des partenaires s'empare du savoir de l'autre - en l'occurrence réputé supérieur - pour ses propres intérêts et aboutit, outre de nouveaux énoncés, à constater non pas la nullité mais la relativité de ce savoir comme l'hétérogénéité du sien.

Portant le fer au coeur des élaborations conceptuelles acceptées fabriquant ces 'faits', Maître et disciples mirent en avant l'indétermination, ou l'imprécision des concepts, le manque de faits ou leur oblitération volontaire, les insuffisances techniques, ou méthodologiques, réouvrirent des controverses etc., et même, pour finir, soulignèrent l'irrecevabilité des présupposés à la base des élaborations scientifiques qu'ils contestaient (Froment 1996 : 332), aboutissant ainsi à une critique radicale déclarant l'Histoire de l'Afrique écrite jusqu'ici, comme une entreprise 'sociale', en l'occurrence, fabriquée par et pour les Blancs afin qu'ils dominent les Noirs (Bernal 1999), comme les féministes avaient déclaré la science moderne "social-sexuée" (Harding 1986). Les accusations de pillages, détournements

[122] Et justiciables de nos jours des tribunaux dans quelques pays, preuve supplémentaire s'il était besoin, de la relativité d'un savoir cherchant des alliés hors de son cadre propre de légitimation et qui, abandonnant, en matière de Vérité, le pouvoir de trancher reconnu aux controverses scientifiques admet que ce pouvoir dépend aussi d'arguments non-scientifiques...

et destructions volontaires du "patrimoine africain" pour effacer toute trace de civilisation "noire", suivirent.[123]

De l'autre côté, Alain Froment, en quête de pure Vérité, comme le déclarent tous les chercheurs, (Latour 1995 : 229-240), s'attacha à démonter les constructions de Diop, en employant l'habituelle méthode critique des scientifiques entre eux, ce qui consista à transformer les faits *diopiens* en "artefacts" (Latour 1995), grâce à une batterie d'autres "faits" indiscutables puisque "dits" par les scientifiques, porte-paroles des instruments et appuyés sur une importante arrière-garde de citations choisies référencées. Il y ajouta quelques 'témoins de moralité' (1996 : 323) et ingrédients extérieurs[124]. Mais rien n'a été résolu, la controverse reste ouverte dans le domaine scientifique et dans le domaine commun : les nègres se sentent, se disent, se voient toujours nègres y compris dans les yeux étrangers et Diop lui-même souhaite finalement que les autres l'identifient, lui et ses frères, comme eux-mêmes s'identifient.

Exemples

A propos de la morphologie du crâne, Diop use de la méthodologie de Falkenburger et de ses chiffres, pour déclarer "*que c'est la totalité de la race égyptienne qui était nègre* " (Diop 1954 : 200, cité par Froment 1996 : 325). Ce dernier répond " *Grâce à l'analyse informatique des mensurations de nombreuses séries de crânes on peut proposer une alternative non-raciale à ce genre de classification* " : les Egyptiens ne se confondent ni avec les Négro-africains, ni avec des Européens (id. 325).

La couleur de peau, l'un des traits distinctifs importants de reconnaissance, est liée à la concentration de mélanine cutanée. La mélanine est un pigment plus ou moins synthétisé dans la peau par toutes les populations. La disposition des grains de mélanine, fine et serrée, donne la peau noire. Diop souhaitait qu'on la recherche dans la peau des momies égyptiennes, ce qui avait déjà été proposé depuis longtemps selon Froment (1996 : 325) par spectrophotométrie, un examen techniquement très difficile.

---

[123] En ce qui concerne mes propres collections et celles d'autres collègues déposées à l'I.S.H. de Garoua, Cameroun, elles furent jetées par les autorités camerounaises et servirent de remblai routier.

[124] Il est devenu fréquent dans la littérature scientifique, avec un lexique *ad hoc*, d'étiqueter politiquement tel ou tel discours et donc de l'appuyer ou de l'ignorer, *i.-e.* de le prendre en compte ou de l'exclure (*e.g. in* Bernal 1999 : 1-4 ; *in* Sokal & Bricmont 1997 : 300-304 ; Cleuziou S., Coudart A., Demoule J.-P., & Schnapp A., *in* Hodder 1991b : 111).

Objection (Froment) : 1/ La peau des momies était souvent modifiée par des bains de natron et le bitume dont elles étaient enduites et leur couleur ne doit rien à la pigmentation. 2/ Faut-il aussi inclure dans cette recherche les noirs non-nègres (mélanésiens, dravidiens, peuls...) ? Où établir la frontière ?

Dans le cadre de son entreprise, Diop ne démontra ainsi aucune Vérité nouvelle et absolue : il entra dans des controverses scientifiques typiques (*e.-g.* Shapin in Callon & Latour 1990 : 37-86) pour lesquelles, comme celle au sujet de la mélanine, il lui aurait fallu un laboratoire sophistiqué qui ne lui garantissait même pas un résultat positif qui, eût-il advenu, aurait été aussitôt examiné de très près et traité comme tout 'fait' nouveau publié par des scientifiques : soit il est accepté et devient un 'fait' dur (dit "naturel"!), soit il est détruit par argumentation et rejeté. Mais ses attaques, qui relançaient la controverse sur le thème général de l'existence ou l'inexistence des races, et en particulier "noire", ne manquaient pas de pertinence puisqu'elles nécessitèrent des contre-attaques sérieuses et informées mais relevant de la même *Constitution* (Ex. : Froment A. 1992, 1999). La science étant pour lui vecteur de Vérité, Diop n'exploita pas - pour son objectif - le caractère construit et évolutif des "faits scientifiques", définis à l'intérieur de leurs propres principes et instruments, donc relativisés et toujours susceptibles de redéfinitions[125]. Tout en valorisant le savoir scientifique, il ressentait le hiatus savoir vécu/savoir scientifique mais resta incapable, enfermé dans la *Constitution moderne*, de le résoudre[126]. Involontairement dans ses réponses, Froment mit en exergue la *patchiness* et la nature tout à fait construite difficilement, et souvent faiblement construite, des "faits archéologiques"

---

[125] On doit souligner l'embarras de certains scientifiques occidentaux face à une entreprise racialiste avouée de recomposition du passé, entreprise fille d'un partenariat de longue date où La Science semblait avoir pris le pouvoir. Ils ne réussissent pas à s'en dépêtrer en l'ignorant comme il fut de règle dans l'Europe des XIXè-XXè siècles vis-à-vis des savoirs des paysans d'Europe, ces culs-terreux obscurantistes promis par le fer et l'Ecole au règne de la raison raisonnante (Voir par ex. : Zelem M.-C. 1991 : 142). Contre le Diopisme, il a fallu monter au créneau car la contestation médiatique et estudiantine subséquente était dure (Voir la conférence triomphale de C. A. Diop, le 8 Janvier 1986 à Yaoundé sur *L' Egypte, la Nubie et l'Afrique noire ;* conférence à laquelle l'auteur assista, citée mais non publiée *in* Essomba J.-M. (ed.) 1992).

On appuya l'argumentation, par ailleurs solide, contre le Diopisme, d'appels à la couleur politique d'autres chercheurs labellisés "korrects", d'appels à "l'humanisme" et de comparaison avec les errements de la "science allemande du IIIè Reich" (oubliant au passage les hécatombes et désastres environnementaux de la "science prolétarienne") pour rappeler la pure universalité de la Science.

[126] Froment (1996 : 328) souligne l'hésitation de Diop (Cf. note 87).

sous la même *Constitution.* Diop ressentait et hiérarchisait la différence savoir scientifique/savoir ordinaire vécu (le sien) ; il recherchait et crut avoir trouvé dans le premier l'argumentaire pour le second[127]. Il révérait une certaine 'idée de la science', sans avoir saisi qu'il lui aurait fallu, pour transformer ses idées en faits scientifiques,- outre des alliés, y compris hors sciences, que ses écrits ont désormais -, un "laboratoire" producteur de "ses faits" aussi complexe que ceux capables depuis de toutes ces analyses et dont il attaquait les résultats.

Mais si C. A. Diop, les siens et d'autres, ont pu craindre leur disparition avec le rejet des notions de race ou d'ethnie, ils peuvent constater dans l'immigration vers l'Europe, leur réimposition médiatique répétée sous l'habit de "communautés" identifiées par la langue, la religion, les moeurs, les traits physiques (coiffures, peau, tatouages, mode, rap, piercing, gestuelle, tam-tam, excision, ramadan...), relayant leur propres réflexes d'auto-identification et de ghettoïsation, leur prise en mains par associations, syndicats, ligues et partis, soutenant leur constitution en communautés identitaires de plus en plus confortées par le nombre. Il s'agit alors d'une "reprise d'identité" à partir des critères mêmes d'une exclusion tant combattue.

De quel problème s'agit-il ?

En fait, Froment et Diop se trompent ensemble sur le même problème : la "race" et ceci pour des buts différents et plus ou moins dissimulés comme se trompent aux E.-U. comme en Europe les politiquement 'corrects' opposés à toute recherche racialiste et les autres, 'incorrects', l'approuvant. "*Both groups believe that biological races exist ; one thinks that a commitment to science implies that differences between them must be studied, and the other thinks that a commitment to social justice means that such studies should be avoided since they could be used to harm people who are already disadvantaged* " (Fish 2000 : 559)[128]. Mais les deux se dissimulent derrière La Science !

Notion centrale de cette controverse, - facilement définissable dans la vie de tous les jours[129] - la race ne se définit pas scientifiquement en dehors

[127] Or : "*Aucune science ne peut sortir du réseau de sa pratique* "(Latour 1991 : 39).

[128] Sans parler des anti-racistes réintroduisant la race noire sous divers habits : Bernal 1999.

[129] Comme le fait Froment à propos des Pygmées : "*Les traits faciaux sont assez évocateurs mais plus faciles à reconnaitre sur le vivant (teint clair, lèvres minces) que sur le squelette.*" (Froment A. 1993).

de mensurations, instrumentations et analyses aussi diverses que variées (Cf. Gill 2000), parfois disparates sinon contradictoires (Froment 1998 : 45, sur les techniques d'analyses de l'ADN). De plus, le "résultat" de toutes ces analyses[130] rapporté à ce que "*l'homme de la rue 'pense' être des races* " (Froment 1998 : 24)[131] n'aboutit jamais qu'à parler de "nègres", "négroïdes", soit parce que le problème est posé ainsi et par Diop lui-même - à la recherche de mélanine dans la peau des momies égyptiennes - et par des millions d'autres dans leur connaissance et auto-identification quotidiennes, soit parcequ'on ne peut que le périphraser ou lui trouver des substituts (noirs, mélanodermes, hommes de couleur, africains) qui ne sont pas davantage aptes à traduire la connaissance scientifique (distributions et moyennes de mesures) en connaissance ordinaire (Froment 1998 : 36, 38) et inversement[132]. Ce résultat apparaît, par contre, non discuté, dans le cadre de la classification raciale légale américaine comme le reconnaissent les médecins légistes américains (Gill 2000).

En fait, le terme "race" n'est pas une ressource. Encore qu'il soit un détonateur, il constitue le problème à résoudre, l'"artefact" dont il faut étudier la construction, éprouver la solidité et identifier les alliés. Son baptême en qualité de "fait" indiscutable est nécessaire à certains comme C. A. Diop lui-même. Il fut opérationnel il y a quelques décennies, pour ce qu'on nommait le colonialisme[133] et, aussi, pour une partie de l'école anthropologique française (Meyran 2000). Il continue d'apparaitre dans le jeu politico-intello-médiatique. Comme sa définition est toujours controversée, il

---

[130] hémotypologie, *coup d'oeil* d'Howells, indices céphaliques faciaux et nasaux, lactase intestinale, décodage du chromosome Y, séquences géniques de l'ADN mitochondrial, dermatoglyphes...

[131] Là où l'opinion "*pense mal*" (Bachelard, 1975 : 14), les scientifiques, eux, *savent*... Exemple topique du 'règne scientifique' que Bakounine dénonçait déjà comme "... *le plus aristocratique, despotique, arrogant et élitiste de tous les régimes* " (Dolgoff S. 1972 *Bakunin on Anarchy*, N. York, cité par P. Feyerabend 1989 : 8).

[132] L'homme de la rue qui ose "penser", "croire" ou "reconnaître" - comme C. A. Diop ou L. S. Senghor - qu'il y a des "nègres", ne saurait disposer à tout moment, pour confirmer ou infirmer son opinion, des mesures résultant des analyses citées ci-dessus, elles-mêmes non forcément congruentes et dépendantes de plus de protocoles et d'appareillages adaptés...

[133] Terme réservé aux Européens des XIXè et XXè. Les invasions historiques : romaine, chinoise, wisigothique, arabe, bantoue, peule ou moghole, quoique massacrantes et colonisatrices restant sans dénomination...

est de manipulation d'autant plus délicate par les racistes et antiracistes, en particulier dans le cadre législatif et judiciaire[134].

Il existe un deuxième moyen de s'affirmer : c'est de jouer sur les termes de contenus différents (géographique, anthropologique, ordinaire, comme Afrique, africain, noir ; cf. Bernal 1999 : première de couverture ; M'bokolo 1995 : Chap I.). Ainsi se revendiquer 'Africain' permet de se rattacher toutes sortes de "faits" historiques, anthropologiques, paléontologiques qui ont peu de choses à voir directement soit dans le temps soit dans l'espace avec les nègres. Cela équivaudrait pour les Européens à revendiquer la très ancienne civilisation mégalithique, dont partie est présente dans leur région ou l'art pariétal franco-cantabrique ou encore les hominiens de Géorgie puisque tout cela est géographiquement en Europe.

Le troisième moyen consiste à décréter que les oppositions et critiques viennent de conservateurs, fascistes, militants d'extrême-droite sinon racistes, ce qui dans l'imagerie politique actuelle en Occident fait encore recette, frappe d'exclusion et contraint au silence. C'est d'ailleurs ainsi que débute l'ouvrage de Martin Bernal (1999 : 1-13).

Peut-être faudrait-il différencier deux termes : racialiste et raciste comme le propose aussi Fluehr-Lobban (2000 : 450). Le premier adjectif proposant de distinguer des groupes humains à partir de leurs caractéristiques physiques, sans laisser dans l'ombre tous les recouvrements, marges et incertitudes des classifications, ce qui n'exclut ni leur commune essence ni leurs droits identiques, l'adjectif 'raciste' tirant de cette éventuelle classification des caractéristiques et qualités différentes interprétées en termes d'infériorité ou de supériorité entraînant des droits différents.

Conflit de savoirs

On a vu dans les paragraphes précédents autour de quelle notion se disputaient deux points de vue aux armes identiques, plus un troisième plus ou moins visible : celui des intéressés relevant de leur connaissance ordinaire. On pourrait croire que seuls les deux premiers dépendaient d'un arbitrage provenant de La Science dans sa progression. Ce serait faire l'erreur - quelle que soit la valeur des résultats obtenus - de les croire dégagés de leur propre statut social, en particulier de ce même savoir ordinaire et commun

[134] Au point qu'il faut dans certains cas renverser les règles du Droit en instituant le délit d'opinion et en chargeant l'accusé de l'établissement de la preuve.

servant à la fois d'ingénierie dans la traduction en actions des groupes porteurs, et de base de départ de leurs raisonnements. Ainsi Diop, formé aux " sciences ", était simplement quelqu'un se sentant déconsidéré au regard de ses propres valeurs culturelles et de celles de la culture conquérante ; Froment, docteur en médecine et chercheur de qualité, portant les valeurs de son groupe professionnel[135] (les chercheurs) est un homme engagé dans l'antiracisme. Positions forts respectables et compréhensibles étant donnée la vision du monde (*Constitution*) dominant les élites sociopolitiques, économiques, culturelles, scientifiques, médiatiques et même étonnament, religieuses, en Europe.

Les deux savoirs

La discussion des deux savoirs révèle comment se fabrique un 'fait' de la connaissance scientifique par la construction d'un discours, de plus en plus appuyé sur des *objets*, créés par des instruments et des chaînes techniques de laboratoire dont les chercheurs sont les porte-paroles ; comment se déroule une controverse entre scientifiques, des efforts pour durcir ce fait jusqu'aux efforts pour le détruire.

Elle reflète ainsi à la fois :

1° le grand partage entre les deux grands domaines de connaissance : "l'observationnel-traditionnel" et le scientifique, *i.-e.* une seule partie du fonctionnement de la *Constitution* moderne : l'état purifié des connaissances conduisant à l'image la plus répandue de la science et de ce fait condamnant l'opinion comme ignorante sinon irrationnelle (Bensaude-Vincent 2000 : 204) ;

2° leur hybridation constante, nécessaire, et inévitable avec le monde des connaissances ordinaires, 'l'habitus', le 'savoir tacite', le 'culturel' dans toute leur vie, hybridation imprécise et parfois imprévisible, parfois structurante, toujours nécessaire et signifiante.

La connaissance scientifique domine dans les rapports du développement en matière de connaissance : à la fois dans les applications techno-économiques comme dans les différentes formes de formation-enseignement créées depuis les colonisations, maintenues lors des indépendances (Marliac 2000), formations qui, en retour, par reproduction,

---

[135] "*La séparation d'un corps de professionnels est impliquée par la séparation de fait d'un ensemble d'individus partageant des évidences et des pratiques qui les constituent comme sourds et aveugles aux autres.*" (Stengers *et al.* 1991 : 19).

alimentent cette domination d'élites profondément acculturées. En résumé, là où les modes de connaissance se croisent, la tendance lourde des prises de décision est de n'écouter que le verdict du "savoir scientifique", comme on l'a vu au Sommet de Rio[136] (Lévy-Leblond 1996 : 60-66).

La définition du savoir scientifique comme mobilisant des moyens matériels, financiers et humains de plus en plus considérables pour empiler des 'boîtes noires'[137], culminant dans les grands laboratoires (Latour 1995), explique en quelque sorte sa domination car les rapports socio-économiques inégalitaires Nord-Sud (entre autres) s'appuient sur, et dépendent de, cette capacité mobilisatrice. Cette définition explique par ailleurs pour le domaine de la recherche, l'inégalité des moyens et des conditions caractérisant les rapports des deux savoirs : le savoir scientifique strict est capable, à grand prix, en enrôlant des alliés, de durcir les faits qu'il produit à un degré tel que rien ne semble pouvoir lui résister sauf des savoirs construits identiquement (*e.-g.* Japon). L'ensemble de ces savoirs technoscientifiques, opposés par leurs dimensions aux savoirs habituellement utilisés par les hommes, est en expansion continue et il tend à les submerger. La science, avec le temps, l'école et ses succès, a acquis une image politique très favorable et dominante, sinon dominatrice. "*Le caractère politique de l'image dominante de la science, le fait qu'elle est porteuse de l'opposition entre le regard du spécialiste et l'errance dans l'opinion et les apparences de celui qui ne l'est pas, voilà aujourd'hui un thème répandu* " (Stengers *et al.* 1991 : 44).

La recherche en sciences sociales bénéficie de cette même domination, même si les "faits scientifiques" définis comme précédemment y sont plus rares, même si ces sciences comprennent toute une gamme de "théories" aux succès aussi variables qu'éphémères parfois. Construites à l'ombre des sciences "dures" (Latour & Woolgar 1988 : 10), ces sciences ont réussi peu à peu à imposer les jugements et avis de la communauté de leurs membres, assurant à leurs "faits" une solidité relative liée - à défaut de boîtes noires - à la solidarité des membres tenant la profession et à leur alliance avec des groupes socio-économiques importants liés au pouvoir politico-médiatique. Le savoir des hommes du Sud sur eux-mêmes est grandement dépendant du savoir des hommes du Nord sur eux et, quand bien même ce dernier serait

---

[136] Cf. L'appel d'Heidelberg. Il suffit de constater l'absolue cécité de tant de scientifiques (Sokal A. et Bricmont J. 1997, Chap.3) quant à leur propre activité pour mesurer cette domination.

[137] Appareils ou processus dont le fonctionnement n'a plus besoin d'être expliqué (Latour B. 1995, par ex. : 95, 104)

des plus respectueux et des plus informés, il tend, sauf exceptions, à reproduire le mode de connaissance qui, depuis deux à trois siècles environ, domine au Nord.

Il parait bien difficile aux savoirs traditionnels de résister à l'invasion des connaissances technoscientifiques *stricto sensu.* Est-il possible de les imaginer résister à la pression des modes de pensée et de connaissance appelés *sciences* sociales ou de composer avec elles ? On assiste ainsi, dans un rapport inégal complet, à la fois à la difficile et douloureuse imposition des modes socioéconomiques du Nord (Bhopal, Minamata), au décalque et à la tutelle des théories sociopolitiques les plus occidentales (Bisanswa 2000) et à des refus plus ou moins complets. L'on constate aussi, soit un retour des modes traditionnels réifiés-redéfinis par les sciences sociales classiques dans leur vision relativiste des cultures, soit la prise en mains du "mode de connaissance scientifique" par les élites du Sud qui ouvrent alors quelquefois des controverses sur les "faits" les moins stabilisés qui touchent leurs intérêts, soit à des adaptations, plus ou moins réussies, de différents éléments (selon des arrangements variés et selon le point de vue), soit encore à une demande de contrôle des résultats de ces sciences par les intéressés (Moizo 1997 : 71), soit même dans certains cas à un rejet pur et simple (Marliac 1997a).

De leur parenté

Comment passer de la classification "populaire" des nègres par eux-mêmes ou par d'autres, à leur classification scientifique ? Si cette dernière a "*La possibilité de définir un objet indépendamment de l'histoire de sa formation et de ses rapports avec son (ses) environnement(s) enchevêtrés, /* c'est que (A.M.)/ *la possibilité de reproduire un phénomène en labo, de prévoir, de dégager des relations générales à partir de cas particuliers ne renvoient pas alors à une question de droit mais de* ***fait*** *dont il s'agit de comprendre la signification et les limites*". (Stengers *et al.* : 59-60). C'est dire alors que cette classification (décrivant ici plutôt la pratique des sciences dures) est relative. Rappelons aussi qu'inévitablement le savoir scientifique - (qui forme déjà un corpus gigantesque très varié depuis le XVIIIè) - s'appuie et prend sa source dans les savoirs ordinaires et qu'une fois purifié, il fait retour aux situations plus ou moins ordinaires (selon les individus) pour simplement acquérir la capacité d'agir (*agency*) suffisante pour s'appliquer. Les deux (savoir ordinaire/savoir scientifique) procèdent en fait de même façon : le premier collecte et lie ensemble les éléments de connaissance et observation de toutes provenances (*e.-g.* : couleur de peau, traits du visage, cheveux...), le deuxième empile les mêmes et beaucoup d'autres qu'il obtient conformément au modèle des sciences dures par diverses mensurations qui maintiennent purifiés ces éléments dépendants des instruments et de leurs porte-paroles (les chercheurs). Ces "*inscriptions* " (Callon & Latour 1992 : 347 ; Latour 1995) sur papier ou autre support permettant des changements d'échelle, déplacements, calculs variés, démultiplient le pouvoir de ce savoir (Latour 1991 : 36). L'observateur ordinaire passe ainsi d'indices ou traces, de quelques individus, des ensembles parfois, à des masses qu'il ne saurait connaître, certes, mais qu'il ne connait que sous cette forme abstraite, purifiée, transmissible, manipulable, calculable, stockable. Les "Blancs"/les "Noirs" deviennent des abstractions. Le pouvoir se paye d'une déperdition colossale. En même temps qu'il purifie et distribue selon les disciplines c'est-à-dire réduit, abstrait des phénomènes de la connaissance ordinaire de quoi les expliquer en négligeant le reste, le savoir scientifique retourne à l'ordinaire dès qu'il veut agir sur le monde comme dès qu'il veut parler de lui-même aux autres (la vulgarisation ou *popularization*).

Définir, comme nous l'avons fait, le savoir scientifique sous forme d'accumulation de boites noires, de réseaux et de centres de calcul connectés, mobilisant des ressources et des hommes pour fabriquer un certain type de "faits", explique la puissance de la science mais pose aussi ses limites et la relativise pour légitimer du même coup la prise en considération des autres savoirs. Si la science sous sa forme prise comme modèle : la physique, réussit comme le dit Stengers (1991 *et al.* : 44), à trouver un principe organisateur abstrait - un concept - expliquant le labyrinthe qu'elle veut comprendre, elle le paye en en perdant en même temps une grande partie. Une telle information se paye d'un "*growth of ignorance* " (Hobart 1993b). Hors du postulat préalable définissant un "fait scientifique"[138] et hors des réseaux-machines-centres, point de sens ni de domination. *"Le "pouvoir des concepts"* (scientifiques, A.M.) *n'est alors rien d'autre que le pouvoir du dispositif technique qui crée de manière unilatérale une entité mesurable,*

[138] *"On peut /.../ décrire l'existence d'un fait scientifique comme consécutive à l'exploitation d'autres faits admis ainsi que d'autres techniques impliquant une certaine construction préalable de la réalité, c'est-à-dire comme le résultat d'une information contraignante ; et aussi comme la conséquence de son admission au sein du monde des faits retenus par une communauté de personnes qualifiées qui vont, à leur tour, l'utiliser."* Ferrié J.-N. & Boëstch G. 1996 La société de géographie du Caire à l'époque coloniale. *in* Waast (ed.) vol. 2 : 74. Cf. aussi Latour B. 1991 et 1995.

chiffrable, comparable à d'autres entités définies par la même comme "semblables". (Stengers *et al.* 1991 : 52). La science n'a pas ce caractère de Vérité absolue qu'elle s'est forgé avec le temps, dans la sphère des modes de connaissances (Gyerin 1983 : 783) et que ses pratiquants et partisans proclament à longueur de médias.

Les savoirs ordinaires, traditionnels, les *ethnosavoirs*, ne diffèrent du savoir scientifique que par le nombre, la nature et l'étendue des alliés - par ailleurs fort divers[139] - que ce dernier se donne pour construire ses "faits" : machines de plus en plus sophistiquées inscrivant des faits et dont le regroupement donne des laboratoires, groupes sociaux finançant ces machines et effet cumulatif de ces alliances depuis quelques siècles. Toute découverte, aujourd'hui, s'appuie sur des accumulations de savoirs-machines et savoirs-calculs réalisés dans d'autres disciplines ou techniques et parfois depuis des décennies. L'expansion des réseaux de communication et de transports, fille de et associée à la culture scientifique occidentale dominante, véhicule cette dernière sur toute la planète et crée avec les autres cultures d'innombrables lieux de croisement où ces dernières prennent conscience d'elles-mêmes de diverses façons. Ce sont les opinions différemment constituées, jugées et utilisées selon les époques (Bensaude-Vincent 2000).

Des inégalités

Les recherches en sciences sociales sont un de ces lieux, à la fois d'observation et de croisement, des deux modes de connaissance définis auparavant d'une façon simplifiée. Si la tendance lourde, tendance des "développeurs", pousse ces disciplines vers une "scientifisation" impliquant une ignorance du mouvement local et détaillé des sociétés décrypté par le savoir ordinaire, l'exercice d'une recherche en partenariat avec le Sud[140], nous place en un lieu stratégique de confrontation, qui permet, entre autres, la reconnaissance de la relativité du savoir scientifique.

Le 'relativisme culturel généralisé' ou 'l'universalisme particulier' qui est une des expressions "mondaines" de cette prise de conscience, appellent de nos jours à la protection des cultures minoritaires sans pour autant d'ailleurs

---

[139] *"Scientific culture is made up of all sorts of bits and pieces -material, social, conceptual - that stand in no necessary unitary relation to one another "*, (Hacking I. *in* Pickering A. 1992: 8).

[140] Mission statutaire de l'IRD (ex-ORSTOM).

mettre en perspective historique équilibrée la fabrication de cette forme dite "moderne" de notre propre culture. Cette pratique montre en même temps, *primo*, que nous entraînons ou maintenons nos partenaires dans un échange et un questionnement partiels et univoques, pour aboutir dans des domaines comme l'archéologie, l'histoire ou l'ethnologie, à mettre en cause la connaissance que les peuples ont d'eux-mêmes (avec toutes les conséquences sociopolitiques que cela entraîne ; Marliac 1999) et donc bien entendu la conscience de soi des individus (avec toutes les conséquences psychosociologiques que cela peut impliquer et les pratiques subséquentes)[141] ; *deuxio*, que ce déséquilibre du partenariat ne tient qu'à l'attribution du caractère de Vérité indiscutable au savoir scientifique "*.../ on* (A.M.)/ *dogmatise la science en disqualifiant l'opinion* " (Bensaude-Vincent 2000 : 204). L'irréductibilité de la Science aux autres savoirs tend à annihiler ces derniers[142], même si sa nature très étroitement définie la rend inapplicable sans 'ingénierie' aux innombrables situations de faits dans lesquelles les individus comme les groupes ont à agir, décider pour vivre et parfois survivre ; *tertio*, qu'il convient de cesser le jeu consistant, tout en connaissant fort bien la nature du savoir scientifique *stricto sensu*[143], à laisser dire que ce qu'on fait dans les sciences de l'Homme, est scientifique tout en revendiquant et pratiquant parfois une toute autre définition de la science[144]. Un certain nombre de '*social scientists*' vivent mal par ailleurs la dichotomie scientifique/non-scientifique ou culturel (cf. pour la psychologie, Fish 2000).

Nombre de réflexions, issues d'observations sur d'autres lieux de croisements des savoirs par exemple en milieu paysan du Tiers-Monde (Dupré G. 1991, Hobart 1993a, Holtedahl *et al.* 1999, Williams 2000), ont abouti à illustrer une coopération se voulant plutôt univoque mais, de fait, négociée et négociable et dont les résultats loin d'assurer la prééminence du

---

[141] Comme en parallèle aux conséquences écocidaires que nos sciences naturelles appliquées entraînent pour le bien-être, quand ce n'est pas la survie, de tant de peuples, y compris, désormais, nous-mêmes...

[142] "*...les /.../ réseaux scientifiques (qui), pour le développer partout, ont à transformer l'ensemble des énoncés utilisés jusqu'à aujourdhui par les hommes, en arguments faibles, imprécis, souples ou faux.*" (Latour B. 1995 : 508).

[143] Définition issue des pratiques théorico-expérimentales (sciences de laboratoire).

[144] A ce sujet, les échecs répétés de régimes concentrationnaires et génocidaires appliquant telle ou telle 'science particulière', supposée être dans 'le sens de l'histoire' (Froment 1996 : 332), devraient nous conduire à en rabattre sur la valeur de nos résultats...

savoir scientifico-technique dans les opérations de développement rural[145], ont parfois abouti à des régressions socio-économiques. Dans ce domaine cependant, il semblait ne s'agir que de faire coopérer des savoirs relatifs à l'environnement, sa gestion et non de savoirs relatifs à soi ou son propre groupe d'appartenance. En fait, on y voit se heurter des interprétations ne différant que par l'implication, éventuellement autre que purement technique, des savoirs traditionnels dans la totalité des activités des groupes alors que le savoir scientifique est affiché comme absolument détaché des contingences socioéconomiques, culturelles et décrivant parfaitement la nature et les principes de sa gestion.

Si changement d'échelle et déplacements présupposés par le savoir de laboratoire et assurant sa force (Latour 1991 : 36) sont devenus le caractère essentiel du pouvoir moderne, ils sont aujourd'hui devenus partiellement inopérants : ni la nature ni les sociétés ne sont plus infinies et infiniment instrumentalisables. L'avenir s'est refermé sur la planète : aux globalisations continentales et à la mondialisation s'opposent des individualisations de toutes sortes et ces problèmes environnementaux globaux que sont devenus le réchauffement, les pandémies, épizooties, l'appauvrissement floristique et faunistique, etc. Ce constat de relativisation doit conduire à mettre en valeur et bien différencier les domaines où chaque savoir a sa pertinence. Aucun savoir n'est à rejeter, cependant tous ont à être pensés par rapport au réseau qui leur permet d'exister : des communauté paysannes, des transnationales, des groupes ethnopolitiques ou des instituts archéologiques de la planète.

Parallèlement, chacun des deux modes de connaissance néglige certains phénomènes, l'homme du commun utilise certains critères accessibles (jusqu'au moment - aux marges - où ils ne le sont plus, moment livré à l'appréciation de chacun au quotidien), l'homme de science quant à lui accumulant et liant par le langage naturel des critères d'origines variées et d'extensions différentes, des calculs et classifications, faisant parler des instruments (qui ont des marges) et d'autres "sciences", ces critères étant choisis au milieu de nombreux autres pour lesquels il n'y a pas de concept organisateur. L'Anthropologie théorique elle-même s'est construite à l'abri du

---

145 Les réflexions coloniales appelant à prendre en compte les savoirs indigènes ne datent pas d'hier (Bonneuil C. 1996).

modèle des sciences dures donc sous la même vision du monde et ses dérivés sociopolitiques[146].

La compétition-coopération entre les deux modes de connaissance présente depuis toujours, puisque l'un est né de l'autre, exacerbée depuis l'époque dite "moderne" par le clivage instauré entre eux et transposé au couple Nature-Culture puis au couple Eux-Nous, est permanente puisqu'il faut agir sur le monde - concrètement avec hommes et sociétés sans toujours l'omniprésence scientifique - et donc brasser sans cesse toutes les dimensions des savoirs en transgressant toutes les frontières et en allant chercher toutes sortes d'alliés scientifiques ou non.

Echanger

En conséquence logique des précédents développements, je m'inscris en opposition à toute déclaration du genre : *"There is a need for a continual critique of reconstructions of the past as ideological. Nationalist and ethnic uses of archaeology to justify conflict need to be counteracted, as far as they can, with a wary and critical theoretical eye"* (Hodder 1991 p. **x**), ou même : "*...la relative sérénité de l'histoire savante ne supprime pas, hélas ! les dérives passionnelles des bricolages et des trafics sur la mémoire et le passé* " (M'bokolo 1995 : 6) tendant à faire de l'histoire ou de l'archéologie, préhistorique ou autre (*i.-e.* La Science), le juge, unique et sans appel, de controverses politiques devenant, hélas parfois, des conflits sanglants. Si le savoir acquis par les moyens de l'archéologie instruit sur l'histoire des peuples, ethnies ou nations, il n'est et ne sera jamais la *pierre de touche* d'une Vérité concernant le passé, autorisant ingérence, répression, conquête, immi-émigration, génocides, lois d'exceptions et autres[147]. Sa nature très étroite, sa prise en main par une profession largement acquise au relativisme particulier et ses sous-produits politiques, annulent une telle prétention. D'autres savoirs remplissent tous les vides laissés par "les sciences"(parmi lesquelles l'archéologie, si peu 'scientifique'), à commencer par ceux de nos vies individuelles, de groupe, quotidiennes, *lifelong*, sociales, aussi bien ici en Europe que là-bas sous les Tropiques. Ces savoirs offrent alors des

[146] R. Girard (1999 : 9-18) souligne comment le comparatisme d'une ethnologie largement antichrétienne a mené au classement erroné de la crucifixion de Jésus dans les mythes du sacrifice collectif et régénérateur du 'bouc émissaire'.

[147] Sans compter la commercialisation par voie judiciaire d'une responsabilité générale, illimitée et rétroactive des uns vis-à-vis des autres.

alternatives crédibles à tous les savoirs scientifiques ou prétendus tels qui hantent nos institutions comme nos médias.

Nous ne nous appuierons ni sur la Nature, la Vérité, l'Esprit, la Matière, la Société, la Réalité, ou la Science dont les définitions sont à refaire tandis que le poids de leurs dénotations et connotations pèse, hélas, toujours dans le discours (Latour & Woolgar 1988 : 22 ; Cf. note 1). Plus modestement ici,*"We are concerned not with ultimate metaphysical truths, but with incremental objectivity in a transient and ephemeral world "* (Williams 2000 : 504), en accordant au terme 'objectivité' le poids d'une majorité d'avis recueillis de manière réellement démocratique. Nous suivrons Callon et Latour (1990 :34) et lorsqu'ils disent : "*Our general symmetry principle is thus not to alternate between natural realism and social realism but to obtain nature and society as twin results of another activity /.../. We call it network building or collective things or quasi-objects or trials of force/.../ and other call it skill, forms of life, material practices/.../.* " (Callon & Latour 1992 : 348). Ce sont d'abord les modes de construction des connaissances, la nature de leurs alliances qui nous concernent. De plus, nous pensons, avec B. Bensaude-Vincent (2000 : chap.3), que ces modes sont réciproquement dépendants : la science a l'opinion qu'elle mérite comme l'opinion, avide de Vérité plus que d'informations, a la science qu'elle mérite. Avec B. Latour encore (1991 : 21, 23), nous dirions aussi que "*Nous n'avons jamais été modernes* " et que le Monde Occidental en général, prenant comme séparation ontologique (Nature/Culture) ce qui n'était qu'une nouvelle distribution-définition des pouvoirs et compétences permettant un nouveau développement du "connaître", a passé sous silence sa conséquence : la médiation, l'hybridation constante par les hommes des objets classés dans la Nature ou dans la Culture. Ainsi le concept de 'race' que les sciences de la Nature dispersent le long de diagrammes, graphes, courbes et reconnaissent en même temps dans les nuages de concentration entre coordonnées x et y, dans les moyennes de leurs courbes, les pourcentages majeurs de leurs tableaux, les fréquences dominantes de tels regroupements plus des observations ordinaires, est une véritable construction et même plusieurs constructions, utilisant éventuellement de plus - sans ressentir de contradiction (M'bokolo 1995 : 39-40) - des traits culturels dans le discours qui la présente.

Ces "faits" purifiés ne sont que de peu d'utilité, sauf s'il est besoin de réduire une partie des peuples ou culpabiliser l'autre à des fins politiques donc économiques. " *C'est toujours le pouvoir qui se dissimule derrière l'objectivité ou la rationalité lorsque celles-ci deviennent argument d'autorité* " (Stengers 1993 : 28). Dans ces cas où des mesures sont à prendre la notion est hybridisée par un Pouvoir (Parlement, Le Parti, un dictateur), redéfinie par les scientifiques recrutés, l'administration, les associations reconnues, les institutions judiciaires, les médias amis ou subventionnés et en conséquence le vocabulaire ordinaire évolue avec les conduites " *...increase application of scientific criteria for policy determination* (comes) *at the expense of... political criteria and ideological thinking"* (Lane 1996 *in* Gyerin 1983 : 783) et devient dès lors réducteur/donneur d'ordre. Dans le cas de la "race", on fait référence aux classifications scientifiques complexes appuyées sur une instrumentation et sur l'état de la discipline concernée (la génétique) qui ont de moins en moins de pertinence par rapport à l'expérience quotidienne ou inversement, l'on part d'observations quotidiennes indûment généralisées qui n'ont aucune pertinence scientifique pour une science aux méthodes limitées...

La notion de "race" est donc en négociation permanente entre différents acteurs et collectifs d'acteurs édifiant cette notion pour en faire un "fait" plus ou moins dur selon leurs moyens et leurs objectifs politiques : organisation des pouvoirs, des biens et du bien-être en faveur du collectif concerné. Cette négociation donne tel ou tel résultat selon les moyens des collectifs dont certains exigent de supprimer le terme lui-même et l'anthropologie physique, rêvant à la disparition du problème par effacement du mot, là où d'autres revendiquent très haut son maintien identitaire, déjà adopté dans l'art 'nègre', dans la musique (jazz) et dans la danse. Ce qui ressortira de la controverse et ses différentes épreuves sera négocié et sera, momentanément, reconnu comme fait dès lors baptisé vrai et/ou naturel... Race et ethnie comme la notion de fromage pour les buronniers du Cantal dans leur lutte contre les fromages hollandais imposés (Zelem 1991), sont des notions dont les définitions sont constamment négociées selon les besoins et les forces en présence, donc redéfinies en permanence dans une tension. Les solutions ne sont plus alors parfois négociables que dans la seule violence ou même devant les tribunaux qui ont à 'arrêter/trancher' les controverses[122], au nom de lois adéquates, là où la science échoue.

Il faut donc penser la coopération des savoirs en acceptant, comme nous le disions précédemment, leur parenté : ils sont tout aussi logiques l'un que l'autre, seuls le nombre et l'empilage des alliés les différencient (il suffit de penser à l'opposition : opinions sur le temps/bulletins météorologiques) (Cf. aussi : Lévy-Leblond 1996 : 297-302). Le pouvoir scientifique est en réseau et le savoir ordinaire est entre les mailles. L'obstacle actuel tient à la prééminence du premier qui a abouti à des résultats socio-économiques colossaux dans un passé récent, des avancées technologiques contemporaines remarquables (médecine, transports, communications) qui masquent de plus en plus mal ses échecs (Tchernobyl, disparition d'espèces, nivellement culturel du mondialisme...), ses accointances transnationales banalement et froidement financières et ses visées planétaires uniformisantes, impériales et parfois casquées.

Finalement, pour l'avoir vécu, Diop lui-même avait bien effleuré le problème de la nature des savoirs, tout en restant prisonnier de la *Constitution moderne* qui l'empêchait de le mettre au clair... Un peu comme Charcot qui disait à propos des paralysies hystériques sans cause organique : "*la théorie c'est bon mais ça n'empêche pas d'exister* " (selon Freud 1893 : 63, cité par Chertok & Stengers 1989 : 41). C'est ce que rappelle F. Eboussi-Boulaga (cité par Froment 1996 : 331) qui approche, lui aussi sans pouvoir l'exprimer, le questionnement épistémologique diopien mettant en exergue dans la production de cet auteur : " *la contribution méthodique et épistémologique de Diop* "et appelant à "*expliciter et radicaliser les principes épistémiques de sa pratique* "(p. 146). Diop a soulevé en fait un problème fondamental que je paralléliserais avec celui que Chertok et Stengers explorent sous le titre “ *Le Coeur et la Raison* “ (1989) : comment isoler dans le réel que nous percevons et vivons le procédé permettant d'en saisir une partie sans la diminuer de ses attaches, de son histoire, de ses conséquences ? Quel prix acceptons-nous de supporter ? Continuerons-nous de l'assumer ?

Les controverses ne sont jamais définitivement closes. En effet Nature et Culture n'existent qu'à travers les hommes, du chercheur à l'homme du commun. Il découle que nous devons dès maintenant, par crainte de futurs désastres, nous hâter de remettre la science à sa place, tout à sa place, rien qu'à sa place (Lévy-Leblond 1996 : 360), pour envisager les hommes dans des collectifs construits et réels (famille, clan-lignage, ethnie, groupes, langues, sociétés, etc.). Car c'est la Science qui durcit le fait lors du processus de purification (catégorisation et dénomination), qui l'essentialise, le réifie, le substantivise alors que celui-ci est constamment réaménagé, négocié ; et qui l'installe, ainsi réduit, dans le savoir commun comme instance immuable et vraie. Tels la *pulaaku* des Peuls ou la *kedjawen* des Javanais, normes idéales que tous tentent de suivre chacun selon ses moyens, ses besoins, son groupe sans qu'aucune de ces 'réalisations' n'égale jamais l'Idéal. L'enquête réductionniste et déconstructiviste actuelle, limitée au discours, ne rend compte que du seul niveau individuel. Elle n'a affaire qu'à un ou quelques individus. Sa synthèse 'voit' les autres niveaux comme l'addition des individus. Ce sont d'ailleurs eux qui l'informent de leur groupement, de sa nature différente et des marques matérielles de ce groupement (parures, langue, objets, armes...).

Or si, au niveau des individus, des définitions sont données à des groupements particuliers ayant telle pertinence pour eux, en retour, ces groupements constituent et renforcent les définitions de ces mêmes individus (Lévy-Leblond 1996 : 355, 357). Ces définitions sont étalées et évolutives dans une durée et une existence dont il faut évaluer et respecter l'importance réciproque pour les hommes et les groupes entre eux (Léon-Gontran Damas 1937).

Aucune 'race' ni 'ethnie' (pour utiliser le vocabulaire actuel insuffisant et réducteur) n'a d'existence immuable en-soi : ce sont des collectifs plus ou moins durables - comme tout 'social-naturel' -, réels comme la nature et dits comme le discours (Latour 1991 : 15). Il existe donc des races et des ethnies (les groupes et individus qui les constituent et les nomment) dans la mesure où elles résistent, sinon théoriquement au niveau purifié (sous la *Constitution moderne* et la pression médiatique) du moins pratiquement, en s'hybridisant par et dans leurs existences, accumulant en permanence des exemples de celles-ci.

Poème de Léon-Gontran Damas*

Ils ont

Ils ont si bien su faire
si bien su faire les choses
les choses
qu'un jour nous avons tout
nous avons tout foutu de nous-mêmes
tout foutu de nous-mêmes en l'air

Qu'ils aient si bien su faire
si bien su faire les choses
les choses
qu'un jour nous ayons tout

nous ayons tout foutu de nous-mêmes
tout foutu de nous-mêmes en l'air

Il ne faudrait pourtant pas grand'chose
pourtant pas grand'chose
pour qu'un jour en fin tout aille
tout aille
aille
dans le sens de notre race à nous
de notre race à nous

Il ne faudrait pourtant pas grand'chose
pourtant pas grand'chose
pas grand'chose
pas grand chose.

Léon-Gontran Damas 1937 *Pigments*. GLM. 1972 *Pigments, Névralgies*. Présence Africaine, Paris.

Cité par J. Brunet-Jailly 1999 *Quel appui à quelles communautés scientifiques dans les sciences sociales en Afrique francophone? in* Le Partenariat dans la recherche en sciences sociales. Séminaire (ORSTOM)-IRD, Paris 16-17 Mars 1999. Ms. 10 p. recto.

Du politique en anthropologie et réciproquement à propos d'identité : L'implication des sciences sociales[148]

[148] Publié en 2004 *in* ***La critica sociológica 151*** : 12-32. Roma.

Force est de constater, énormément amplifié de nos jours par le développement considérable des moyens de communication planétaires (internet, médias), le poids d'images 'identitaires' plus ou moins ethniques, transportées et multipliées, magnifiées, ou contestées, telles quelles ou au long de discours et études. Les nouveaux moyens de communication du XXè relayant les anciens ont permis l'expansion de l'information, mais d'une *certaine* information. En France, l'Ecole où la vision constitutionnelle moderne était seule transmise avec ses héros laïques[149] et la diffusion de cette vision par les grands médias, propriétés de groupes financiers ou de l'Etat ou d'autres[150] a joué là aussi sa partie. En pleine période de mondialisation, force est de constater de même, l'étendue, la récurrence, la vigueur sinon la violence des controverses et conflits concernant les identités, qu'il s'agisse de territoires, de ressources économiques, de foi millénariste, de passés imbriqués, de campagnes orchestrées (Geschiere P. 2001 : 644, citant Appadurai 1996 ; Meyer & Geschiere 1999 : 2).

Savoirs et savoirs savants

Des problèmes d'identifications réciproques se posent chaque jour entre individus, entre groupes réunis par tel(s) ou tel(s) critère(s) immédiatement appréhendable(s) et par rapport aux institutions. "*L'ordre culturel /.../ n'est rien d'autre qu'un système organisé de différences ; ce sont ces écarts différentiels qui donnent aux individus leur 'identité'*" (Girard 1972 : 76). Ces identifications, plus ou moins persistantes dans le temps, plus ou moins étendues, entraînent des actions/réactions socio-économico-politiques de différentes envergures et poids. C'est le niveau ethnico-national qui soulève le plus de problèmes si l'on en croit le vocabulaire qui, en France, lui est aujourd'hui attaché. Conjointement et étrangement d'ailleurs, il apparait aussi bien dans les médias que dans certains écrits anthropologiques. Si l'on considère le vocabulaire 'scientifique' associé, le niveau concerné est aussi le plus souvent 'ethnico-national'. Il devient tout autant descriptif : les 'essentialistes-nationalistes' sont souvent décrits '*crispés*' (Bayart 1996), les

[149] Ce qui explique la guerre acharnée autour de l'Ecole, formatrice de " citoyens à piques " ou de " chouans à faux " par contre-coup.

[150] La publicité assurant aujourd'hui leur existence à 80%, sans parler des subventions. Cf. la publicité de International Advertising Association sur son site : >www.iaaglobal.org<

déconstructionistes '*dénaturés*'[151]... C'est là où se différencient, s'affrontent, s'excluent, les militants de deux visions politico-philosophiques du monde opposées, que nous nommerons *grosso modo* : 1/essentialistes, partisans d'une réalité transhistorique quasi charnelle du groupe et, 2/déconstructivistes, partisans de l'inexistence du groupe soumis à tous les aléas des "besoins" socio-économiques comme à la propagande. Tous se positionnent cependant, dans le même cadre constitutionnel moderne, sur l'échelle linéaire du temps où il est recommandé d'aller 'dans le sens de l'histoire' (le silence indiquant que l'on va contre[152])...

Il importe alors de savoir comment se construisent/déconstruisent ces identifications depuis la vision du monde installée qui les légitime jusqu'à celle de l'individu pour qui elle entraînera telle ou telle suite pour sa vie, ses alliances, ses enfants et son bonheur personnel. Je souhaite montrer que pour ce problème contemporain sensible, l'identité collective (dont ses représentations et images), les explications anthropologiques courantes m'apparaissent faiblement explicatives.

Je ne me donnerai aucun point de départ préférentiel ici, choisissant plutôt de présenter un exemple, actuel et pertinent pour mon point de vue, de discussions autour de la définition d'objets de recherche significatifs sur la scène de l'identification de groupes 'ethniques', 'raciaux', politiques, etc.

Anthropologisation usuelle

Il est vrai qu'à découper le dit et les activités de telle ou telle ethnie auto-déclarée selon une méthodologie naturaliste et sur la base des discours des intéressés, selon ses composantes familiales, sociales, économiques, territoriales, etc, on a l'impression de dissiper l'ethnie[153]. Mais si "*...nul n'est exclusivement membre d'une ethnie et les individus comme les groupes*

[151] Après les images de l'identité, on pourrait explorer les vocabulaires, y compris juridiques de la controverse, très révélateurs de visions du monde opposées sinon ennemies. La violence du débat traduit l'importance des intérêts engagés.

[152] Encore que je n'aie jamais entendu plaidoierie à ce sujet ce qui rassure quant au bon sens car si le 'sens de l'histoire' a produit génocides et écocides, l'inverse serait tout aussi criticable.

[153] *"L'Anthropologie s'était faite sur fonds de science, ou sur fonds de société, ou sur fonds de langage, elle alternait toujours entre l'universalisme et le relativisme culturel et nous en apprenait finalement bien peu sur "Eux" comme sur "Nous"*. (Latour 1991 : 177). Car elle dépendait de la *Constitution moderne* (A.M. dixit).

sociaux sont ou cessent d'être selon le lieu ou le moment[154] *membres de telle ou telle ethnie...* "(Amselle & M'bokolo 1999 : 10), réciproquement, nul ne saurait être hors d'un groupe (ethnie, peuple, nation) ! Les contributions à l'ouvrage collectif cité ci-dessus, originairement anti-essentialiste, font rentrer par la fenêtre ce qu'elles ont chassé par la porte : l'ethnie, soit en lui conférant un autre contenu, soit en le déguisant sous un autre nom, en le situant dans l'histoire, dans un autre ensemble, considéré plus englobant (Amselle & M'bokolo 1999 : 35, 37 ; Dozon op.cit.: 59). Le remplacement d'un mot "ethnie" par un autre : "sociétés" ayant des "relations sociétales" (Amselle 1977 : 275) ou "symplectiques" (Meillassoux 1978 : 132) me semble n'être qu'un jeu de mots entre anthropologues disputant de termes purifiés. Le problème réside dans le mot lui-même chargé par son histoire, l'histoire de la discipline et *tentatively* purifié à la mode scientifique dans la vulgate anthropologique[155]. Face aux définitions d'anthropologues reconnus (Nadel, Barth, Lévi-Strauss…) et face aux enquêtes, les observateurs sont bien obligés d'accepter l'existence de cet objet, pour le moment nommé " ethnie " (peuple, tribu, nation parfois et jadis), pas plus, mais tout autant existant que d'autres objets tels que : les classes, sociétés, castes, corporations, sorciers, sectes, etc…

On pourrait dire de la notion d'ethnie ce qu'on dit de la notion de race, qui, "*...dans l'état actuel des choses est une construction abstraite, une notion de continuité dans la discontinuité, d'unité dans la diversité. C'est la reconstitution d'une chose réelle, mais directement insaisissable* ". (Leclainche E. 1937 : 9, cité par Meyran 2000). Elle constitue un exemple à ce titre. L'identité ethnique se reconnait vite même dans le cas d'un *melting-pot* systématique (ex-URSS, E.-U., France, Canada), accidentel (ex-Zaïre), historique (Rwanda) ou imposé (Chine) et dont on attend depuis deux siècles la réussite (émeutes de Bradford, Cincinnati, génocide des tutsi[156], Balkans).

Qu'est-ce qui existe pour les anthropologues ? Est-ce que ce qu'ils exposent a une quelconque relation avec ce que les observés vivent, sinon d'être une description parmi d'autres, plus ou moins fine et fondée sur une problématique propre aux anthropologues ? Ainsi "*...la trop grande*

---

[154] Et leur choix.

[155] Il a fallu des années pour que l'amiante sous telle définition devienne l'amiante sous une autre, jugée dangereuse... (Latour 1999, note 18 p. 309).

[156] La collecte la plus étendue de 'faits', la science empirique illustrée par Jussieu est de nos jours repoussée par une science intellectualiste où il faut rattacher l'observé à une théorie, un paradigme existant... (Chertok & Stengers 1989 ; Stengers & Schlanger 1991).

proximité de l'événement rend très vite l'analyse caduque, alors que [A.M. *dixit*] *au contraire le chercheur, reconstruit le sens des événements observés à partir d'une problématique dont la portée est beaucoup plus large* " (Agier M. 1997 : 24). Quelle est cette problématique ? Sur quoi est-elle fondée ? Cette définition rend compte quasi exactement de la méthode scientifique classique : chercher des 'lois', un chemin dans le labyrinthe... L'anthropologue fait comme il fait habituellement pour les objets sociaux comme la croyance, les savoirs, il les remplace par une fonction sociale provenant le plus souvent du politico-économique tel qu'il le conçoit et ils restent, de ce fait, totalement inexpliqués.

"*L'image de la rationalité scientifique /.../ suppose qu'un chemin vers les phénomènes doit pouvoir être défini tel que le scientifique ne soit plus à la merci de leur diversité, tel qu'il puisse savoir a priori à quoi il doit s'attendre, comment il doit déchiffrer la situation et ce qui n'est que bruit, variabilité contingente, circonstances. Tel qu'il ait une méthode* ", (Stengers & Schlanger 1991 : 37-38). On conçoit combien une telle approche délaisse de cas contraires ou différents (en général peu commentés dans les sciences dures) et ce qu'elle pèse dans les sciences de l'homme.

Considérer la " méthode scientifique " comme supérieure à la pensée qu'elle étudie, c'est dire combien le discours anthropologique 'scientifique' peut être réductionniste : il exclut l'ethnie car, en quelque sorte, il la dissimule[157] en ne prenant pas en compte, dans la complexité de ce qu'il analyse, **tous** les élements qui la constituent, dont l'adhésion des intéressés : " *Ce sont l'ethnologie et le colonialisme qui en méconnaissant et niant l'histoire, pressés de classer et de nommer, ont figé les étiquettes ethniques* "(Amselle & M'bokolo 1999 : 10)[158]. Nous dirions plutôt que la colonisation n'a fait que garder les bésicles de la *Constitution moderne*, support et produit du développement occidental, devenue plus ou moins clairement l'unique savoir actuel habilité (Cf. Dozon 1999 : 53, 59), qu'une certaine anthropologie hésite ou refuse de quitter en se battant sur des mots plus que sur des contenus.

Si "*...anthropological research remains a meaningful undertaking in its search for knowledge independent of local influence* " (Mauzé 1997 : 15),

---

[157] "*...le regard scolastique fait disparaître l'objet même de l'analyse* ", (Geschiere 2001 : 649).

[158] A quoi il faut ajouter que les peuples précoloniaux s'identifiaient pareillement les uns les autres dans les mêmes conditions et pour les mêmes raisons (échanges, mariage, prestige, guerres...) que le firent les Européens mais avec des moyens différents et sans 'purification'.

c'est dire derechef combien la connaissance scientifique est réductrice. "... *La spécificité même de l'objet s'est, dans la plupart des cas évanouie.*"(Claverie 1990 : 64). L'anthropologie ne prend pour matériau que le discours (ou la terminologie) qu'elle filtre, interprète, réduit dans une tentative de scientifisation : " *la définition de la science n'est pas neutre : elle exclut ou inclut, justifie ou interdit...*" (Stengers 1993 : 34). Comme les races qui "... *existent on ne peut le nier/.../ Mais, de fait, nulle part on ne les touche du doigt* ", (cité par Meyran 2000 :72), les identités collectives existent. Ou inversement, on touche partout et tout le temps identités et races, sans qu'elles existent sous la forme où la science actuelle (l'Ethnologie ? l'Anthropologie postmoderne ? Cf. Amselle & M'bokolo, op.cit. ; Hanson 1997) veut qu'elles existent... (Cf. aussi Geschiere sur les "régimes de vérité" 2001 : 645-647).

En conclusion

La similitude des observations et réflexions anthropologiques portées sur l'identité de nombre de peuples, y compris actuels, est étonnante. Non seulement à cause de la parenté des modèles explicatifs utilisés, mais parce que dans chaque cas analysé, le positionnement du chercheur apparaît comme celui d'un juge extérieur. L'oblitération des opinions des observés sur eux-mêmes ou leur refus de telles définitions, refus que l'anthropologue attribue couramment à autre chose, y compris l'auto-illusion[159] (Claverie 1990 : 63), est la règle. De plus en plus, cet état de chose est contourné, voire rejeté ou combattu par les intéressés eux-mêmes, comme l'exemple suivant va nous le montrer.

L'objet examiné n'est plus enfermable sous la définition 'scientifique' seulement, mais saisi, manié, manipulé par l'ensemble des groupes intéressés à son contenu, auquel il nous faudra ajouter désormais le groupe des *social scientists*[160] dans leur ensemble, sans qu'il soit attribué à ce groupe un statut quelconque lié au terme *Science* devenu discutable mais, éventuellement, un statut uniquement disciplinaire : archéologue, anthropologue culturel, psychologue... etc.

---

[159] Ou aussi "*naïve understanding* ", "*imaginary* " (Meyer & Geschiere 1999 : 3). Remarquables pratiques d'impérialisme culturel habituellement passées sous silence.

[160] Sociologue ayant un sens restreint en français, nous utiliserons par la suite socio-anthropologue pour *social scientist.*

Identification controversée

Un 'objet socioanthropologique' tel la **maorité** va éclairer la composition de certaines notions. La diversité, 'l'incommensurabilité' des éléments rassemblés pour cette entreprise apparaitra flagrante. 'Social', 'scientifique' et 'anthropologique' interviennent à titre de composants dans ces controverses même s'ils sont souvent présentés comme arguments définitifs. L'issue des débats est rien moins qu'évidente : personne, y compris les anthropologues, n'emporte la décision par son propre poids argumentaire.

L'éternel maori

Les études ethnologiques et archéologiques sur les Maoris permettent de montrer l'existence de deux mythes relatant leur arrivée en Nouvelle Zélande :

- le grand Voyage (Great Fleet) qui conduisit les ancêtres des Maoris depuis le site mythique de Hawaïki vers 1350 AD jusqu'en Nouvelle Zélande ;

- l'existence pré-européenne du culte ésotérique dédié à un Dieu créateur suprême, nommé Io.

De ces deux traditions, à l'établissement desquelles les anthropologues européens ont participé par leurs recherches, naquirent aux alentours du début du XXè siècle, deux autres traditions identitaires :

1° les Maoris constituent un peuple indigène capable d'acquérir la culture britannique et de s'assimiler complètement aux Blancs pour créer une nouvelle nation. Le culte de Io démontre la capacité d'abstraction et de saisie de principes et idées occidentales. Le Grand Voyage prouve le courage, la compétence maritime des Maoris.

2° Sous le nom de *Maoritanga* (la “ maorité ”) une autre tradition récente sur la même base du culte de Io et du grand voyage réclame l'élimination de la discrimination, la récupération des terres et l'égalité. C'est un mouvement de libération qui propose, à l'inverse de l'autre, une Nouvelle Zélande bi-culturelle, souligne les différences en marquant celles qui avantagent les Maoris : respect des anciens et des morts, affinité avec la terre, capacité à dépasser la froide rationnalité, le matérialisme, pour un mode de connaître intuitif et spirituel…

Curieusement, autant il est reconnu par la communauté anthropologique (qu'Hanson 1997, appelle postmodernist), que les traditions ‘traditionnelles’ sont “ inventées ”, autant le jugement d’une partie de la même communauté, définissant les dernières traditions récentes comme “ inventées ”, est fermement rejeté par nombre de Maoris dont des anthropologues et par d’autres experts.

Pour avoir écrit que ces traditions étaient tout autant inventées que celles recueillies jadis par les anthropologues, le Pr. Hanson (1997 : 199-200), - ferme soutien des mouvements identitaires maoris -, a vu se dessiner son exclusion, physique, de son terrain, un débat être organisé quant au tort causé au Maoritanga par son article et la censure être votée[161] à l’encontre d’ *American Anthropologist* où le texte avait paru !

On ne saurait préjuger de ce qui va sortir d’une telle controverse dont on peut imaginer les incidences parfaitement politiques et "matérielles": exclusion/manifestations/condamnations/bagarres/emprisonnements, débats racistes/antiracistes, lobbying/campagnes de presse/ interdiction de terrain, réparations, dédommagements...

Anthro-positions controversées

Paraphrasant Geschiere (2001 : 645), la curiosité pousse à savoir comment Hanson (1997) s’est sorti ou pas de son "*...embarras devant 'l'identité'* [remplacé par moi A.M.] *comme discours pratique - vivant et dynamique - qui hante la vie quotidienne* ". Cette impasse maorie est-elle théorique ? Curiosité professionnelle d’abord car la même aventure peut arriver aux archéologues des périodes récentes (Marliac 1997b, 2001a) et curiosité intellectuelle ensuite quant à la nature de la connaissance définie par sa décision finale.

Hanson tente d’amodier le terme ‘invention’ précédemment avancé, en ‘reformulation’ soulignant bien par là la prudence qu’il faut avoir dans l’usage des mots : "inventé" pouvait être compris “faux”. Il prend en compte la sensibilité de ceux pour qui les éléments et images culturels de *Maoritanga* donnent un sens identitaire et une base pour l’engagement politique, pour autant qu’on croie que c’était réellement le mode de vie des ancêtres maoris, transmis entre générations avec amour[162]. Il tenta, suivant E. Bruner (1994), (Hanson ouv.cité : 201) d'analyser le terme ‘authentique’

---

[161] Par la New Zealand Association of Social Anthropologists !

[162] On peut imaginer le peu d’empressement des mêmes anthropologues à certifier recevable la sensibilité des Anglais, Tchèques, Suisses, Lettons ou Français à leurs propres traditions inventées ou pas, à leur identité…

selon ses diverses significations, pour l'appliquer à un discours inventé/construit...

On lui reprocha de s'approprier l'autorité du peuple maori pour authentifier leur propre héritage ! Il essaya de s'en sortir en déclarant que sa propre culture (donc l'anthropologie) est tout autant " inventée " que toute culture est inventée. Comment mieux avouer que son analyse, sa déconstruction sont culturellement orientées donc politiques ? Qu'elle n'a de vérité que partielle et momentanée ? Sous cet aspect, il voit bien comment l'anthropologue, ignorant qu'il est verrouillé dans la *Constitution moderne* (version postmoderne), ne peut faire autrement que de détruire l'authenticité de cette tradition (Latour 2000 : 110, 116), tout en n'expliquant pas comment une des cultures, l'occidentale, s'est mise à part des autres, non pas en faisant des choses radicalement différentes mais en séparant complètement les deux pratiques qui de tous temps ont fabriqué toute nature-culture : la médiation et la purification (Latour 1991 : 104).

Hanson, après avoir voulu (pour la forme ?) réviser le terme authenticité dont il ne peut assurer la vérité de son propre aveu (ouv.cité : 201) propose :

1° de passer outre les résistances, en affirmant la valeur du savoir anthropologique postmoderne au risque de l'inimitié et de la non-pertinence ;

2° de prendre le parti des intéressés déclarant leur tradition immuable, ce qui serait abandonner les principes actuellement dominants de la recherche scientifique occidentale...

Il aboutit enfin à ce qui lui paraît la solution que nous considérons effectivement plus souhaitable :

3° le dialogue. Mais, " *To say that our work is embedded in the cultural tradition of Western scholarship is to say that we operate according to its rules and values. One of its paramount values is the idea that knowledge is preferable to ignorance* " (op.cit. : 203), n'est pas une solution définitive.

Il resterait en effet à définir ces règles, valeurs et la connaissance qui s'ensuit. Aucune issue n'apparaît dans ce relativisme culturel ou cet universalisme particulier caractéristique de la *Constitution moderne* (Latour 1991 : 142) où chaque culture a d'excellentes raisons de vouloir persister dans ce qu'elle dit d'elle-même. " *Anything goes* " dirait Feyerabend (1979 : 332-333) repris par Linnekin soulignant l'impasse où aboutit ce relativisme (1992, citée par Hanson 1997 : 205 ; Jewsiewicki 2001 : 638).

Cette anthropologie a-t-elle un objet ?

S'il est dit facile pour l'anthropologue de déconstruire et donc vider de sa signification une propagande nourrie d'images, pourquoi reconnait-on à cette dernière, cependant puisqu'on la combat, un impact que le même anthropologue peut difficilement évaluer ? Pourquoi dans l'analyse du phénomène " identité-images " ne pas prendre en considération l'impact reconnu et ne pas s'interroger sur cette 'facilité' que l'anthropologie aurait à 'démonter' ce qui influence les spectateurs, ne pas s'étonner qu'un anthropologue puisse "déconstruire" ce qui est, curieusement avant réflexion, taxé de 'propagande' mais reconnu 'efficace' ? Serait-ce avouer que l'analyse anthropologique - si elle est correcte, 'vraie', ou pertinente - n'y réussit pas ? Que l'anthropologie croit à la croyance, l'adhésion, la constate éventuellement, sans pouvoir l'expliquer ? Conséquemment, l'analyse anthropologique n'a aucun effet sur ce déferlement imagier et l'acceptation par les populations (non-anthropologues !) se passe différemment ?[163] Plus, cette position tend à dire que les populations concernées sont incapables de démonter, d'analyser elles-mêmes ces images (dites fausses) et de les rejeter éventuellement ou qu'elles en sont les captives ? Comment ?

Les conclusions anthropologiques n'auraient d'effet que dans le cercle des adhérents aux principes de ces analyses et des groupes socio-économiques alliés ? Les "gens" n'entendent tout simplement pas ce que disent et illustrent les anthropologues, sociologues et leurs supports : les médias[164]. Parfois même, ils en doutent (Hanson 1997), s'en moquent ou le rejettent (Cf. § 2, exemple 3 ou, il y a quelques années le slogan : "*Les Blancs pensent trop*"). C'est reconnaître aussi une sorte d'irréductibilité à un 'réel humain' pour lequel l'analyse anthropologique ne serait alors qu'un bien faible éclairage (Claverie 1990 : 64), une théorie parfaitement instable au milieu de tant d'autres et un piètre moyen de gestion sociale. C'est en même temps la reproduction de cette notion peu démocratique des " élites " qui savent et dirigent les peuples, comme si la connaissance qu'elles utilisent, *i.-e.* les jugements que l'anthropologie croit pouvoir adopter sans critique étaient valables… Comme s'ils ignoraient par exemple que les aborigènes les

---

[163] Souvenons-nous à ce sujet de la destruction du temple (image s'il en est, mais contestée par la recherche archéologique) d'Ayodhya en Inde au XVIè siècle par le moghol Babur, que certains Hindous n'avaient pas oubliée quatre siècles plus tard lorsqu'ils rasèrent la mosquée.

[164] D'où cette constatation de fossé entre journalistes et opinion, fossé creusé par le conformisme politico-philosophique des télévisions et de la Grande Presse Internationale, et présent aussi en France.

rejettent ou veulent les contrôler (Moizo, *in* Agier 1997 : 65-74) de même que les Maoris et parfois, les Amérindiens ou certains Français...

Ce que l'anthropologie considère comme objet (les images, leur réception, usage, vus par l'anthropologue, l'ethnie vue par l'anthropologue) ne manque éventuellement pas de sens mais reste sans solidité car les principaux intéressés n'ont à dire que par *le penser l'image d'un autre*, le plus souvent le penser que B. Jewsiewicki (2001) nomme *scolastique*.

Ce n'est pas de la faute des "exotiques/prémodernes" si les ethnologues ont voulu, dans un souci de purification, donner un nom générique à cette forme de regroupement apparemment présente partout sous différents habits (ce fut la science du moment mécaniste et physicienne (kantienne) qui influence encore, quoique partiellement, les sciences sociales)[165] ; et que partie des dernières " théories " anthropologiques ont voulu ensuite au contraire dissoudre partiellement la notion (ce fut un des retours de ces dernières sur les sciences 'dures' ; Latour 1991 : 54) en ne l'abordant que par les langages qui étaient un de ses médiateurs, en la traitant toujours comme une idéologie indigène dont il fallait rechercher les facteurs véritables que ces théories proposaient... Derrière les médias et les discours, largement diffusés[166], en contradiction avec l'itération quasi mensuelle des 'conflits ethniques' de toutes sortes qui éclatent partout dans le monde, on trouve une anthropologie aux multiples faces, rassemblée majoritairement autour de la négation de l'identité de groupes (en particulier ethniques, raciaux, nationaux, tribaux...). Si on constate - sans études très sûres encore - l'impact des images et discours sur l'identité, l'anthropologie nous dira : que "les gens" se trompent ou "on" les trompe. Ils sont subordonnés à une "idéologie" qui n'existe que par l'affirmation de La Science comme seule méthode d'acquisition du savoir vrai, elle-même hors de critique. Or on vient de voir la place limitée qu'elle tient dans une argumentation !

---

165 "*It may simply not be important for the people to demonstrate their unity by the special pointer of a name if that unity is sufficiently visible in their co-activities or in their formulated codes and statutes*". Nadel 1951 : 148 *in* Gullick 1988 : 22). " *Man does not really have a past unless he is aware of having one, because only this awareness ushers in the possibility of dialogue and choice* ". Aron R. (*in* Lenclud 1997 : 47).

166 Ce discours est répandu, y compris, jusqu'à la chair des revues et ouvrages les plus anthropologiques, *i.-e.* 'scientifiques'...

Une certaine constitution

Ceci est caractéristique de la *Constitution moderne* (Latour 1991), au sens étendu où l'objectivation réussie des sciences dites dures fut dans ses méthodes, copiée et étendue aux hommes et leurs sociétés, sans en penser la conséquence : si les chercheurs en sciences dures,'objectivent' pour faire émerger des objets, c'est que ces objets 'objectent' à leurs expériences variées, résistent de façon **absolue** (Latour 1995 : 207-228 ; Latour 2000).

L'anthropologue prend appui sur les sciences naturelles : il les copie, en suivant une méthodologie apparemment similaire à l'attitude scientifique du physicien envers son 'objet', et est conduit ainsi - à l'abri d'un certain confort intellectuel et financier - insidieusement à l'erreur. Il pense trouver son 'objet', comme les sciences dites 'dures' trouvent le leur et le maîtrisent. Il pratique une 'objectivation-attribution' de ses 'objets' à autre chose d'aussi massif, indiscutable que la Nature : la Culture, le Social... pour lesquels il possède des modèles théoriques déjà prêts. Il opère par exemple par la quantification qui fait disparaître les sujets ou par le remplacement par des facteurs sociaux qui annihile l'objet même (Latour 2000)[167].

Mais cette Culture n'existe que par la Nature à qui elle s'oppose et dont elle apparait comme le résidu : ce qui est culturel, c'est ce qui n'est pas naturel. Or le Culturel/Social n'est pas une ressource mais un problème posé, au plan constitutionnel lui-même (s'il y a une Nature transcendante, hors de portée, sauf par la science qu'est-ce que la Culture, le Social, sinon une définition négative ?). Comment alors définir tout ce qui relève du Social ainsi compris, et ici, la notion de groupe humain autonome (clan, tribu, lignage, alliance, ethnie, peuple, nation...) ?

Cet état de chose est le produit de la *Constitution moderne* qui, au long des siècles en Europe depuis le XVIè, a fixé et séparé deux pratiques différentes de traiter le monde et ses objets. La première crée, par *traduction* des mélanges entre genres d'êtres différents : des hybrides de ce que la deuxième fabrique : nature et culture. Car cette dernière crée, par *purification,* deux zones devenues ontologiquement distinctes : celle des humains (Culture) et celle des non-humains (Nature), (Latour 1991 : 20-

[167] On fait aujourd'hui pour l'identité comme jadis pour la religion 'expliquée' par une fonction sociale caricaturée en : "l'opium du peuple"... L'identité, elle, cacherait des besoins et des forces sociopolitiques.

21)[168]. Les deux fonctionnent ensemble et la Modernité vient de cette création conjointe de l'humanité, de la non-humanité (choses, bêtes, objets / l'éloignement de Dieu) et des hybridisations continues entre les deux domaines créant des objets de nature-culture[169]. Là où, aujourd'hui chez les non-modernes et jadis chez les prémodernes dont nous étions, l'homme traitait le tout du monde sans séparation et sans couture, humains, non-humains (bêtes, choses...) et Dieu, la position moderne les traite de même manière, mais les présente **officiellement** séparément (Marliac 2001c). D'un côté la Nature dite par la Science, édifice inattaquable ; de l'autre ce qui reste : la Culture, les hommes entre eux.

La *Constitution non-moderne* ou *amoderne,* exposée par B. Latour (1991), permettrait différemment de définir ici un 'objet' comme ce que construisent les hommes en permanence et qui définit leurs Natures et leurs Cultures ; aussi bien un objet 'matériel' (le biface, la roue, l'Amérique, la fusée Ariane), que les objets 'idéels' (dirait Godelier 1984) pour le faire et le gérer, constituant le manuel/la théorie créé pour cela (Lascaux, la géométrie mégalithique, la théorie de Copernic, la nation...). L'identité fait partie de ces 'objets' dont se saisit telle Anthropologie devenue académique, assez peu durs certes en termes constitutionnels classiques, dont la solidité relative vient du fait même que cette Anthropologie a défini à la manière d'une science, en le nommant (purification), ce qui n'était pas défini toujours ainsi (et ne saurait encore l'être). Elle s'est enfermée dans cette fausse purification qu'elle est bien obligée de critiquer. Une culture ne se connait que lorsqu'elle rencontre une autre culture, c'est là que se révèle, entre autres, dans sa force ou sa faiblesse relatives, son identité[170].

---

[168] Cette attitude n'aboutit pas à nier l'existence de la 'Nature', mais à constater que nous n'en avons connaissance que relativement à nous-mêmes et nos outils personnels de perception, compréhension de base et nos instruments. Elle est inaccessible autrement.(Cf. Callon & Latour 1990 : 8. Stengers in Stengers *et al.* 1991 : 57-60, 65. Lepeltier 2001).

[169] ouv. cité : 23, et l'ensemble de l'ouvrage pour une réflexion étendue trop résumée ici.

[170] *" basic to the diversity of cultures is the desire of each culture to resist the cultures surrounding it, to distinguish itself from them - in short, to be itself"* (Lévi-Strauss C.1985 in Lemonnier P. (ed) 1993 :18). *" Personne ne vit dans une " culture ", n'adhère à un " paradigme " ou n'appartient à une " société " avant d'avoir été confronté aux autres "* (Latour 1995 : 487) .

Le règne des sciences sociales

Dans le cadre moderne, à l'image des sciences dures, les sciences sociales approchent les sociétés et les hommes à la manière des sciences naturelles comme s'ils constituaient un tableau, une projection extérieure. Même si l'expérience leur répète indéfiniment qu'elles participent à l'observation, qu'elles ne peuvent reproduire leur objet à l'intérieur de conditions contrôlées, qu'elles peuvent bien rarement formuler de prédictions valables et qu'elles sont limitées par cette même position, à n'émettre bien souvent que des énoncés seulement plausibles et généraux dans un vocabulaire imprécis, elles continuent cependant à se considérer comme sciences, *i.-e.* indiscutables (comme les lois de la thermodynamique), ce qui parait risible au vu des bataillons de théories sociologiques concurrentes se partageant le marché intellectuel et politique et si on ignorait les conséquences de certaines sur la vie des peuples qui les ont subies au XXè.

Cette assimilation fournit tous ces textes qui partent comme 'naturellement', sans aucune réflexion, d'une position que les socioanthropologues considèrent neutre, sinon vraie (en général la leur[171]) et qui leur permettrait donc, de présenter un démontage probant des preuves avancées par d'autres ou provenant de pensées, *Constitutions*, cosmologies différentes. D'entrée, leurs concepts venus de modèles théoriques, s'alignent sans critique sur un des modèles disponibles et manient ses concepts : colonialisme, classes, impérialisme, accumulation capitaliste, pouvoir... Ils prolongent l'attitude classique de l'ethnologue, une théorie en tête, adossé fermement à la *Constitution moderne* pour décrire et comprendre les Autres (Latour 1991 : 16).

L'universalisme particulier consistant à respecter toutes les cultures vues comme équivalentes à celle qui domine : la nôtre, mais à ne prendre pour vrai que la compréhension scientifique de la Nature (*i.-e.* notre culture) dérive de cette *Constitution* (ouv.cité 141) et a été étendu à l'Anthropologie actuelle productrice de théories 'scientifiques' au sujet des hommes, des sociétés, *i.-e.* du 'social'. Ainsi les socio-anthropologues fournissent-ils, peut-être à leur insu, des énoncés qui sont en fait des jugements car tout à fait privés de la possibilité de fabriquer un 'objet' comme le font les sciences

[171] Qui n'est bien souvent qu'une ré-édition de la version évolutive progressiviste des sociétés dans leur ensemble, depuis la Préhistoire.

dures. Outre l'illusion de la scientificité[172] de leurs réflexions, leur neutralité est la plupart du temps trompeuse, formés qu'ils sont, depuis l'Ecole, par cette vision du monde dont ils ne distinguent pas les limites. Elle est néanmoins pour le moment dominante, des manuels aux enseignements et aux médias vulgarisateurs... Cette position est en fait partielle sinon parfois partiale, nous en reparlerons plus loin...

Sous cet angle, le socio-anthropologue, installé selon les cas sur fonds de science, sur fonds de société ou sur fonds de langue[153], ignore les modes, raisons de vivre, passions et décisions de ceux qu'il observe, devenus non pas de la vie quotidienne, villageoise ou urbaine, des alliances, et des conflits, des pratiques et des produits, mais un tableau, plus ou moins clair, de ce qu'il a pu enregistrer dans son cadre d'observation et sous une théorie plus ou moins acceptée (Jewsiewicki 2001 : 629-630)[173]. Ainsi ma thèse de doctorat, aussi correcte soit-elle, a peu à voir avec le passé ancien des habitants des villages concernés et les multiples incidences de ce passé dans leurs vies. Ce qu'elle apporte en termes de connaissances ne tient de plus que par le langage naturel traduisant et liant des résultats de référentiels fort différents (du radiocarbone à la pédologie et aux traditions orales recueillies par l'anthropologie culturelle), à des échelles discordantes et à nombre de présupposés rarement discutés (Marliac 2001b, Stoczkowski 2001). L'ensemble de plus, quand l'effort est envisagé, de prendre en compte l'opinion (au moins celle des intéressés) est difficilement transmissible et traduisible en termes ordinaires (parfois dans une langue autre...)[174].

Cette incommensurabilité ne tient peut-être qu'à la 'scientifisation', partielle ou simplement déclarée, des sciences humaines... ou peut-être à leur dénomination/institutionnalisation et propagande réitérée chaque jour... depuis tant de décennies d'enseignement. Cependant, ... *la disqualification de l'opinion a de lourdes conséquences : elle interdit qu'on oppose à la définition qu'une science donne de son objet tout ce à quoi cet objet-ainsi défini ne donne pas de sens ou dénie. Car on ferait témoigner l'opinion, intéressée à ce que l'objet dénie, contre la science. Ce qui est déni prouve la science en quelque sorte : elle fait rupture en négligeant ce qui avant*

---

[172] Il faudrait disposer d'une définition claire de la scientificité reconnue à la physique ou la chimie par exemple (Stengers 1993 ; Latour 1995).

[173] Ou parfois un simple récit profondément attachant dans ses singularités (*e.g.* : Collection "Terre Humaine").

[174] Le problème de la popularisation ('vulgarisation' me semble quelque peu dépréciatif) n'est qu'un des cas de la 'traduction' entre eux de savoirs ciblés.

intéressait tout le monde. Plus le travail de deuil est pénible plus le thème de la rupture est efficace (A.M. d'après Stengers 1993 : 36).

Résister c'est exister

Chacun a besoin d'un Savoir Vrai et Absolu sur lequel faire reposer ses propres principes de conduite, pour exister[175]. Il s'avère que le savoir scientifique classique ne saurait répondre à une telle aspiration. En effet (Latour 1991, 1995), la science construit, renforce, durcit les objets de son attention : les 'faits', à l'aide des outils qui la constituent (instruments, théories, techniques). Cela se concrétise le long d'épreuves de laboratoire, d'exposés précisément élaborés amenant à la rescousse nombre d'autres alliés d'autres disciplines. Ces controverses où les résultats sont mis en cause, jusqu'à ce que l'unanimité des spécialistes de la question se fasse et que cet 'artefact' devienne un 'fait' et passe de ***l'existence*** à l'***essence*** (Latour 1995 : 212-228). En quelque temps, il devient une 'boite noire' d'usage courant, soit dans des laboratoires, soit dans des départements 'développement' de firmes intéressées.

Ce qui devient un fait 'naturel', c'est ce qui **résiste** aux épreuves comme le montre B. Latour au sujet par exemple du polonium des Curie (ouv. cité 1995 : 214-217).

De la résistance comme identité

Nous proposons de considérer des 'objets', comme l'identité collective, de la même façon, inverse de la tradition en sciences sociales, qui consistera à évaluer la 'dénomination ethnique' par sa construction par les intéressés, sa transformation en boite noire par leur conjonction plus ou moins stabilisée et son soutien par des alliés. Partons, non pas d'un terme "purifié" résultat d'une "...*neutralisation savante* " comme dit J. Bazin (*in* Amselle & M'bokolo 1999 : 94-99), exemple type d'une essence préexistante sous la *Constitution moderne*, mais de la liste de ses apparitions/*occurrences* (ses existences) - (Bazin pour le nom 'bambara', *in* ouv.cité : 87-127 ; Dozon pour le terme

[175] Ceux-ci ne sauraient être issus de conventions humaines aussi belles soient-elles. La loi civique issue de ces conventions ne saurait avoir préséance sur la loi morale transcendante qui seule peut les justifier.

'bété' *in* ouv.cité : 49-85) - qui constituent sa définition en extension[176] ou par liste. Il faut se dégager de toute définition purifiée à l'avance, pour voir comment on a pu y arriver : c'est l'activité de construction et de consolidation qui va définir plus ou moins bien, plus ou moins clairement la dénomination ethnique comme "bété" ou "bambara" ou "maori", soumise comme tout autre définition à une remise en cause car aucune controverse n'est jamais close par un seul argument[177]. Pour paraphraser B. Latour (2000 : 115), nous dirions que l'ethnie existe pour autant qu'elle **objecte** aux autres ethnies et à l'observateur provenant des sciences sociales, qu'elle résiste aux explications et interprétations avancées pour le moment.

Mais, pour en revenir à notre exemple, comment va être définie une tradition maori ?

Hétérogène

L'objet pris comme exemple est plus ou moins renforcé et durci par des raisonnements plus ou moins solides appuyés sur le(s) savoir(s) acquis, plus ou moins instrumentalisés (magies, sciences…), la techno-science moderne **disant** la Nature.

Les paragraphes précédents ont laissé voir que ce qui est construit ne l'est pas que d'éléments raisonnés, d'objets purs mais aussi d'éléments sociaux comme individuels et d'éléments matériels extraits de la 'Nature'. L'exemple exposé précédemment représente des controverses entre savoirs relatifs, disciplinaires ou sociaux dans un contexte postmoderne où on continue à pratiquer de la Science "façon XIXè - début XXè", en espérant que cela réussisse encore (Latour 1991 : 101-104).

Les natures comme les sociétés se définissent et redéfinissent chaque fois tout en évoluant pendant la fabrication. La **maorité** qui se voudrait pure et transmise telle quelle à travers les siècles avec toute son imagerie, les *socioanthropologues* la contestent aux Maoris actuels, pendant que les anthropologues maoris contestent leurs collègues américains et que certains Néozélandais soutiennent un développement séparé. Que vont devenir les maoris ? Se détourner de ce passé construit ? La nature néozélandaise sera-t-elle remplie d'esprits et d'ovins ou vide de toute présence surnaturelle ?

---

[176] Comme *Sitting Bull* ou *Crazy Horse*, désigne par une de ses conduites majeures, tel Indien capable par ailleurs de beaucoup d'autres choses : père, époux, amant, fils, chasseur-pêcheur, chef de guerre, sage...

[177] Le principe de sous-détermination ou principe de Duhem, développé ensuite par W. Quine.

Ce qui se déduit des réflexions précédentes comme de l'exemple fourni, c'est l'existence de controverses entre différents modes de savoir ou modes de construction des 'faits' qu'ils soient scientifiques ou autres ou placés entre les deux. Ce qui reste de ce type de controverse et qui résiste ce sont les cultures telles que nous les connaissons dans leurs identités et permanences relatives et leurs éventuelles dénominations... Ce qu'on note aussi c'est que jamais ce qui est scientifique n'échappe au social, comme on voudrait nous le faire croire. Non pas dans le sens contextuel habituel où institutions et rapports de production 'influenceraient' ou 'formeraient' en dernière analyse les "idées" (sans qu'on puisse jamais établir le lien) mais dans le sens où tel ou tel nouvel objet défini entre nature et culture implique outre sa stabilisation éventuelle, une nouvelle définition des acteurs impliqués qu'ils soient naturels ou culturels-sociaux (Callon & Latour 1990 : 29-35).

Elle ne saurait être autrement puisque tout savoir démarre dans l'ordinaire dans ce qui est perçu et compris par l'arsenal d'outils 'idéels' de chaque individu, le modifie et y prend place et signification (après scientifisation éventuelle ou pas) pour servir à l'action. Comme on l'a vu dans l'exemple proposé, l'objet du débat circule entre les groupes intéressés à titres divers et se modifie. Ou plutôt, des groupes variés définissent et redéfinissent entre eux quelque chose qui aboutira (ou pas, momentanément ou jamais) à un fait nommé, durci, stabilisé. Cette circulation-évolution définit des natures-cultures variées, depuis celles des équipes scientifiques (paléontologie humaine, anthropologie physique, anthropologie sociale et culturelle...), à celles définies par d'autres groupes et leurs propres connaissances. "*Dans la controverse se révèlent les différents acteurs qui sont à l'oeuvre pour construire un fait ou une théorie que l'on ne discutera plus* " (Callon & Latour ouv.cité : 27).

Mais ces définitions ne valent que pour autant qu'elles circulent et sont à portée des protagonistes, de tous les protagonistes, y compris l'opinion publique. Or, reste en suspens de nos jours, l'accès et la participation effective de tous aux idées, débats et décisions et le respect de ces dernières... Cette participation s'appelle 'démocratie', participative selon nous, M. Callon *et al.* (2001 : 153 et suiv.).

Des alliés ? Qui et pourquoi ?

En fait, les objets en discussion enrôlent selon des cas variés telle ou telle institution, firme, groupe social ou professionnel, association temporaire ou permanente, etc. Plus on enrôle avec soi un grand nombre d'alliés hors du champ scientifique plus on gagne en force (financière, médiatique[147], politique, musculaire...), capable soit de financer la recherche qui vous soutient en matière d'objets durcis ou les moyens de maintenir les Autres, sinon les rejeter du champ de la discussion armé de la Vérité mais aussi parfois tout simplement de gourdins et de tribunaux aux ordres (URSS, Allemagne nazie, syndicats *ad hoc*).

Pour trouver des alliés, il faut leur offrir ce qui correspond à leurs intérêts ou qu'ils le croient. Toute personne intéressée par l'arrêt de la controverse sur telle ou telle conclusion est un allié potentiel pour l'une ou l'autre des parties. On a vu apparaître dans la construction de l'objet **maorité** bien des choses qui n'avaient rien de 'scientifique' ou de 'rationnel' : des intérêts individuels ou généraux, qu'ils soient moraux, idéologiques, culturels, religieux, commerciaux, financiers, électoraux, sentimentaux ("*...most anthropologists support indigenous peoples in their quest for self-determination* " (Hanson 1997 : 201)...

Il peut s'agir des partisans de l'universalisme de la science, de la Vérité de ses conclusions, de l'intemporalité culturelle maori, des partisans du *mana*, de ceux à la recherche d'une ascendance respectable, des adversaires de la Science ou de l'Establishment scientifico-médiatique, des ascètes de la Vérité, d'adeptes (vrais ou feints) de la culpabilité de l'Occident[178], de chrétiens ou musulmans de différents rites ou familles, de lobbies plus ou moins momentanés, de chercheurs désireux de faire une carrière. Toutes positions pouvant d'ailleurs s'associer entre elles, s'épauler, se conjuguer bizarrement et momentanément parfois.

Ces personnes vont rechercher d'autres alliés, plus nombreux et plus puissants, de plus en plus lointains par rapport à la connaissance dite 'pure', afin d'imposer au spectateur-lecteur-acteur à convaincre le plus de personnes et institutions possibles, et de repousser toute argumentation contraire. Si l'on examinait de plus près les ensembles intéressés à l'exemple cité (§2), nous verrions se profiler des acteurs-alliés assez particuliers qui ne réclament pas une reconnaissance mais des bénéfices.

---

[178] Toute la gauche occidentale par conviction ou par stratégie ; Cf. Bruckner 1983.

Concluons

L'identité collective est donc un objet qui **récalcitre**, elle se déclare dans d'innombrables situations. Certains ont beau accumuler critiques, analyses, dénégations et sarcasmes, elle est toujours présente à travers différentes manifestations tout à fait réelles.

Ainsi après l'incident de *La Marseillaise* à Paris, au Stade de France, il est clair que l'identité nationale en France est l'enjeu d'une controverse : quel contenu lui attribuer ? Depuis ceux qui ont licence de se dire "scientifiques" et licence de définir (*magister dixit*) jusqu'aux adolescents et aux membres du gouvernement en passant par les partis, milices, ligues, associations, fronts, syndicats, institutions, églises, mosquées, ONG, magnats économiques, clubs politico-économiques (*Le Siècle*), clubs transnationaux (ONU, G8, Bilderberg), porte-paroles ou groupes intéressés directement ou indirectement.

Il s'agit pour chaque camp - au delà de la discussion scientifique - de réduire l'autre par différents moyens[179] dont entre autres :

1° l'utilisation du sentiment de faute, d'autoculpabilisation et haine de soi (*liberal guilt*, Hanson op.cit. ; Bruckner 1983), au nom d'une imprescriptibilité et rétroactivité globales des fautes entraînant une repentance généralisée et perpétuelle des pays occidentaux et des occidentaux[180], notions présentes depuis plus de trente ans en Occident ;

2° la convocation de temps à autre, faute de règlement rationnel, de telles controverses identitaires, devant les tribunaux (composés d'humains liés à des collectifs) qui auront à trancher sur des définitions faites par des humains sur des humains, faites par des non-humains (instruments scientifiques, théories) sur des humains retournant ainsi à l'origine de la science moderne, parente du judiciaire (Latour 1991 : 36, 113). Et d'ailleurs, que sont les controverses scientifiques sinon des plaidoieries sans le prétoire d'un tribunal officiel ? Et comme les plaidoieries, elles s'accompagnent en coulisse de tous les accommodements que la justice accepte. " *Selon que vous serez puissant ou misérable...* " peut être énoncé au XXIè aussi bien qu'au XVIIIè.

---

[179] Ce qui est d'ailleurs avouer que les sciences, au sens généralement disséminé et entendu par l'opinion, peuvent le faire de moins en moins...

[180] Dans un superbe geste anachronique, on bat sa coulpe sur la poitrine de nos pères et ancêtres ou on se glorifie de leurs exploits... : l'Occident se présente unique dans les deux cas !

L'implication du judiciaire dans le champ du scientifique censé être à la recherche du vrai (histoire et les disciplines associées...), comme son implication dans le politique est symptomatique d'une fusion/confusion (selon les épistémologies en question) qui remettrait profondément en cause les principes qui ont jusqu'ici plus ou moins réglé les controverses entre humains et les controverses entre objets de Nature, représentés par les chercheurs... On passe de l'évidence prêtée aux faits scientifiques classiques que nous pensions hors de portée des tribunaux en tant que tels, à la discutabilité de 'faits' sociaux, à leur récalcitrance (Latour 2000 : 116), puisque, malgré les incantations, admonestations médiatiques par les philosophes 'de service', malgré les ethnocides et guerres réitérées, une majorité d'identités perdurent sous différentes formes, guerroient ou prennent les armes.

Où sont, alors, les anthropologues des définitions définitives et scientifiques, pendant ces batailles ? Ces heurts qui voient par exemple : Tibétains et Ouigours *vs* Han chinois ; Dayaks *vs* Madurais ; Kabyles *vs* Arabes, tous en pleine défense, violente, de leurs identités ? Sinon dans les salons médiatiques par livres interposés imposant leurs vues ? A distance des objets par trop matériels pour ce que les anthropologues appellent 'social'[181]...

De telles controverses entre groupes différents, chacun avec ses alliés, aboutissent, parfois sciemment, à des conséquences très rudement matérielles ou politico-financières importantes. On ne peut que constater l'effervescence médiatico-imagière actuelle à l'appui de certaines réparations réclamées, à partir d'"objets" aussi différents que la guerre d'Algérie, les spoliations nazies, la déportation des aborigènes, le pillage des objets d'art, les *comfort women* du S.-E. asiatique ou la traite esclavagiste : il suffit de regarder les télévisions. Et que veut dire pour la science telle qu'elle se prétend, la recherche en général et l'opinion publique dans son ensemble, un énoncé sanctionné par la loi : c'est-à-dire établi, intouchable, tabou ? Sinon qu'il est contestable par définition et d'autant plus que l'on connait les liens du judiciaire et de l'éxécutif ? Que veut dire en outre un débat judiciaire non-contradictoire, où, s'il est contradictoire, la partie adverse est auparavant réduite à une position indéfendable ?

Le plus généralement, l'issue de tout ceci a une incidence quant à la valeur de ce qu'on appelle La Science, qui possède encore de nos jours, un poids argumentaire considérable et immédiatement utilisable dans des conflits parfois violents, mais devient cependant de plus en plus interpelée

---

[181] Poings, bâtons, fusils, mines, chars, missiles, bombes, camps....

(Callon M. *et al.* 2001), justement parce que de plus en plus reconnue comme partie intégrante de la vie sociale. Sirius s'éloigne de plus en plus...

J'ai délibérément essayé dans cet essai de ne pas prendre la position extérieure et quelque peu *jugementale* du socioanthropologue classique à propos d'un objet, l'identité ethnique, dont tout le monde s'accorde à souligner l'importance au point que "*...the culturally homogenizing tendencies of globalization imply continued or even reinforced cultural heterogeneity* " (Meyer & Geschiere 1999 : 2). J'ai tenté de montrer sans entrer dans le détail l'état du débat dans une situation où l'avis scientifique a été requis, donné et contesté.

On peut conclure en rappelant qu'une controverse n'est jamais close définitivement et qu'en sciences sociales, l'observateur est partie prenante et jouante. Ne dépendant plus que du rapport de force momentané, elle serait dénouée - à condition que tous les protagonistes soient présents et entendus - par le choix fondé sur des considérations uniquement politiques, *i.-e.* morales et spirituelles. Il faudra y ajouter cependant que comme les objets de sciences de la nature qui ne parlent pas mais ne répondent pas non plus n'importe quoi, les éventuels objets des sciences sociales retenus ne répondront que d'une certaine façon. Chaque groupe, relié à d'autres dans une société, fabrique (avec emprunt aussi), diffuse et défend son répertoire culturel, fut-il minime, face aux autres jusqu'à ce que les moyens, les raisons pour le faire lui manquent et l'obligent à l'inconfort d'en accepter ou bâtir un autre, soit complètement soit avec des éléments de son passé (White 1991 : 76, 83) ou au drame de l'abandonner.

La continuité des réponses identitaires, depuis tant d'années où l'idéologie mondialiste les condamne, offre un exemple de cette résistance des 'faits' sociologiques à laquelle il faudra bien trouver une réponse, autre que celles avancées par la majorité des socio-anthropologues jusqu'ici, quand ils ne jouent pas sur le vocabulaire, créditant certains objets d'une existence qu'ils leur niaient auparavant, au fur et à mesure de leurs échecs face à la résistance de ces mêmes objets[182].

---

[182] La réédition de *Au coeur de l'ethnie* (Amselle & M'bokolo 1999) représente un de ces glissements de l'anthropologie postmoderne dont, par ailleurs, la lutte toujours anti-essentialiste gagnerait à citer des sources valables plutôt qu'à se décrédibiliser par des " anathèmes " *ex cathedra* comme c'est la mode (ouv.cité VIII).

Les racines de l'ethnicité : Archéologie locale ou globale ?[183]

Les deux extrêmes, le local et le global,
sont beaucoup moins intéressants
que les agencements intermédiaires
nommés ici réseaux.
(Latour 1991 : 166)

[183] Publié en 2006 in ***La critica sociológica*** 156 : 33-50.

Le travail de terrain ne saurait être ce sésame ou cette garantie que traditionnellement les sciences sociale y voient (le soi-disant 'concret' qui n'est jamais que de l'abstrait illustré et traduit, sinon par des images, des sons, du moins par des phrases). Il a d'ailleurs été proposé à ce sujet de considérer les concepts et cadres théoriques mobilisés pour saisir l'*ethnicité*. Bien évidemment, la vision du monde (*Constitution*) qui préside aux travaux de terrain des socio-anthropologues dessine à l'avance tel ou tel produit qu'il s'agisse de concepts ou de terminologie. Faut-il répéter que les faits sont *theory laden* ? Ainsi l'*ethnicité* et sa *globalisation* ensuite, sont des dénominations qui sont déjà des prises de position modernes. Quant aux observations de terrain qu'on sollicite des auteurs, nous dirions comme Isabelle Stengers (1993 : 39), après Pierre Duhem (1906) : *" Aucune observation /... /, ne peut être énoncée sans recours à un langage qui lui confère sa signification et qui permet sa confrontation avec la théorie...* " Faut-il rappeler qu'un observateur n'est jamais hors de ses observations (même dans le cas des sciences les plus dures), qu'il y reproduit et ses formes de pensée et ses formes d'action ? Faut-il réitérer qu'un chercheur 'sur le terrain' (pédologue, sociologue ou archéologue) n'est que l'extension d'un laboratoire mais, en même temps, sort du domaine strict des sciences expérimentales ? (Stengers 1993 ; Callon *et al.* 2001 : 175).

Faut-il rajouter, avant d'en discuter plus loin, que les mots " emprisonnent ", " engagent " et ont une valeur stratégique (Stengers 1993), ce qui veut dire que *Globalisation de l'ethnicité,* (terme d'appel à articles), n'est pas, pour moi, une définition qui pourrait occasionnellement entraîner réflexions et actions dans l'ordre du sociopolitique. C'est, pour le moment, un problème.

Si l'on tâche de savoir ce qui peut-être commun entre toutes les positions et situations qu'on nous a listées et suggérées, c'est qu'on pense à un résidu irréductible donc pur du concept **ethnicité**, à une chose-en-soi à découvrir. Corrélativement, on est donc hors de l'épistémologie constructiviste qui bannit la notion de " découverte ", mais **sous** la Constitution moderne qui fonctionne grâce à la purification entre deux pôles qu'elle a constitués, Nature et Culture et grâce à la médiation entre eux qu'elle dissimule. L'ethnicité serait alors un fait social, un fait de Culture dont l'émergence serait aussi inexplicable, dans ce cadre constitutionnel, que - dans le domaine des sciences de la Nature - la découverte du vide par Boyle après Torricelli, ou la découverte des lois de la chute des corps par Galilée, ou, dans le domaine des sciences sociales la découverte par Hobbes des concepts grâce auxquels nous étudions les relations sociales : pouvoirs, forces, sociétés... concepts qui font partie de notre bagage socio-anthropologique habituel d'aujourd'hui (Latour 1991).

Des choses et des mots...

Pour un archéologue impliqué dans la recherche pour et sur le Développement, c'est-à-dire la production pour les pays concernés de connaissances archéologiques utilisables par l'histoire des peuples, **globalisation** voudrait dire, et seulement dire, que ce qu'il établit, développe et publie sous différentes formes (analyses, fichiers, textes, cartes, synthèses, illustrations, collections, catalogues) dans chaque cas particulier (pour moi le Nord du Cameroun ; Marliac 1991, 2006b) et avec différents contenus, se retrouve ailleurs à l'issue d'autres recherches archéologiques, de façon identique quel que soit le lieu et le moment... en Equateur (Guffroy *et al.* 2004), comme dans le Pacifique Occidental (Galipaud *et al.* 1999) ou Oriental (Ottino 2002), ou à Sumatra (Guillaud *et al.* 2005).

C'est déclarer en même temps :

1° que les recherches archéologiques se déroulent partout sous le même paradigme : comme pour toute science, elles sont **normalisées** ;

2° que l'on retrouve partout la même chose ;

3° que les résultats archéologiques participent partout selon des modes variés au même enracinement de l'ethnicité ;

4° qu'il se pose donc au niveau de généralité dit global, des problèmes d'une autre nature, très différents de ceux repérés au niveau local comme pour la paire macro/micro des socio-économistes.

Il va donc falloir définir la globalisation...

L'Ethnicité pourrait être effectivement *l'objet commun* que l'on repère entre différentes situations en Colombie britannique (Peck, Siegfried & Oetelaar 2003), au Cameroun (Tardits 1981), en passant par les îles Marquises (Ottino 1995), l'Australie (Field *et al.* 2000) ou le Département 93 en France. Cet [objet] se révèle le plus souvent et pour parler brièvement ici, dans les communautarismes (guerres civiles, émeutes raciales, ghettos, arts populaires), *land claims*, régression de langues 'indigènes', agressions intercommunautaires (Perpignan, Juin 2005), écolages difficiles, trafics illégaux, fanatismes religieux, boom touristique, petite et grande délinquances, etc. Il consiste communément parlant et par réduction, en l'affirmation par des individus d'une appartenance à un groupe plus large d'individus déclarant de concert en retour, la même chose, appartenance transgénérationnelle accompagnée par des marqueurs comme la langue, les techniques, les arts (danses, architectures, musiques), les symboles, les emblèmes, la gestuelle, les conduites, l'habillement, les institutions, les rites... parfois même un ethnonyme. Il est proche du concept anthropologique de culture quand il désigne Une culture, Une civilisation, par exemple pour les périodes aux frontières de l'Histoire (*i.e.* Sumer, Judée, Inde védique, etc.) ou en phase d'immigrations massives (la conquête romaine, les Grandes Invasions, l'invasion WASP de l'Amérique du Nord, l'Europe Occidentale aujourd'hui).

L'analyse (déconstruction) du concept de culture comme agrégat de traits (comme ceux fournis ci-dessus) ne fournit pas cependant une " *...useful comprehension of how they might hang together* " (Wolf 1994 : 5). Généralement d'ailleurs la notion d'ethnie est combattue et dissoute pour ces mêmes raisons : c'est ne pas voir que l'ethnicité est une construction, une **composition** (et non pas seulement un agrégat ; Callon *et al.* 2001 : 186-187), tout autant matérielle que culturelle. Aussi que 'quelque chose' préexiste à toutes les définitions sinon " *qu'avons-nous capturé dans nos histoires ?* " (Stengers 1993 : 111). C'est, enfin, rester prisonnier de la *Constitution moderne.*

Et effectivement, " *Basic to the diversity of cultures is the desire of each culture to resist the cultures surrounding it, to distinguish itself from them - in short, to be itself* " (Lévi-Strauss C. 1985 in Lemonnier P. (ed) 1993 :18). Il va donc falloir définir l'ethnie et l'ethnicité.

Laissant à un prochain paragraphe une discussion de ces problèmes en eux-mêmes, on se posera d'abord la question de savoir si pour l'archéologie les mêmes questions se posent un peu partout, entraînant à accepter la définition d'un problème à la fois répandu et nouveau sous les termes : la ***globalisation de l'ethnicité.*** En effet, l'archéologie est impliquée dans ces phénomènes, dans la mesure où elle produit et fournit des interprétations d'un passé auquel font très souvent référence ces dites 'ethnicités', bien que ce passé archéologique ou *passé composé* soit différent du *passé simple* des personnes et groupes concernés et parfois demandeurs (Marliac 2000).

Archéologues et modernes

Nous, archéologues, fonctionnons tous selon une série de pratiques normalisées à l'abri d'un paradigme (Kuhn 1972). Nous pouvons assez souvent, après une analyse, appuyée sur les marqueurs déjà cités et le concept de culture, déclarer avoir trouvé les traces d'une "culture " (ou d'une civilisation) que nous nommons (Magdalénien, Halstatt, SOM[184], ou *Salakien* au Nord du Cameroun).[185] Nous fabriquons des objets **généraux**, sinon universaux. Bien évidemment, cette dénomination outrepasse sa base factuelle. Comment faire autrement ?

A travers des dizaines de milliers de siècles, l'Archéologie voit se multiplier, se complexifier, se différencier, se "personnaliser" des cultures, depuis l'Oldowayen et l'Acheuléen (paléolithique très ancien et ancien quasi global dans l'Eurafrique) jusqu'à l'Amratien, le Badarien, le Gerzéen et le Maadien (cultures localisées du néolithique final égyptien), précédant l'époque thinite avec Ménès... A différents moments et lieux de la préhistoire se produisent des complexifications, différenciations de cultures de plus en plus nombreuses et variées plus on s'approche de l'Actuel, même si la flèche du temps n'est rectiligne et 'progressiste' que parce qu'elle oublie l'historicité des artefacts, des outils puis des machines... intimement et indissolublement liée à l'historicité des cultures et civilisations. Un galet aménagé (*pebble tool*) peut être aussi bien contemporain que vieux de 3 millions d'années... N'importe qui, privé d'outil, voulant creuser une terre dure utilisera plutôt un caillou, choisi dur et aigu ou à peine taillé, que ses ongles... Telle technique paléolithique peut être réutilisée au néolithique : ainsi en est-il pour la taille de bifaces, jadis outils par eux-mêmes (acheuléen) puis 'réinventés' des centaines de millénaires plus tard, à nouveau comme outils et/ou matière première pour des outils polis ou pas (Marliac 1975 ; Boëda 1997).

Le concept de 'culture', assez vague en anthropologie, est circonscrit en archéologie, très logiquement, à la " culture matérielle " (Marliac 2005d). L'archéologie n'est que de l'anthropologie culturelle puisque réduite pour les 3 ou 4 millions d'années d'histoire de l'humanité aux vestiges matériels et maigrement associée pour l'ultime frange de la préhistoire/protohistoire des hommes (6000 BP** environ, *par ex.* en Egypte), à l'architecture, l'épigraphie, l'histoire et des textes dans certaines zones privilégiées de la

[184] Sigle du néologisme *Seine & Oise-Marne*, désignant une culture préhistorique néolithique du bassin parisien datée d'environ 2000 BC. (Leroi-Gourhan 1988 : 962).

[185] Cf. Marliac 2006b, Chap. I pour le détail de cette analyse.

planète (Renfrew & Bahn 2000)[186]. Cependant, la modestie de notre discipline empêcherait éventuellement de voir que, comme Alain Schnapp vient de le découvrir : " *La découverte d'objets révèle un aspect du passé différent de celui livré par l'écrit* "(Dupont-Monod 2004 : 34), c'est-à-dire que l'archéologie, par son [objet], son activité et ses produits même, pose des questions scientifiques autres que l'Histoire et l'Anthropologie, tout en les croisant. Elle en pose par ailleurs bien au-delà des sciences, dans ses collaborations ou intrusions en histoire ancienne ou récente politisée ou pas et justement très souvent dans le cadre de l'ethnicité (Marliac 2005b)!

Elle est une paléosociologie/paléoanthropologie culturelle, *tentatively scientific,* là où l'Histoire ne l'est pas et ne saurait l'être (Veyne 1971 : 25, 27, 43). Elle cherche à expliquer par des lois, à la fois l'évolution de l'homme comme l'évolution des cultures (ou d'Une culture), à partir de ce que l'homme a abandonné sur le sol : où, quoi, comment, selon quel plan, quelle succession, depuis quand, etc. Elle n'y arrive que très partiellement le plus souvent grâce à des analogies dans les exemples collectés par l'anthropologie culturelle, y compris des analogies singulières/uniques, ou bien elle expose simplement ce qu'elle a exhumé. Elle est tentée comme l'Histoire de boucher les trous (Veyne 1971) en élargissant ou mêlant la *compréhension* des concepts, utilisant l'anachronie, l'analogie et pour finir l'omission ou même - aux confins de la pression sociopolitique - l'invention ou le mensonge dont certains films ou certaines publications sont les illustrations les plus connues.

Ses résultats exploitables par d'autres disciplines (ou par tout un chacun) se présentent au mieux sous forme du tableau illustré d'une *culture* caractérisée dans ses objets par leurs morphologies, technologies de mise en forme, matériaux et cuissons, décorations, etc., qui répondent à certains canons réguliers qu'il s'agisse d'objets de pierre, d'os, de corne, de poterie, de métal, de maçonnerie, architectures, distributions, gisements, modes d'inhumations, parures, etc. Cette *culture* est placée dans un intervalle de temps obtenu grâce aux datages absolus (14 C, TL, K/Ar, Ur/Th, etc.)[187] et sur une certaine étendue. La tradition en archéologie préhistorique (Leroi-Gourhan 1988), baptisait les cultures ainsi délimitées de noms de lieux :

[186] Nous passons sous silence ici les multiples apports des sciences exactes et naturelles (physique nucléaire, botanique, palynologie, zoologie, anthropologie physique, sciences de la Terre, etc..) que les archéologues mobilisent dans leurs études.

[187] Méthodes dites du Radiocarbone 14, de la Thermoluminescence, du Potassium/Argon, de l'Uranium/Thorium…

Solutréen, Szélétien, Nabatien, etc., ou de noms caractéristiques : civilisation des champs d'urnes, *wavy line*, du campaniforme, du rubané, du cardial, etc. Le croisement quelque fois avec un peuple 'historique' y ajoutait un nom : les Celtes (les cultures de Halstatt et de La Tène), les Cimbres, plus ou moins décrits par les Romains et les Grecs. C'est cet [objet] qui représente un peuple dans sa personnalité. Son descriptif et son devenir peuvent le raccrocher à des peuples connus sous un nom par l'histoire, mais aussitôt disparus puisque absents d'autres documents historiques (Marcomans en Europe, Mbana et Sao au Cameroun du Nord).

Ainsi ai-je, au Nord du Cameroun, isolé et baptisé certains groupements d'attributs de ce genre dans le temps et l'espace (formes de poterie + décors de poterie + types de sépultures + types d'habitats) pour définir - à partir de plusieurs sites fouillés - le Mongossien, le Salakien que mon collègue et successeur O. Langlois devait, appuyé sur de nouvelles études archéologiques, subdiviser en Salakien et Post-salakien, tandis qu'il choisissait de définir les cultures qu'il analysait par des acronymes abstraits : TC2, TC5, etc. (Langlois 1995). Selon la qualité et précision de ces résultats, *on* ira y chercher les bases ou racines, des peuplements connus par l'ethnologie ou l'histoire… Ce "*on* " désigne aussi bien les archéologues que n'importe quel individu ou groupe intéressé pour différentes raisons par un enracinement ethnique, sinon physiologique, ou telle ou telle pureté (culturelle, linguistique, géographique, raciale...) : Israéliens au Sinaï, Tchèques en pays sudète, Polonais en Silésie, noirs africains en Egypte pharaonique, Russes pour le royaume de Kiev, etc.[188]

Au Diamaré, région d'étude, l'état d'avancement des recherches archéologiques qui ne recoupent, dans le temps, le passé saisissable des traditions ethniques que dans certains cas, pourrait effectivement permettre à certaines ethnies actuelles de recouvrer un 'passé'. En comparant leurs caractéristiques à celles définies par l'archéologie. Ainsi telle ethnie 'actuelle' possède-t-elle une culture matérielle comparable au Salakien ou au Post-salakien ? Cela voudrait dire que ce qui est défini " ethnie " en ethnographie correspond trait pour trait à ce qui est - par extension quelque peu forcée - défini " ethnie " en archéologie. Mais ceci ne peut-être réalisé, les définitions en compréhension du terme " ethnie " dans chacun des deux domaines ne sont pas recouvrables : dans l'un on a un *objet scientifique*,

[188] Jusqu'à ces Anglais acceptant la victoire de Guillaume le Conquérant à Hastings à condition qu'on traite le vainqueur de Normand et non de Franco-normand, adjectif désagréable aux oreilles de la presse populaire anglaise et sa francophobie latente.

dans l'autre un autre *objet scientifique* chacun construit selon sa discipline et, si on va au-delà de la science[189], on a même un *objet vécu.* Ce sont des choses incomparables ou, si la comparaison est faite, il faudra expliciter **comment** elle a été faite ainsi que, par exemple, comment furent rendues commensurables, les diverses conceptions du Temps forcément intégrées à ces objets (Carpentier & Clignet 1998, Fabian 1983). De plus, s'ajoute la volonté des vivants qui peuvent tout à fait et à tout moment, refuser d'entrer 'dans le laboratoire de l'archéologue ou de l'ethnologue et se soumettre à ses conditions' comme dirait Isabelle Stengers (1993 : 103).

Il y a au Cameroun du Nord, environ 42 ethnies dites 'traditionnelles' réparties selon trois *phyla* linguistiques différents et leurs solidités sont très variées d'autant qu'elles avouent nombre de migrations depuis les régions sud du lac Tchad et qu'elles reconnaissent elles-mêmes la complexité originelle de leur formation et sont actuellement l'objet des pressions internes ou externes diverses qui accompagnent bien évidemment l'impact occidental. Corollairement, les descriptifs de leurs cultures matérielles ne sont encore que partiellement connus (Lebeuf 1961, de Garine 1981, Delneuf 1987, Mc Eachern 1990), avec mention spéciale pour les architectures villageoises (Seignobos 1982). Nous avons tenté d'ailleurs d'imaginer ce qui pourrait se passer - aujourd'hui - en matière d'*identité ethnique* dans cette région (AA**).

L'ethnicité sur le temps long

L'archéologie est concernée par l'ethnicité dans la mesure où telle ou telle déclaration, affirmation, rejet ou critique par des individus, des groupes politiques ou autres, des gouvernements ou des scientifiques, fait appel à ses résultats pour *renforcer* tel ou tel argumentaire dans leurs discours. L'essentiel de la controverse consiste à prouver ou infirmer l'ancienneté du groupe quel qu'il soit : ethnie, région, nation, groupe religieux... L'archéologie sert de *pierre de touche,* apparemment indépassable, comme traditionnellement d'ailleurs le sont depuis deux siècles, les 'faits scientifiques' par rapport aux autres 'faits' (Stengers 1993)... On a mal vu, la plupart du temps, la nature des 'faits archéologiques', l'évolution des cultures sous le même nom et l'attachement des concernés pour un passé

[189] 'Objet scientifique' : avec toute la réserve que je mets à la scientificité *tout court* et à la scientificité des sciences sociales...

qu'ils considèrent comme leur à tel ou tel moment de leur existence, comme son rejet par d'autres. On a mal vu le traitement efficace que le langage commun/naturel faisait subir à des faits extrêmement différents pour les aligner dans un raisonnement par ailleurs orienté.

Nous sommes, en Afrique subsaharienne, particulièrement concernés par une demande sociale identitaire complexe qui va des intellectuels, tous plus ou moins occidentalisés, à une demande diffuse sur le terrain, demande qui naît à la fois de la dissémination du savoir occidental et de sa vision du monde (écoles, livres, films, télévision) et des changements ou maintiens identitaires des groupes ou individus sous la pression de leurs propres connaissances intégrées et des modifications administratives, équipementales, commerciales, techniques, etc., donc politiques au sens large, filles de la modernisation. Il s'agit de la demande d'enracinement, de passé, de tradition, de la demande d'ethnicité, - à des échelles aussi différentes que continentales ou villageoises -, dont on voit éclater de temps à autre des bulles politico-médiatiques orientées, comme jadis le phénomène *roots,* le *diopisme* ou, aujourd'hui, l'*Afrocentrisme.*

Peu discrètement, mais tout aussi contradictoirement en Europe Occidentale, le monde médiatique souligne sans cesse avec égards, les identités communautaires y compris religieuses ou toutes nouvelles[190], dans des pays où l'identité nationale et ses caractéristiques traditionnelles sont devenues taboues, ridicules, négatives sinon illégales ! Spectacle révélateur des contradictions liées à l'approche moderne du problème devenu de ce fait unilatéral mais politiquement pertinent dans certains cas.

On ne peut nier - quoiqu'en disent Amselle et M'bokolo (1985) puis Taylor (1991) et d'autres ethnologues -, une 'ethnicisation' en Afrique noire bien antérieure à celle écrite, définie puis fixée des " Blancs "et bien avant la création et dénomination des concepts d'ethnie/ethnicité. La reconnaissance réciproque de l'altérité des groupes, base du 'culturel'[191], a été une banalité de l'histoire, jusqu'à ce que les ethnologues traditionnels la *découvrent,* la *capturent,* la *nomment* (si ce n'était déjà fait) et la *fossilisent* effaçant du coup ce que les termes anciens et traditionnels recouvraient sans les effacer : les appartenances, liens, origines, échanges multiples de ces groupes qui ne 'tenaient', justement et momentanément parfois, que par une dénomination et des emblèmes. Comme les Aztèques qui ne savaient pas devoir être

[190] Les Kémites, Beurs, Reubeux et Caillera, de la banlieue parisienne.

[191] *Personne ne vit dans une " culture ", n'adhère à un " paradigme " ou n'appartient à une " société " avant d'avoir été confronté aux autres.* Latour (1995 : 487).

'découverts' et 'définis'(avec des tas d'autres 'choses américaines'), les ethnies l'ignoraient et, encore une fois : si elles n'existaient pas avant, qu'avons-nous alors saisi dans nos histoires et ethnologies publiées depuis cent ans (Stengers 1993 : 111) ? Les anthropologues ont créé et introduit dans le monde de nouveaux êtres invisibles : les ethnies. Ils ont fabriqué **leurs** objets **généraux,** leurs universaux dans **leurs** cadres théoriques, sans cependant réussir à en faire des 'boîtes-noires', leurs pratiques n'étant ni standardisées et répétables comme en sciences expérimentales. Mais sans eux, pas d'ethnies telles que nous les discutons aujourd'hui, concepts dont certains se servent, en retour éventuellement, pour défendre leurs modes de vie, là où d'autres décident qu'elles n'existent pas, afin de pouvoir mélanger le plus de producteurs/consommateurs possibles indifférenciés : le grand *melting-pot* du *panem et circenses*...

Les traditions relevées dès les débuts des enquêtes ethnographiques (par ex. Morgan chez les Iroquois, Mohammadou dans la Haute-Bénoué), notent les dénominations mutuelles que se donnent les peuples rencontrés que celles-ci enferment plus ou moins bien des contenus différents ou pas. L'ethnologie traditionnelle gardant les bésicles de la science de l'époque, nomma ou conserva puis gela ces appellations dont nous héritâmes ensuite. Certains peuples (*e.g.* en Afrique, les Peuls), dont les traditions historiques au Nord du Cameroun ont été relevées, de la même façon nommaient les peuples rencontrés, alliés ou soumis (Mohammadou 1976, 79, 81, 82, 83, 86) et étaient nommés par eux (*e.g.* chroniques du Bornou ; Urvoy 1949). Rien d'étonnant à cela, ils pratiquaient ce que nous pratiquons toujours : la fabrication d'objets visibles ou invisibles, plus ou moins solides dans le temps et l'espace, objets plus ou moins nommés (Nadel 1951 : 148)[192], mais sans l'attribution **ontologique** moderne de ces objets à la Nature ou à la Culture.

La question de l'ethnicité tient dans le fait qu'elle est née puis fut nommée grâce à la science occidentale (ici l'Anthropologie), par les travaux des ethnologues nos prédécesseurs du XXè, armés de la Raison et constamment réarmés (dans les deux sens du terme), par les succès planétaires de l'Occident, succès militaires, techno-scientifiques, industriels, mercantiles, culturels et politiques, d'abord chez soi en France, Grande-Bretagne, Allemagne, aux E.-U., etc. ; puis au-delà des mers, chez d'autres.

---

[192] *"It may simply not be important for the people to demonstrate their unity by the special pointer of a name if that unity is sufficiently visible in their co-activities or in their formulated codes and statutes".*

Les ethnologues ont fait la même chose que ce que les archéologues font avec leurs vestiges (fabriquer des cultures archéologiques) : ils ont fabriqué et fixé des ethnies. Mais, comme l'explique *e.g.* Juillerat (1981 : 208 ; parlant de l'ethnonyme Muktele au Nord-Cameroun), l'un des rares anthropologues à avoir posé le problème dans sa totalité : "*...comment se fait-il que tant d'éléments minoritaires et disparates aient fini par constituer une ethnie, ou mieux, un groupe linguistique?* " En effet, la déconstruction implique la construction préalable... C'est cette fabrication qui permet une explication. Construire, fabriquer et ce faisant brasser tous les êtres, est l'essentiel de l'agir humain (Latour 1994).

On aurait tendance aussi à oublier que l'éradication des savoirs dits populaires, langues, coutumes, croyances 'ethniques/provinciales' par la Raison, s'est d'abord réalisée en Occident même, par le fer et le feu sur la base de la Renaissance (XVè-XVIè siècles) et de la Réforme (1525), le tout repris et appliqué à compter du XVIIIè siècle, pour se poursuivre jusqu'à nos jours, en particulier contre les références dites ethniques, religieuses, locales ou nationales (c'est le mondialisme). On parlait alors de superstitions, sorcellerie, obscurantisme ; on moquait les sorciers berrichons, le parler des Bretons et on massacra les Vendéens au nom de la Raison donc de La Science[193]... Toutes nos cultures locales sont devenues du folklore et les patois des formes d'humour inversé et, au fond, raciste.

C'est dans la mesure où 'l'Occident' - pour parler vite - ajouta aux conquêtes, invasions, massacres et migrations bien connues de l'Histoire mondiale[194], cette nouvelle forme de connaissance, **La Science**[195] qui, de plus, lui donna d'irrésistibles moyens techniques, que la proposition [*le 'Nord' a créé l'ethnicité*] est vraie sous une certaine compréhension. Ce mode de connaissance ne prend en compte que ses définitions (purifiées) et efface les définitions prémodernes comme toutes les autres. Les personnalités caractéristiques des Germains ou des Celtes reconnues par les Romains, celle des Hittites par les Assyriens et Egyptiens, celle des Hébreux

---

193 Et *on* parle toujours du retard, des égoïsmes, de la bêtise, des frayeurs, de l'arrogance sinon des délires des français, étonnante antienne du pouvoir et ses alliés trois siècles plus tard....

194 Saxons, Mongols, Romains, Chinois, Germains, Turcs, Moghols, Perses, Peuls, Bantous, etc., lesquelles entraînèrent autant de changements, disparitions, métissages, créations d'ethnies/peuples/sociétés....

195 " *Si les Occidentaux n'avaient fait que commercer ou conquérir, que piller et qu'asservir, ils ne se distingueraient pas radicalement des autres commerçants et conquérants. Mais voilà, ils ont inventé la science, activité tout à fait distincte de la conquête et du commerce, de la politique et de la morale.* " Latour 1991 : 133.

par les Perses qui les libérèrent (Soler 2002 ; Esd. 6, 25), celles des non-chinois par les chinois Hans, celles des chinois entre eux (Teo Chew, Hokkien, Hakka...) et celles des différents peuples du Nord du Cameroun par les Peuls - pour ne donner que quelques exemples extraits de l'Histoire - représentant une sorte d'*ethnicité prémoderne,* ont cependant existé, résisté, changé en gardant - et revendiquant même parfois - le même nom sur des *siècles...*

On ne peut refuser de prendre en compte l'effet psychologique positif/négatif infligé aux intéressés par ces savoirs importés dans le domaine dit "culturel ". Cet effet peut, aussi d'ailleurs, être indétectable ou absent. Sous différentes formes, ces savoirs sont, *e.g.,* pour l'archéologie : produits des fouilles, objets d'arts, discours et manuels scolaires appuyés sur une technologie inconnue (sondages, photos aériennes, satellitaires, GPS, dosimètres, cartes, théodolites...), parfois impressionnante (appareillages divers, Musées) et produits intellectuels (idéels ?) : concepts, calculs, mots, théories... Le tout conforté par l'omniprésence médiatique y compris étrangère (CBS, CNN, RFI, Antenne 2, BBC) et son propre traitement[196] des résultats. Tous véhiculent des connaissances nouvelles mélangées mais celles-ci ne tombent pas dans un vide : elles recoupent, intègrent, remanient, étendent, détruisent ou pas, tout ce que les concernés auparavant avaient comme connaissances de leurs passés. Dans le même temps, elles sont intégrées dans toutes sortes de jeux politiques locaux ou régionaux quand ce n'est pas internationaux. Elles leurs servent d'argumentaires, dont le caractère contradictoire et partiel reste d'ailleurs souvent masqué, comme pour le problème de la traite esclavagiste interne en Afrique noire, la collusion politique des 'élites' des pays en voie de développement ou leur corruption.

L'exemple le plus connu de cette question du '*choc des ethnicités*' (mode mineur du *choc des civilisations* de Huntington (1997), reste C. A. Diop (1979) à la fois encensé par nombre de noirs africains et leurs quelques alliés de par le monde (les Afrocentristes américains entre autres + F. Obenga + certains groupes politiques) et largement critiqué par les scientifiques en général, majoritairement euro-américains. Un réexamen des positions diopiennes et anti-diopiennes (*e.g.* Froment 1996 et dans cet ouvrage : GE**), m'a conduit à resituer ce problème posé par des modernes classiques (dont C. A. Diop et A. Froment eux-mêmes), dans le contexte d'une critique de cette modernité et de ses postulats (*La Constitution*

---

[196] Idéologique, politique, scientiste, érudit ou ignorant, mais très rarement contradictoire.

moderne). A ce titre C.A. Diop constitue une étape antimoderniste. Ainsi, concernant la notion de 'race' : " *...it is the use of this term as a resource and not as a problem which raises the quarrel* "(Marliac 2001a). On peut dire la même chose de toute autre ethnie et de toute autre ethnicité.

Dans ce 'choc des cultures', on pourrait faire figurer aussi la question du maoritanga (la maorité) en Nouvelle Zélande qui, sans solution entre les anthropologues et les Maoris eux-mêmes (Marliac 2004 et dans cet ouvrage : PAR**), est l'exemple même de compréhensions divergentes du passé comme du présent ainsi que le souligne Paul Veyne (1971 : 93) : " *A quoi bon en remettre en matière de traditionalisme puisqu'il est impossible que les hommes n'aient pas une tradition et qu'il est inutile de leur en prêcher une (qu'ils n'auraient pas ou plus) car on n'a pas de tradition sur commande* ".

Constitutionnellement

La Constitution ou vision moderne appuyée sur le dipôle Nature/Culture sépare et hiérarchise en dernière analyse ce qui est déterminant dans cette couple. Communément, si les socioanthropologues croient parler en 'matérialistes' parce qu'ils **évoquent** les contraintes de l'infrastructure, ils expliquent le social par des facteurs sociologiques tirés des théories sociologiques, en général filles de l'idéalisme allemand issu de Descartes, qui ont été forgées pour décrire le social. Ces théories n'ont de matérialiste que le nom, puisque Kant et Fichte ont successivement nié toute réalité pour se réfugier dans la Pensée. Puis Hegel et sa dialectique dans l'Idée ! Ce sont, avec son avatar marxiste où tout disparait dans l'Action dialectique, des produits tout autant fabriqués que les autres dans le cadre de la Constitution moderne (Latour 1991 : 76-79).

Désormais, elles apparaissent sous cette forme aboutie où le social-culturel est complètement détaché du naturel-matériel qu'elles isolent dans l'infrastructure, les objets ou les écrans, et dont elles ne traitent pas puisque les sciences s'en chargent. Le vocabulaire, y compris le nôtre, s'en ressent malheureusement toujours.

Cependant, nous partageons l'idée contraire - développée plus loin - que c'est dans l'espace entre ces deux pôles Nature et Culture qu'est la réalité où sont les hommes, eux-mêmes réalités, qui brassent et fabriquent avant d'attribuer leurs résultats à l'un des pôles : ceci est naturel, ceci est culturel pour l'Euro-amérique ou à d'autres pôles dans d'autres cultures (cf. les

Achuar de P. Descola 1986), avec les conséquences sociopolitiques que cela a entraîné et continue d'entraîner de nos jours… (cf. sous une forme plus ou moins pamphlétaire : Muray 2005 ou jadis Péguy).

On peut donc envisager le problème de façon inverse et complémentaire où ce sont des mots qui, fonctionnant dans la sphère du social, comme des concepts purifiés, pris dans l'outillage conceptuel des socio-anthropologues, appuyé sur le fonctionnement inculqué, autorisé et public de la *Constitution moderne* (Latour 1991), fabriquent et fixent **l'ethnicité** et **la globalisation**. Comme dans les sciences *dures* - exprimées dans des formalisations mathématiques, logiques, graphiques ou autres - les socioanthropologues ont fabriqué analogiquement des *universaux*. Ils oublient comment ces sciences dites 'dures' procèdent (Latour 1995, Stengers 1993) : par réductions, instrumentations, expériences, échecs, essais et tâtonnements jusqu'à isoler un fait très particulier – répétable à volonté - dont elles font ensuite une boîte noire. Ce processus comprend bien évidemment l'abandon de très nombreux cas, le rejet de l'expérience ordinaire ou commune, l'exigence de conditions répétables, de limites précises, la nécessité parfois d'enregistrer l'inutile (Knorr-Cetina 1996) et l'oubli/omission des ratés et des divergences persistantes... Ce processus sépare absolument le savoir scientifique devenu universel donc global, des savoirs locaux, désespérément locaux aux yeux des modernes, mais pas aux nôtres.

Si les sciences sociales ont décidé de ne traiter du social que par le social, les " choses " leur échappant et restant enfermées dans les trois catégories : infrastructure, outils, écrans (Latour 1994), il reste que ce Culture/Social n'est qu'un artefact de la Nature (Latour 1991 : 140) et par conséquent ne correspond à rien de réel. Tout autant, il est impossible de vider la sphère humaine des choses dont elle est faite journellement depuis toujours (demandez à un archéologue qui ne retrouve que des *choses* !), à moins d'attribuer aux sociologues, un pouvoir démiurgique qu'ils ne possèdent pas et ne possèderont, bien évidemment, jamais. Les faits de culture-social - s'ils existent - n'ont jamais eu la consistance des faits de nature produits et expliqués par les sciences. Il n'en existe aucune boîte-noire ! Chaque fois que l'on y a cru et qu'on s'y est appliqué, les désastres humains les plus monstrueux ont suivi.

Or, si aucune science n'existe en dehors de sa pratique, il faut ajouter que cette pratique est réductrice par définition : ce n'est pas la réalité qui se présente identique partout, bien au contraire, ce sont les réductions scientifiques, les généralisations (pratiques + instruments, calculs + théories) qui permettent de représenter la réalité. " *Ce n'est pas les faits physiques qui se répètent, c'est l'abstraction sans lieu ni date qu'en extrait un physicien...* "(Veyne 1971 : 21). Les réductions scientifiques **fabriquent** des *faits scientifiques* qu'effectivement alors on retrouve partout puisqu'ils sont construits de la même façon à partir d'un réel, d'un macrocosme comme dit Callon (Callon *et al.* : 2001) où tout est mélangé, lié, interdépendant, inidentifié... La gravité - acceptée par tous - n'est prouvée que là où un appareil la prouve : ces appareils constituent un réseau de boîtes noires. L'existence du vide ne fut acceptée comme **fait** qu'à la cadence de fabrication et progression de la pompe à vide de Boyle à travers l'Europe. Si la **globalisation de l'ethnicité** est 'vraie', elle doit être prouvée à chaque cas local exactement de la même façon par un moyen/instrument indépendant : 'une boîte noire'.

La liste qui nous a été présentée à propos de l'ethnicité, le montrerait : ses *occurrences* sont nombreuses, variées et rattachées à différentes sphères sociopolitiques ou physiologiques : communautés de biens, de langue, de rites, de moeurs, de traits somatiques, analysables de différentes façons, au point qu'on peut conclure qu'il **n'y a pas** d'ethnicité (pure), sauf celle probablement extrêmement large et fluide du concept/mot utilisé par l'auteur de la liste. Ceci n'est pas étonnant dirait Paul Veyne (1971) puisque partout ce sont des hommes qui s'activent : dans les mêmes conditions, ils font fort probablement les mêmes choses ou des choses similaires, y compris l'auto-dénomination. De fait cependant, aucune mesure comparable à celles des sciences expérimentales n'est ni faisable, ni répétable pour définir des universaux... Ces derniers sont l'œuvre des socioanthropologues.

Traditionnellement, l'anthropologue ne parlait d'ethnie et d'ethnicité qu'à propos de peuples non-occidentaux, adossé qu'il était à la *Constitution moderne* (Latour 1991 : 16). " *Formée par les modernes pour comprendre ceux qui ne l'étaient pas* " (Latour 1991 : 125), l'anthropologie traditionnelle et ses successeurs oscillait entre universalisme et particularisme et restait " *impuissante à comparer les prémodernes aux modernes* " (ouv.cité : 125). Cette vision est sensible dans le dictionnaire de Bonte & Izard (1991) aux entrées : " culture " et " ethnie ", comme dans quantité de publications actuelles. Et s'apercevoir qu'elle s'inscrit dans un espace transnational désormais, c'est révéler qu'on ne l'avait jusqu'ici considérée que chez les Autres. Ainsi, les ethnosciences, mères et filles des *cosmogonies ethniques* (visions du monde, constitutions prémodernes) sont étudiables et reliables à l'ensemble humain où elles vivent et qu'étudie le chercheur scientifique. **La Science** (qui les étudie), en revanche, ne l'est pas par rapport à l'ensemble dont elle fait partie aussi bien que le chercheur qui étudie. Pour les modernes, elle ne peut être rattachée au discours et à la société où elle est née, s'est développée et existe. Elle se définit, d'après Bachelard et Canguilhem, par une rupture fondamentale (Latour 1991, Stengers 1993)[197]. Mais désormais, outre que de nouvelles identités naissent tandis que d'anciennes continuent à lutter contre le nivellement généralisé, le problème se pose en Occident même. Ce dernier a subi lui-même et continue de subir depuis l'avènement de cette *Constitution moderne,* il y a environ deux/trois siècles, une politique d'éradication de ses particularités des internes aux externes (jouant éventuellement des nouvelles arrivées, des provinciales contre les nationales et inversement selon que de besoin), voit cette politique butter contre leur persistance, liée en partie à l'arrivée massive de communautés exerçant ironiquement de par leurs caractéristiques et leurs demandes politiques le rôle inattendu de révélateurs[198].

Les ethnosciences, savoirs traditionnels ou équivalents et leurs cosmogonies, ont régressé (sinon disparu pour certaines), en Europe ou aux Etats-Unis, puisque le produit de la *Constitution moderne* (le raisonnement scientifique moderne), les rejette, les cantonne dans les souterrains de la société ou les exclut... Le savoir scientifique travaille d'ailleurs depuis Galilée à déconsidérer ce qui n'est pas lui (Stengers 1993 : 122, 123). Tout au plus apparurent ou perdurèrent - parce qu'il fallait bien vivre, gérer et laisser vivre - des avatars comme le 'peuple' puis 'la nation', tous les deux avec des usages multiples, le folklore (résidu des anciennes cultures), les proverbes, les tarots, les sectes, les Clubs, les Loges, etc. Première régression laquelle palliaient les échappatoires du pathos européen quant aux traditions, mœurs et cultures de ces Autres (admirables ou détestables mais disparaissant...) et la fréquentation de toutes les formes d'occultisme et pseudohistoires ; pathos écolo-ethnique aujourd'hui sorti des salons médiatico-anthropologiques, pour déborder chaque semaine dans nos hebdomadaires, d'autant plus béats et larmoyants qu'ils n'abordent jamais les moyens de remédier aux malheurs induits par une modernisation et une postmodernisation en activité. En fait, ils les masquent, volontairement ou non.

Le déconstructivisme auquel la socioanthropologie a cédé depuis quelques années, tendrait par sa pratique, a détruire l'identité ethnique donc

[197] *Si les ethnosciences pouvaient bien retracer les liens qui les attachaient au monde social, les sciences exactes ne le pouvaient pas.* (Latour 1991 : 124).

[198] Le collectif au pouvoir va devoir re-masquer sa politique sans la certitude - hélas pour lui - d'écrire l'histoire à l'avance comme tant de philosophes l'ont prétendu depuis des siècles.

toute justification à prendre en compte l'ethnicité devenue une illusion (Bayart 1996). Ce n'est bien sûr qu'un leurre, la déconstruction n'affectant en aucune façon le mécanisme conjoint de la création de faits par purification et médiation, mais seulement un de ses médiateurs : le langage et les représentations qu'il autorise. De plus, *a contrario*, elle est le révélateur involontaire de la construction d'[objets] dont ici par exemple l'ethnie.

L'ethnie pour les modernes appartient au passé dépassé parce qu'aussi leur *Constitution* ne leur permet pas de concevoir le temps autrement que comme une série d'étapes indépendantes où se réalise à chaque fois l'inéluctable Progrès... Et qui oserait aller aujourd'hui contre ce Progrès, même si le XXè siècle en a donné d'épouvantables réalisations ? Cette conception destructrice, de ce qu'on appelait peuple, tribu ou nation, s'accorde merveilleusement de plus, avec les projets socio-économiques plus ou moins avoués de l'européanisme et du mondialisme.

Nouvelles approches

Il ressort de ce questionnement quant à cette totalisation que serait **la globalisation de l'ethnicité,** que les socioanthropologues " *...look for pure terms and always find mixed ones* " (Latour 1994 : 801), chaque apparition (*occurrence*) d'ethnicité révélant un empilement de significations empruntées aux mondes de la nature comme aux mondes de la culture et inextricablement mêlées en interactions multiples et que finalement " *Les seules totalités sont les mots /... / auxquels on prête librement une extension large ou étroite* " (Veyne 1971 : 56). On peut ici remplacer totalité par *globalité...*

L'archéologie considérée comme une partie de l'anthropologie culturelle participe à travers cette dernière à la *Constitution moderne* en s'appuyant sur la notion de *culture* telle que définie par l'anthropologie. Ceci explique l'insistance de ce texte sur l'anthropologie car " *Archaeology is anthropology or it is nothing* " (Willey & Phillips 1958). Si la particularité de son objet a éloigné l'archéologie des controverses de l'anthropologie, elle y replonge dans la mesure où les non-anthropologues et non-archéologues ont recours à elle et l'obligent - en quelque sorte - à exposer la nature de son explication. Ce sont par exemple les problèmes soulevés par l'homme de Kennewick, le *maoritanga* ou l'étude craniométrique de certains 'indiens' de Californie du sud... (Marliac 2005b). Ce sont aussi ceux posés par le passage des connaissances archéologiques dans le vécu des gens concernés

(Marliac 1995a, 1999, 2000...). S'il n'y a pas d'anthropologie globale sauf à réussir à montrer que des problèmes différents du local se posent à ce niveau, déjà bien mal défini, il n'y a pas non plus d'archéologie globale, sauf à proposer une nouvelle dénotation au mot global (planétaire, mondial...) signalant qu'un certain nombre de problèmes semblables, similaires, parallèles (à prouver), se posent dans telles et telles situations, ici et ailleurs.

Pour généraliser/totaliser/universaliser/globaliser, il faut relier ces apparitions (*occurrences)* à la condition qu'elles soient toutes les mêmes soit en elles-mêmes, soit par purification, par rejet des morceaux, parties, etc., qui ne conviennent pas comme dans la classification de décors de poterie ou celle de Mendélièev... Mais il y faut des réseaux de mesures, des instruments calibrés, étalonnés et des interprétations (*i.e.* des boîtes-noires). Là un archéologue vous dira combien ce travail de réduction est difficile et peu convaincant quant on le mène en confrontation avec le sentiment non-formalisé, qu'**il y a**, parfois, une similitude/parenté/identité/ entre divers traits culturels (les décors assez souvent).

C'est donc qu'une *généralité* existe (et le terme de globalité ne lui convient pas) et que la globalité dont nous parlons ici, n'existe qu'après tout un travail de tri, mise en ordre, arrangement, instrumentalisation, etc., et corrélativement perte - sans récupération ni justification parfois - d'informations éventuellement pertinentes. **La montée en généralisation se paye et il faudrait réfléchir à son coût sociopolitique.**

Ce réseau d'instruments et de mesures n'existant pas dans les sciences humaines, serait-il constitué en fait ici par les socioanthropologues eux-mêmes et leurs cousins archéologues ? Car sans réseau pas de global même si traditionnellement, **on** oublie et les réseaux et les espaces hors des réseaux de mesure (Latour 1991). Mais **on** oublierait dès lors - généreusement - les limites personnelles, mais jamais les limites constitutionnelles de ces socioanthropologues ? Et comment séparer les deux ? Où est la démarcation désespérément cherchée par Popper dans le domaine des sciences dures et, même là, introuvable ?

L'objectif n'est pas ensuite de prendre l'universel/global pour régler le local en prenant la science pour absolue, pour le règne des Lois universelles (ce qui revient aussi à ignorer ce que sont la sociologie ou l'anthropologie), mais de passer des unes aux autres sans cesse. La seule globalité à envisager est celle de la multiplicité des problèmes 'de ce genre' qui se posent ou sont aujourd'hui reconnus et si mal dans l'hémisphère nord. Il faut **construire** une certaine commensurabilité (une sorte d'universel relatif) et non pas d'avance une globalisation qui sous-entend que la commensurabilité est déjà établie.

L'ethnicité est trop réelle (Nature) et trop sociale (Culture) pour se ramener à des effets de sens (Langue)... L'ethnicité n'est ni naturelle, ni culturelle, ni simple représentation. Elle est tout ensemble réelle, collective et narrée et si, pour rappeler F. Boas, "*...that claims to ethnicity are not the same everywhere and at all times* " (Wolf 1994 : 7), nous ajouterions que " *...la réalité /* c'est ce qui a/ *le pouvoir de faire tenir ensemble une multiplicité disparate de pratiques qui toutes et chacune, témoignent sur un mode différent de l'existence de ce qui les réunit* " (Stengers 1993 : 112).

Les membres d'une 'ethnie' sont ceux qui, ensemble, font tenir un fait (leur propre groupement autrement appelé 'ethnie') sans pour autant nier les liens et activités qui, par ailleurs les regroupent avec d'autres : parenté, alliances, accords, échanges, proximité, complémentarité... Ce 'fait', dénommé ou non, ne porte pas 'en-lui' le pouvoir de définir sa partie au-delà, mais reste un fait.

Archéologie et actualité dans l'Extrême-Nord camerounais[199]

" La science est la socialisation,
dans le monde que nous vivons,
d'êtres invisibles jusqu'ici
et qui ont des applications
très particulières "
Bruno Latour 2003

[199] Publié en 2006 *in* ***Africa*** LX N°3-4 : 444-473. (Roma)

Inquiétudes préliminaires

Au tableau - toujours améliorable bien évidemment - des cultures pré et protohistoriques du Nord du Cameroun et leurs dispersions dans l'espace (Marliac 1991, Langlois 1995, Delneuf 1998, McEachern 1996, Holl 2002, Marliac 2006b), comme à l'exposé des migrations qui ont pu les mobiliser ou les impliquer (Langlois 2001, Seignobos & Mandjek 2001, Marliac 2005d, 2006b), répondent, s'adaptent ou s'opposent, les connaissances plus ou moins étendues, précises, élaborées, actuelles et futures des concernés sur leur(s) propre(s) passé(s). Les concernés sont ici les populations et individus de la région. Qu'est-ce qu'une migration pour eux ? Que vont-ils faire de ce que nous appelons une migration pour ce qui les concerne ? Et comment sont-ils concernés ?

Ainsi, quelle sera, pour parler comme les ingénieurs et chercheurs des sciences dites 'dures' (Callon *et al.* 2001 : 227), ***l'acceptabilité*** de ce tableau des cultures pour les peuples et sociétés du bassin du lac Tchad ici considérés ? J'ai déjà soulevé ce problème dans le cadre de l'archéologie au service de l'histoire, jusqu'ici sans réponse, ni critique pertinentes[200], ce qui est étonnant au vu des dizaines de publications et libelles (scientifiques ou prétendus tels) qui se croisent et s'interpellent sur la scène, pleine de bruits et de fureur de l'***Afrocentrisme*** mondain, littéraire, journalistique, universitaire, et éventuellement politique... Comme à l'audition des discours, revendications, acclamations, écrits et refus que nous offrent tant de groupes et d'individus, ordinaires ou médiatisés !

Pour ce qui nous concerne, il en va de même entre les sciences 'dures' et leurs applications et entre les connaissances concernant le passé défini par l'archéologie (ou préhistoire/protohistoire), et les passés des individus ou des groupes d'individus, tels qu'ils les connaissent, les **définissent**, les vivent, les disent et éventuellement les rejettent, les veulent ou les revendiquent…

---

[200] Marliac 1978 ; 1995b (ed) ; 1997a : 323-337 ; 1999 : 42-51 ; 2000 :203-218 ; 2002 :67-80 ; 2006a.

La plupart des critiques ou comités de lecture soit ne voient pas la différence des savoirs mis en question par l'un d'entre eux (le savoir scientifique), soit considèrent que je réutilise la vieille dichotomie civilisés/non-civilisés ou développés/non-développés ou encore l'opposition emic/etic, alors que l'interrogation porte sur " *Comment associer les représentations, les savoirs ?* "Ce qui était au fond la question essentielle de C. A. Diop (Marliac 2001a) : une question de 'l'agir démocratique'.

Ils les appuyent, plus ou moins d'ailleurs, sur telles ou telles autres connaissances, partielles ou partiales, scientifiques ou pas, pour les renforcer. Comment l'action englobe-t-elle le passé et lequel ?

Nous allons nous demander ici, dans notre cas d'archéologue (discipline relevant de l'anthropologie en général), apportant ses résultats, s'il ne se pose pas le même problème fondamental d'acceptabilité d'un *passé* dont l'archéologie prétend fournir les véritables représentations et, partant, les meilleurs moyens de le gérer au présent. Car, " *One reason, why Indigenous peoples may feel uncomfortable about archaeology is that it threatens a view of the past that is either embedded in traditional worldview or one to which they have simply grown accustomed. Increasingly, Indigenous peoples are in a position to present their own histories, whether through formal scholarship or the continuation/elaboration of oral traditions* "(Nicholas 2003a ; Cf. Marliac 2001a)[201].

Comment l'archéologie représente le passé ?

Les connaissances scientifiques, en général, sont qualifiées par leur universalité-généralité, leur 'objectivité', opposées aux singularités des connaissances communes, ordinaires, ethniques, personnelles pleines de 'subjectivité'... Elles ont permis et construit en partie le monde moderne. Dès lors, comment l'archéologie et l'anthropologie (sciences de l'homme) définissent le " passé " ? Comment un [objet] comme le 'passé', la 'culture', ou comme la 'migration' est défini dans notre discipline ?

D'une façon générale, le passé selon les sciences sociales contemporaines est séparé du présent définitivement. Selon la *Constitution moderne* appuyée sur la conception moderne du temps qui se déroulerait linéairement en phases successives de plus en plus *progressistes* totalement séparées, tout appartient au même temps dans chaque phase. Or le rangement de tout dans une même phase est une construction du temps qui, ne pouvant expliquer l'apparition d'êtres nouveaux (ce serait reconnaître la médiation, la fabrication d'hybrides et la reconnaissance des objets comme actants), est obligée de les classer comme des 'découvertes' d'êtres toujours-là, ou des surgissements démiurgiques tels celui d'Athéna née toute armée du crâne de Zeus, son divin père. Or le temps des hommes est au contraire d'utiliser et

---

[201]Nous y revenons *in* Marliac 2006a (ouv.cité, Chap. III) sur le terme 'refléter', révélateur de la vision moderne des sociétés.

brasser des êtres dont les temps sont différents : mon corps d'*Homo sapiens* est vieux de 100.000 ans ou plus, j'utilise un ordinateur vieux de cinq ans, de la pénicilline née durant la Première Guerre mondiale et un marteau remontant à quelques centaines de milliers d'années (Latour 1991 : 102).

De fait, notre **représentation** (*e.g.* de la migration ou d'une culture) en archéologie, - quelle que soit sa sophistication ou à cause d'elle (vague au Cameroun du Nord) - est anthropologique, sous une forme plus ou moins simplifiée à partir de différentes approches ethnologiques (Marliac 2006a).

Les représentations en archéologie figurent dans l'ensemble des représentations fabriquées par l'anthropologie (les différentes théories/modèles), à partir de l'examen de populations variées dans diverses situations. Ces représentations servent de modèles à l'archéologie.

En conséquence, cette dernière va construire des 'unités' qui répondent à un ou plusieurs de ces modèles. Au départ, l'une de ces unités sera, par ex., " *la culture* ", construite à partir des résidus de la dite " culture matérielle "et ses distributions dans le temps et l'espace. Ainsi par ex., la découverte sur tel espace de poteries (décors + éventuellement technologie des pâtes, morphologies des pots, technologies des cuissons...), que l'analyse, le classement, les éliminations (Marliac 2005b, Chap. I), et la reconstruction montrent similaires, est censée représenter/*refléter*[197] une " culture ". En effet, une des caractéristiques d'une culture est son auto-reproduction plus ou moins pure - retrouvée dans les ensembles d'objets - de formes, arrangements, architectures et décors 'identiques', plus ou moins emblématiques[202]. Ainsi parle-t-on, au sud de l'ex-Zaïre du *Kisalien*, en France du *Solutréen* et, au Cameroun du Nord, du *Salakien*[203]. La distribution spatiale, chronologiquement assurée d'une 'culture' à travers d'autres espaces, sera dite reposer sur des diffusions de proximité, portées par des échanges (commerciaux, matrimoniaux...) ou la dispersion d'une culture mère plus ancienne, des diffusions à longue distance ou des migrations de telle ou telle taille, emprunts, conquêtes et diffusions assumées/acceptées par la (ou les) 'culture' réceptrice...

Ainsi sera construite - plus ou moins bien - l'image de cultures portées par des peuples, de migrations de peuples comme les indo-européens ou les

---

202 " *basic to the diversity of cultures is the desire of each culture to resist the cultures surrounding it, to distinguish itself from them - in short, to be itself*". (Levi-Strauss C. 1985 *in* Lemonnier P., (ed) 1993 :18).

203 Maret 1977 : 321-337 ; Schmider B., *In* Leroi-Gourhan (ed) 1988 : 984 ; Marliac, 2006a, Chap. III.

austronésiens[204] dont les déplacements sont établis par la linguistique comparative historique dans son propre cadre, à une certaine échelle. Il peut être nécessaire d'aller à de petits détails pour conforter une telle conclusion. Notons que, si pour nous une 'culture' relève de faits archéologiquement établis, l'interprétation n'est jamais une vérité-preuve au sens classique, mais une présomption (au sens policier), plus ou moins solide, fondée sur le savoir anthropologique accumulé, et parfois théorisé, où l'on puise des analogues.

L'archéologie qui étudie les populations du passé à partir de leurs vestiges[205], n'a pour outil interprétatif que les modèles mis au point par l'anthropologie culturelle et l'articulation des deux domaines est désormais souvent nommée : ethnoarchéologie (David & Kramer 2001 : 1-2).

Au Cameroun du Nord

S'agissant de la recherche ethnohistorique au Cameroun du Nord, les chercheurs vont, traditionnellement, associer ce qu'apporte l'archéologie et ce que d'autres disciplines (dont surtout l'ethnologie, la linguistique) apportent. Dans cette situation de comparaison **sous** l'homologie culture archéologique/culture ethnologique, on peut alors se demander par exemple, avec pertinence, - par rapport à ma synthèse sur le Diamaré où la notion d'Unité Céramique[206] intervient dans la définition des cultures préhistoriques présentées sous l'appellation TC (traditions céramiques définies sur la base des Unités Céramiques ou UC) - : *What is the ethnographic counterpart of a Unité Céramique* ? (David *in* Préface Marliac 2006b). Ceci peut se dire aussi : quelle va être **la carrière** (ou pas) de cette TC, utilisée soit par les ethnohistoriens ou les concernés aujourd'hui, *i.-e.* dans des domaines définis très différemment : la vie quotidienne, les réclamations, les " lois " de l'histoire ? C'est poser le problème de la nature des unités à comparer ou associer entre savoirs différents et ici il s'agit des TC qui recoupent et se

---

[204] Anciennement malayo-polynésiens, de Taïwan et Madagascar jusqu'à Tahiti en passant par Java. Cf. Terell J.E., '*Austronesia' and the great austronesian migration. In* Rowley-Conwy (ed) 2004 : 586-590 et suiv.

[205] Remercions ici Alain Schnapp de nous le rappeler : " *La découverte d'objets révèle un aspect du passé différent de celui livré par l'écrit* "(sic), cité *in* Dupont-Monod C., 2004 : 34. Vestiges parfois associés à des écritures comme en archéologie classique, moyen-orientale, khmère, chinoise, indianiste…

[206] Créée par Langlois, 1995.

redistribuent ainsi sous le concept partagé archéologie-anthropologie de **culture-civilisation**.

A mon sens, *la Tradition Céramique* définie dans le cadre de l'archéologie nord-camerounaise n'a pas de contrepartie en ethnographie. Le rechercher serait oublier comment sont construits les 'faits' de l'archéologie, oublier comment en général les 'faits' de la science naissent et la série de traductions-médiations qu'il va falloir assurer pour passer de l'une à l'autre, chaque traduction entraînant obligatoirement une perte d'information (Hobart 1993b : 1-30, Hennion & Latour 1993), une modification. Car il n'y a pas en anthropologie culturelle d'unités construites comme celles de l'archéologie, *i.-e.* par *agrégation* limitée à des critères matériels et une distribution dans l'espace et le temps. S'il y avait une telle unité dans le domaine ethnographique - même figée par l'anthropologie traditionnelle - elle serait définie autrement et au-delà de la seule culture matérielle. La représentativité de celle-ci est présumée (selon le concept de culture en anthropologie) mais ignorée, puis, par tâtonnements et comparaisons, simplement postulée et éventuellement inférée. Cette représentativité est ensuite suggérée, analogiquement et uniquement à partir de modèles dits " ethnoarchéologiques ", où les critères sont beaucoup plus nombreux, complémentaires les uns des autres et dépendant d'une autre discipline dite 'anthropologie culturelle'. La TC est la représentation 'archéologique' d'un certain passé, représentation modifiable ou même parfois, jetable, c'est un *concept régional flottant* de la discipline, utilisé par l'Archéologie au Nord du Cameroun[207], un concept provisoire.

Mais les cultures (et leurs migrations) telles que identifiées et proposées par les archéologues, à partir d'un jeu d'unités obtenues par élimination de singularités (Marliac 2006a, Chap I) : les cultures (au Nord du Cameroun, les TC ou les dénominations comme Salakien, post-salakien, Mongossien, tradition de Tokombéré...) provoquent en se disséminant aujourd'hui en Afrique subsaharienne (écoles, lycées, universités, médias divers...), une levée de questions intéressant l'histoire des individus, leurs identités individuelles ou collectives, leurs intérêts, leurs besoins, leurs groupements, leurs institutions, leurs engagements, leurs " raisons d'être " (croyances)... bref leurs multiples relations et leurs singularités. Parler et définir des

[207] Ce problème est consubstantiel à l'archéologie elle-même en tant que définie par ses objets, méthodes et théories. Cf. le problème du 'concept' dans la recherche historique, pierre d'achoppement de la connaissance historique (Cf. Veyne 1971 : 171).

cultures ou des migrations, c'est faire naître des questions et même des incertitudes.

1° En raison de la fragilité de l'objet dit " culture " aussi bien en anthropologie usuelle qu'en archéologie,

2° En raison des conditions de construction desdites cultures (perte d'information),

3° Parce que le passé n'est pas conçu pareillement chez les *social scientists* et les personnes concernées. Exemple limité mais parlant : chez les peuples au Nord du Cameroun : " *Le passé n'est relaté que s'il est opérant pour situer les liens de parenté et sert à argumenter les chartes de cohabitations* " (Seignobos *in* Seignobos & Yébi Mandjek 2001 : Pl ; 7, p.6). " *Man does not really have a past unless he is aware of having one, because only this awareness ushers in the possibility of dialogue and choice* " (Aron R. *in* Lenclud 1997b : 47).

L'attitude première vis-à-vis du passé est et fut pratique, l'attitude de l'historien ou de l'ethnohistorien est autre[208]. L'insertion plus ou moins imposée des cultures archéologiques ou des migrations dans la vie quotidienne ouvre un conflit potentiel entre des représentations construites de manières très différentes. Ce conflit n'a pas, à mon avis, d'autre solution que des traductions pour lesquelles il faut des **interlocuteurs** (Latour 2004 : 16).

Rappel

Rappelons que c'est La Science - ici l'Anthropologie - qui pose et a posé ce type de problème, en se définissant comme savoir unique porteur de la Vérité, et non les savoirs tacites, traditionnels qui eux, au long des millénaires, s'en posaient et en résolvaient (ou pas) d'autres. Le *profane* et son opposé le *spécialiste* sont des êtres différents qui furent créés en Occident par délégation du savoir à la Science avec déssaisissement du profane[209]. Dans la foulée fut créée cette conception du temps linéaire moderne dont nous parlions plus haut.

Souvent taxés de " prémodernes ", " indigènes ", parfois réactionnaires, ringards (jadis sauvages, barbares, *folklo*, ploucs ou primitifs), ou

[208] *émancipatrice* selon Oakeshott,1962.

[209] Callon *et al.*, 2001 : 171. Comme fut créée conjointement la paire politique du représenté (qui vote et se tait) et son représentant (qui parle et fait taire) en démocratie délégative.

inversement jugés merveilleux, innocents et filmés selon modes et politiques en Occident[210], Bantous, Francs, Dakotas, Afrasiens[211], Mongols etc., s'auto-définirent et migrèrent sans se poser le problème de la définition du terme 'migration'(comme universel), comme M. Jourdain parlait le français comme il respirait, sans se soucier de grammaire.

Plus encore, mais il est nécessaire de le souligner : il n'est pas question ici de proposer de faire appel à ces 'savoirs traditionnels', quotidiens en les faisant passer par le crible scientifique, en les 'autorisant' en quelque sorte à être et intervenir. Ni non plus à les utiliser comme garniture valorisante vidée de ses sens en prolongement renversé du temps où ils étaient ridiculisés, haïs sinon pourchassés[212]. Il est question de construire de nouveaux savoirs avec, comme partenaires à part entière, ceux qui portent et assument ces savoirs 'en situation' (dont je pense qu'ils ont peu à voir avec celui des archéologues construit différemment)[213], éventuellement encore indéfinissables, donc de construire avec eux, de *nouveaux objets*...

Projet

L'Histoire des peuples noirs d'Afrique n'est pas seulement celle obtenue grâce à l'histoire, l'archéologie, la linguistique, l'anthropologie physique ou l'ethnologie considérées comme sciences, mais aussi celle constituée par leurs histoires personnelles, quotidiennes, collectives d'hier et d'aujourd'hui (Marliac 1995a : 325-341, Marliac 2001a) en contact ou échange mutuel, plus ou moins clair et approfondi, avec les connaissances que les sciences sociales apportent.

---

[210] Voir les reportages et voyeurs dans la grande presse sur les Masaïs, les Inuit, les Kalash au Pakistan (*Figaro Magazine* N° du 8.01.05), les Konsos (*GEO* N° de Mai 2003) et les avocats de la polygamie ou de l'excision, etc. Echo bien tardif, culpabilisateur et inefficace des conséquences du Grand Partage et du relativisme culturel... Voir l'incompréhension entre journalistes et chercheurs à propos des savoirs (***Sciences au Sud IRD*** N° 26 : 16).

[211] Nom des locuteurs de langues groupées aussi anciennement sous l'appellation 'afro-asiatique'.

[212] Quand sauvages et barbares des antipodes rejoignaient nos moujiks et ploucs locaux dans le mépris et l'ignorance des groupes qui, parfois associés, alternativement les dominaient : conquérants, aristocrates, bourgeois, intellos, dictateurs, scientifiques, banquiers ou apparatchiks...

[213] Contrairement à G.P. Nicholas, (*in* Peck, Siegfried & Oetelaar, (eds) 2003) disant : " *many /indigenous people* A.M./ *are satisfied with their knowledge of the past as it is now ; they don't need archaeology to tell them what they already know* ". (As they know something else (A.M. dixit) !

Dès lors, plus encore que les autres sciences du monde physique par rapport au réel, l'anthropologie qui les copie, doit être désinvestie de son rôle de juge absolu de la réalité anthropologique[214]. Et, en même temps donc, l'archéologie de son emprise indiscutable sur partie du passé.

Pour ce qui concerne cette branche de l'anthropologie, notre objectif est de voir comment définir le passé en incluant, sous des formes à préciser, ce que tel ou tel interlocuteur ou groupement d'interlocuteurs concernés voudra en dire. A voir l'obstination des parties au conflit après la destruction de la mosquée d'Ayodhya en Inde (Guha-Thakurta 2003), rien n'est moins facile, mais c'est un passage obligé si nous voulons vivre ensemble et différents, mais en paix, dans un monde désormais clos (Latour 2003).

Rappelons enfin qu'il ne s'agit nullement ici de rejeter les sciences, dont la nôtre, mais de les repenser à l'aune de l'état actuel où elles sont ainsi que leurs produits, leurs 'faits' : machines, théories, constitutions, droit, croyances, cultures ou, par exemple ici, les migrations, en rappel d'une synthèse précédente sur celles-ci au Cameroun du Nord (Marliac 2005c).

J'ai donc introduit dans cet essai l'expression **" carrières d'objets ",** parce que les objets en question ici (culture, migration, ethnie, telle culture, telle ethnie, etc.), circulent, changent et évoluent, très souvent **sous le même nom**, qu'il s'agisse du nom donné par le scientifique (le *Salakien*) ou par celui qui est concerné sur sa propre appartenance (*massa*).

Ces noms se déplacent le long d'une trajectoire qui part de l'archéologie - mon point de vue - (dans ses limites où elle dessine elle aussi un chemin passant de la saisie, l'intuition jusqu'à la construction), pour pénétrer cent autres lieux et situations diverses, et qui, par conséquent sont peu à peu reconsidérés, réévalués et modifiés par d'autres savoirs... Le signifié glisse en changeant sous le signifiant parfois de façon imperceptible ou parfois volontairement dissimulée, jusqu'à créer même ces situations mirobolantes d'ardents révolutionnaires, pantoufleurs prébendiers de la **nomenklatura** publique ou privée de divers pays, à l'abri de leurs instituts, leurs clubs, leurs banques et leur police.

---

[214] " *L'Anthropologie s'est faite sur fonds de science, ou sur fonds de société, ou sur fonds de langage, elle alternait toujours entre l'universalisme et le relativisme culturel et nous en apprenait finalement bien peu sur 'Eux' comme sur 'Nous'* " (Latour 1991 : 177).

Cultures et migrations en archéologie

En archéologie les migrations sont peu faciles à prouver (Masset *in* Leroi-Gourhan (ed) 1988 : 693).

Notion d'ordre général, la migration fut traditionnellement appliquée aux déplacements d'être humains ou animaux. Elle a été en anthropologie, un problème difficile et souvent poussé sous le tapis, sauf à le comparer, sans entrer dans le détail, par exemple, à l'aune des grandes invasions en Europe. En effet, discuter de mouvements-contacts entre cultures, considérées comme des entités discrètes fermées, entraîne la mise en cause de la fermeture de ces unités.

Délivrée plus tard - à la mode moderniste-déconstructionniste - des cultures comme entités immuables, la migration est devenue tout à fait envisageable et même 'mondaine', promue, comme recours contre l'identité[215] (c'est l'immigrationisme actuel). La migration, défiant les notions anthropologiques traditionnelles figées de sociétés en ethnies, est devenue facteur d'innovation (Watkins *in* Barnard & Spencer (eds) 2001 : 370), très soutenu ici-bas par les sponsors du monde politico-médiatique actuel.

Nous avons déjà apporté une critique à cette notion postmoderne de l'ethnie (Marliac 2005b : 57-70).

S'il s 'agit de déplacements de populations, qu'est-ce que migration veut bien dire depuis la " sortie d'*homo ergaster* " d'Afrique, il y aurait 2 à 1, 5 millions d'années[216] et celle de l'homme moderne il y a peut-être 100 000 ans (Moncel & Falguères 2004 : 69-74) ; l'invasion entière de notre territoire actuel par la culture dite *Chasséenne* vers 3 700 BC** ; la conquête romaine ; les invasions germaniques, les invasions musulmanes du VIIIè siècle (Poitiers 732) ; en passant par les peuplements caucasoïdes de l'Amérique du Nord (Marliac 2006a) et la fameuse migration 'bantoue' depuis les Grassfields du Cameroun jusqu'à la Fish River en Afrique du Sud ? Tous ces mouvements accompagnés ou pas de massacres connus ou inconnus, entraînant des fuites, des redistributions, submersions complètes,

---

[215] En général, présentée péjorativement comme une 'crispation'. Cf. *la fonction stratégique des mots*.

[216] Contestée par la reconnaissance récente en Chine par E. Boëda de fossiles d'*homo erectus* et artefacts datés de 2 M. A.

fusions pacifiques, ou de massives déportations, antiques, historiques, légendaires, bibliques ou contemporaines sont-ils des migrations[217] ?

Problème posé

Munis des représentations/[objets] : les cultures préhistoriques devenus des 'faits' archéologiques et anthropologiques sont à introduire dans le monde des sciences sociales puis dans le monde commun, ordinaire, quotidien. Sachant que " *The fate of facts and machines is in later users's hands* " (Latour 1995a : 289), et que " *Those users are by no means restricted to scientists* ", nous devons noter ce qui peut relever des cultures et leurs migrations dans le bassin du lac Tchad, sans cependant fixer un sens exact au terme lui-même. D'abord en fonction du peu de données disponibles, de leur fragilité, du mode d'objectivation de l'anthropologie et parce que " *...les mots ont une fonction stratégique qu'il faut savoir déchiffrer* " (Stengers 1993 : 18). Et parce que aussi, je suis à la recherche d'une notion qui devra être élaborée entre les deux domaines que j'ai défini d'abord vaguement : le domaine scientifique et le domaine commun. Je ne peux donc, ni ne souhaite, rigidifier dès le départ cette notion dont je cherche à voir ce que les concernés du domaine commun, encore indéfinis et que je vais essayer d'imaginer plus loin, vont faire, lui ajouter ou comment ils vont la modifier, la faire évoluer tout en évoluant eux-mêmes, ou la rejeter.

La notion générale de pasé vécue officiellement en Occident par nous tous, définit les faits du passé comme irrémédiablement abolis, prémodernes sinon " sauvages ". On ne doit plus avoir recours à eux ; ils deviennent s'ils réapparaissent, ces " vieux démons " ce " refoulé " de la terminologie comique des modernes et postmodernes, athées professionnels.

Il faut désormais non plus envisager ces rencontres Savoir Traditionel (ST) et Savoir Scientifique Occidental (SSO)[225] et en discuter dans le cadre historique estampillé 'scientifique', où l'archéologie peut intervenir valablement (Marliac 1995a ; 1999 : 42-51 ; 2000 : 203-218). Il faut analyser ces rencontres en termes de connaissance et en termes sociopolitiques et,

[217] Leroi-Gourhan, 1988 : 693 ; Lugan, 1989 : 215-236 ; Barnard & Spencer, 1998. Sans parler des sites de 2 à 3 M.A. découverts en Auvergne en France qui pourraient faire migrer, encore une fois, le " Berceau de l'humanité ", hésitant actuellement entre la Rift valley et le bassin du Tchad...

pour ce faire, **imaginer** les collectifs, ici camerounais, souhaitant entrer - légitimement ou pas - dans le débat[218].

Comment s'affirme ou évolue l'idée qu'un citoyen nord-camerounais a de lui-même, de son groupe d'appartenance ? Qu'est-ce qu'une culture ou une migration pour un Moundang, un Bata ou un Peul du Nord-Cameroun ? Que veut dire 'Salakien' ou 'post-salakien' ? Qu'est-ce que veut dire une 'acculturation', une 'migration' dans la pensée d'une villageoise, d'un instituteur, d'un intellectuel ou d'un politique, tous travaillant au Cameroun ? Selon qu'il/elle a été à l'Ecole, coranique ou moderne, au collège, à l'Université ou aux champs ? Selon le moment vécu dans tel ou tel autre cadre (son lieu d'affectation par exemple, la carrière possible, ses alliés sociopolitiques ou militaires, les sectes possibles impliquées, le mariage envisagé, son assiette financière, son confort matériel)[219] ?

'Migration' – dans l'acception déjà discutable des sciences humaines - n'est-il pas déjà une notion qui diffère largement entre le chercheur et l'observé, le questionné ? Est-ce que l'hésitation, l'imprécision, va subsister dans leur association, et quelle serait cette dernière ? La juxtaposition, concaténation, fusion, etc., de deux contenus différents ? Par quels moyens et selon quel objectif : les **satisfactions** qu'en attendent divers individus et divers groupes (Latour 2004) ?

Indices actuels

Comme nous l'avons vu dans le § précédent sur le raisonnement archéologique, dans chaque palette d'unités (les TC par ex.), chacune est une *généralité* où exceptions, différences sont rejetées systématiquement[220]. Le jeu d'unités-TC obtenu est confronté à un jeu très différemment construit : celui des singularités vivantes et revendiquées qui veulent ou pas, groupées ou non, devenir ou rester visibles et audibles, *i.e.* vivantes (Boutrais 1999 : 21-40). Plus encore, ce jeu d'unités 'scientifiques' provoque par son énonciation publique des émergences, plus ou moins fortes et manifestées, d'identités autres, mises en cause par cette énonciation. On sait mal, sinon

[218] Focalisés ici sur la notion de migration, ces collectifs peuvent déplacer leur attention selon les circonstances vers d'autres : territoires, pâturages, cultures vivrières, industrielles, écolage, langue… éventuellement associables.

[219] Je confronterais avec curiosité l'un de mes estimés collègues socio-anthropologues avec l'un de mes fouilleurs ou aide-techniques recrutés au village jadis.

[220] Mais parfois maintenues dans un texte annexé ou dans les illustrations. C'est dire combien le lissage est difficile ou même pénible à l'archéologue.

pas du tout, ce que sont ces questions ; et si telle remarque de paysan figure dans tel rapport scientifique, ce dernier n'en sera en rien modifié dans sa structure et son contenu (peut-être lui sera-t-il adjoint une note ?). La résistance des corps et groupes constitués est bien connue puisqu'elle peut aller, chez les modernes que nous sommes, jusqu'à l'interdiction légale ou *de facto* de tels ou tels sujets[221], après l'ignorance systématique.

Formations pour les étudiants, stages, films commentés, visites de fouilles, expositions muséographiques, échanges avec les autochtones locaux peuvent être des gestes d'ouverture et une courtoisie minimale appréciables, mais ils ne remettent jamais en cause la définition scientifique du site ou des objets, puisque seule la science en question (archéologie), son épistémologie, ses méthodes, instruments et modèles a défini ces produits, même si parfois les descendants avoués des anciens occupants peuvent aider à la compréhension de tel ou tel objet ou structure (Friessen *in* Marshall (ed) 2002 : 2) pour les civilisations les moins anciennes. Parfois d'ailleurs, ils y sont indifférents ou s'y refusent catégoriquement comme dans le cas de certains frais islamisés du Cameroun du Nord. Ils peuvent rendre le séjour du chercheur, désagréable, difficile, voire impossible (Thiaw 2003 : 215-225) et quelques fois, détruisent/vandalisent l'objet en question (Guha-Thakurta 2003).

Les propos et choix thématiques des étudiants africains reflètent bien aussi la nature des questions (et le problème sous-jacent), par leurs discours obsessionnels sur la colonisation européenne et par leurs sujets de mémoires définis en majorité par l'anthropologie/l'histoire, - discours répercutant certes la diffusion du discours intello-médiatique soi-disant scientifique, dominant et autorisé en Occident -, mais aussi ce qui leur paraît, humainement pour eux, et selon leur formation/formatage, saisissable.

Ainsi évite-t-on en général les thèmes 'plus archéologiques' (l'hominisation, le paléolithique, les technologies, les domestications, la paléogéographie, la complexification des sociétés...) ! On ignore aussi l'épistémologie des sciences sociales.

---

[221] L'industrie nucléaire, le Goulag pendant des années, les OGM, l'histoire de la Deuxième Guerre mondiale, l'histoire de l'Islam, engendrant selon les cas : orchestration médiatique/ écrasant silence, procès, expulsions et radiations.

Ce choix est révélateur certes de la mauvaise situation faite à l'archéologie[222], de ses particularités de terrain, de l'effacement, volontaire parfois, des connaissances qu'elle apporte, de l'ignorance des théories dominantes et donc l'ignorance où sont les étudiants du poids de cette discipline. Mais assez sûrement aussi, il souligne la juste perception instinctive par les jeunes étudiants africains eux-mêmes, de l'histoire en général telle qu'elle porte un sens pour eux. Ils perçoivent bien la grande différence entre des faits qui seront définis en archéologie d'un côté et en histoire et ethnohistoire de l'autre et, partant, ils mesurent la difficulté à monter des argumentaires archéologiques solides quant à leurs thèmes préférentiels actuels, presque toujours historiques.

Bien entendu certains, à la fois concernés comme Africains et comme scientifiques, décident d'affronter les problèmes vraiment archéologiques ou transdisciplinaires. Ils sont une minorité, et souvent là où des grands thèmes à la mode, largement financés (les origines de l'homme), leur permettent de travailler décemment. Dans ces derniers cas d'ailleurs, ils pratiquent la même recherche occidentale (comme jadis C. A. Diop) que dans le monde développé[223].

Tous ensemble, ces éléments d'échelles différentes sont des points de vue - plus ou moins scientifiques car nous sommes en sciences sociales -, ceux des experts (géographes, ethnologues, archéologues, linguistes), fabriquant plus ou moins solidement tels ou tels objets. Mais d'autres objets et points de vue nous intéressent : ceux définis ou pas par les concernés quels qu'ils soient selon leurs situations[224] et ceux, nouveaux désormais, qu'ils réussiront à fabriquer avec nous, ici les archéologues.

Nous prétendons donc, non pas poser seul des problèmes (sauf ceux liés à l'amélioration – dans notre discipline - de nos définitions), mais tenter de voir **qui** d'Autre peut en poser, lesquels et quelle forme peuvent-ils revêtir ? Peut-on prévoir ? Peut-on envisager que les problèmes, certains assez vite définissables, ne seront pas posés par des entités prédéfinies mais des entités émergentes, actuellement inconnues, inexistantes ? Donc projeter plutôt que

---

[222] Les formations en archéologie africaine en France sont insuffisamment soutenues. En Afrique, c'est la pauvreté et la solitude qui paralysent souvent les efforts de nos courageux successeurs-collègues africains.

[223] Cf. la remarque de G.P. Nicholas, (2003a : 16) :" *the reality is that the discipline of archaeology has been and continues to be almost an entirely non-Aboriginal domain* ".

[224] "*absolutely essential elements of Aboriginal culture probably lie beyond the understanding of anthropologists, let alone archaeologists* " (Nicholas G.P. 2003b).

des mots déjà en circulation et déjà lestés, des configurations prévisibles ? Mais à partir de la notion d'[objet] telle que la définissent Latour comme '*entité circulante*' et aussi Callon comme '*la chose à définir* '.(Latour 2004 : 17 ; Callon *et al.* 2001).

Il ne s'agit pas d'opposer deux savoirs globalement appelés traditionnel/scientifique[225], paire qui est liée à une vision du monde, la *Constitution moderne*. Il s'agit de découvrir comment émergent et se constituent des savoirs nouveaux liés à des identités émergentes nouvelles, ce qui conduira d'ailleurs à la critique fondamentale de cette Constitution.

Nouveaux objets, nouvelles identités

Il existe potentiellement donc un deuxième ensemble encore non-constitué, c'est celui, certes des objets dits/envisagés/utilisés aujourd'hui par les concernés mais aussi celui que leurs groupements/scissions/répartitions actuels et futurs feront émerger et peut-être persister. Des 'morceaux' en apparaissent dans les publications et de rares chercheurs, (Seignobos 2001 Pl. 8 p. 13, et d'autres comme nous le verrons plus loin) les relèvent et les interrogent. Mes carnets de terrain gardent plus ou moins la trace des visites et questions des villageois quant à ces poteries, cailloux et squelettes que je mettais au jour près de chez eux... Habituellement d'ailleurs, ils ont fortement tendance à être ignorés sinon rejetés par certains, selon la logique explicitée par M. Agier : " *Alors que la trop grande proximité de l'événement rend très vite l'analyse caduque, au contraire le chercheur reconstruit le sens des événements observés à partir d'une problématique dont la portée est beaucoup plus large* " (Agier 1997a *in* Agier M. (ed) 1997b : 27). Notons qu'elle correspond bien à la définition générale d'une science 'dure' : trouver un chemin explicatif dans le fouillis du réel et en faire une " boîte noire "(Stengers 1993). Le problème est que rares sont les boîtes noires en sciences sociales !

A l'inverse, dans les meilleurs des cas, le chercheur collationne ce qui relève, sur son terrain, du domaine de la rencontre des savoirs. Savoir quelle problématique ces rencontres posent (A/ Marliac 2006a, B/ Boutrais 1999) - car c'est elle qui détermine la naissance/vie/mort des [objets] émergents - aboutit certes à prôner la nécessité de dialogue mais certains ne le précisent

[225] Abrégés souvent sous la forme TK (*Traditional knowledge*) = ST et WSK (*Western Scientific knowledge*) = SSO. Agrawal 1995 : 413-439 ; Dods, 2004 : 547-557.

pas. C'est bien là que gît le problème : définir les savoirs en cause c'est définir les cosmogonies qui les portent et donc redéfinir la nôtre : la *Constitution moderne* puisqu'elle s'appuie sur une cosmogonie/métathéorie et qu'elle est partie - et quelle partie ! - au dialogue.

Le savoir ethnique n'a pas construit et ne reconstruit pas un savoir meilleur, plus vrai, mais un **Autre** savoir (Nicholas 2003a : 17 ; Lyotard 1987 : 73-94). Il faut donc bien différencier ce que les concernés disent de ce que l'ethnologie (ou sa remplaçante) dit qu'ils disent et qui est déjà filtré, sélectionné, mis en forme selon les méthodes mises au point par les sociologues et ethnologues, dans le cadre constitutionnel établi et durci par les vicissitudes sociopolitiques traversées depuis sa naissance. Déjà des abstractions, omissions et taches aveugles, imposées par la *theory*, réductions théorisées de différentes façons (c'est le propre de la science moderne, le 'paradigme'de Kuhn) ou des exposés dans des textes admirables pétris de singularités (Collection 'Terre Humaine') ou dans des synthèses de portée planétaire (C. Lévi-Strauss, R. Girard, A. Leroi-Gourhan) qui ont quitté le territoire strict des sciences humaines.

C'est de l'anthropologie habituelle, académique et clubiste, qu'il faut sortir pour trouver les savoirs des autres. En quelque sorte aussi, il faudrait échapper à l'opposition/complémentarité TK/WSK, discutée par Dods (2004), qui pourrait laisser croire que tout l'Occident raisonne scientifiquement, alors qu'il est plus juste de dire qu'il en est plus ou moins profondément imprégné selon que l'on considère d'un côté les manuels, les publications de l'Académie des Sciences, les commentaires des médias (la Grande Presse conformiste ou les revues des partis politiques) et, de l'autre, les publications dissidentes, opposées, religieuses, incorrectes[226], les revues ésotériques, les associations et autres... Ou encore, selon que l'on a vu tel professeur faire une manipulation physique, tel maître-graveur de l'Imprimerie Nationale au travail ou tel Papou taillant et polissant des pierres.

Notre texte n'a d'autre ambition que d'y réfléchir, imaginer les conséquences et proposer la même solution que celles réussies ailleurs dans le cas des myopathies par exemple : créer un forum hybride (Callon *et al.* 2001), nous extrayant de l'exercice confiné de notre discipline et de son export 'clés-en-mains', en lui rajoutant ceux à qui elle s'adresse en premier

---

[226] Pour ce qui est des intellectuels, ils sont facilement trouvables grâce à l'embargo médiatico-universitaire et les condamnations qui frappent leurs paroles et écrits et attirent les lecteurs malades du conformisme.

lieu. Pour ce qui nous concerne, il s'agira des peuples et individus du Diamaré (Nord du Cameroun, dans le bassin du lac Tchad).

Ce n'est là d'abord que justice et nous verrons que c'est là aussi, pour nous comme pour eux, progrès, à la simple condition que ces forums restent hors des mains des groupes sociopolitiques déjà constitués de par le monde et " intéressés ", qu'ils trouvent leur place légitime, la possibilité de parler, d'être entendus et reproduits sans aucune censure ni condamnation directe ou indirecte.

L'objet de la recherche

La question de la place et du rôle des connaissances, dont La Science, dans les sociétés et leurs groupes constitutifs quels qu'ils soient[227] n'est pas nouvelle une fois replacée dans la réflexion générale sur l'***objet*** de la recherche ou de la connaissance (Law & Hassard 2004). Pour le Nord du Cameroun, des auteurs, notamment C. Seignobos, J. Boutrais, ont mis l'accent à partir de points de vue variés sur la question. Visiblement le constat a été fait d'une problématique des divers savoirs en cause sans que la réflexion subséquente suive. Ne parlons pas de C.A. Diop porte-parole connu d'entités abstraites, invisibles : les Africains, l'Afrique, les Noirs, et par ricochet, les Blancs... (Marliac 2001a)!

A lire Fauvelle-Aymar *et al.*[228] et d'autres, on voit vite combien, en Afrique noire, cette question est socialement sensible et donc politique. Selon moi, très normalement, une fois connue la *Constitution moderne* qui gouverne nos visions du monde, nos 'théories', nos 'sciences', même si on dissimule ou ignore sa prégnance (Marliac 2004b : 12-32).

La Science

Il suffit ainsi d'écouter et lire la présentation commune et habituelle des procédures d'acquisition du savoir que font scientifiques, politiques et à leur suite, les médias pour saisir cette gouvernance.

---

[227] Latour, 1991, 1995 ; Callon *et al.,* 2001 ; Agrawal, 2002 - 325-335 ; Raffles, : 365-375 ; Meskell, 2002 : 557-574 ; Nicholas & Bannister, 2004 ; Peck, Siegfried & Oetelaar, 2003 (eds)...

[228] Fauvelle-Aymar F.-X., Chrétien J.-P., Perrot C.-H., (eds) 2000.

Soit le discours est orienté vers la protection et le confinement de la recherche (dite alors fondamentale) et de ses professionnels. La Science reste toujours pure et source de vérité et c'est l'homme, certains groupes sociaux ou individus qui la dévoient ou n'y comprennent rien.

Soit ce discours contient la critique de la dépendance de **La Science** vis-à-vis de pouvoirs socio-politiques et économiques, tout en évitant l'examen de sa nature ; or c'est elle qui en partie explique en même temps son inadaptation relative et cette dépendance (instruments et machines, par ex.)[229]. De fait, on accepte dans les deux cas sa validité qu'on la condamne ou qu'on la révère. De ce point de vue, les théories qui en découlent jusque dans le domaine des sciences de l'homme sont criticables, et surtout si elles se déclarent sous les devises brillantes de révolutionnaires ou radicales qui jusqu'ici n'ont été que les rejetons de théories se voulant " scientifiques "...

En effet, ces deux attitudes ne mettent pas en cause la *Constitution* sur laquelle **L**a **S**cience est bâtie dans l'Occident moderne qu'elle a contribué aussi, à fabriquer. Nature et Culture restent les deux pôles qui permettent de comprendre le monde : la Nature, révélée par la science, est le juge de cette compréhension jusqu'au point actuel où, détachant le Culturel-Social de toute nature, les *social scientists* se sont instaurés en juges absolus d'un Social-Culturel indépendant où le social se comprend par le social comme le naturel - dans les sciences - aurait toujours été compris par le naturel... Dichotomies fondatrices devenues stériles !

Certains accrochés sur les mêmes positions parfois vieilles de deux siècles et plus, - confirment ainsi l'existence comme le maintien d'une certaine organisation sociopolitique des sociétés modernes[230] (la société post-industrielle, la démocratie délégative). D'autres décidés à en parler, continuent au mieux d'échanger, comme dans une sorte de rituel aujourd'hui bien rodé, des réductions ou des défausses, quelque fois des anathèmes, des insultes, au pire des condamnations judiciaires, sans revenir sur eux-mêmes, trouvant plus rentable d'accuser, et d'accuser en meute, que de se mettre en

[229] Cette dernière critique remâche les mots d'ordre 'révolutionnaires' éculés, bien connus dans l'histoire européenne (*e.g.* la *tabula rasa)* même si on en connaît désormais, malgré l'embargo informationnel persistant, les sinistres résultats (Courtois 1997 *Le livre noir du communisme* ; Callon *et al.* 2001 : 143).

[230] " *La façon dont les chercheurs **intéressent** la société dans laquelle ils vivent et travaillent est corrélée à la configuration sociale du moment en même temps qu'au type de pratique scientifique qu'ils développent* "(Callon *et al.* 2001 : 94).

cause, réédition chez les scientifiques de l'antique mécanisme mimétique (Girard 2004). Pourtant,

-1° la critique de *la Constitution moderne*[231], nous apprend sur quoi reposent les altérités réciproques des savoirs, scientifique compris, quelle est la nôtre, quelles furent les conséquences historiques de leurs évolutions différentes et le blocage planétaire auquel nous sommes aujourd'hui conduits[232].

Ce qu'on a communément séparé en savoir traditionnel/savoir scientifique repose en fait sur la domination de l'un des deux alors qu'ils se définissent, chacun pour soi, par des distributions différentes plus ou moins ontologisées des forces, natures, cultures, pouvoirs, dieux, etc. Le SSO repose sur la distinction, construite à compter du XVIIè siècle et devenue ontologique, entre Nature et Culture (purification) associée au mélange constant des deux (médiation) et éloignement de Dieu, association ayant conduit au développement moderne (Latour 1991 : 192). Le ST repose sur l'absence plus ou moins forte de cette purification et la formation de savoirs encore pris dans leurs singularités et modalités. Fondamentalement, ils ne diffèrent pas, le SSO n'étant qu'un cas particulier du travail de médiation. " *Le travail de mise en nature ou de mise en société provient de l'aboutissement durable et irréversible du travail commun de délégation et de traduction* ". Le SSO domine toujours le monde moderne dont il est un des fondements. **Mais pourquoi et jusques à quand ?**

-2° les nouvelles pratiques de forums hybrides, leurs réalisations[233] comme leur théorisation, de même que les procédures locales de scrutin inventées de par le monde (le référendum d'initiative populaire en Suisse et en Californie), montrent que le chemin de la connaissance ne passe plus par ce rejet quasi aristocratique des profanes (longtemps pratiqué en France *e.g.*, par l'*élite 'républicaine'* symbolisée par les Grandes Ecoles dont surtout l'Ecole Nationale d'Administration), mais surtout propagé avec morgue par nombre de *social scientists* de tous pays et leurs clients médiatiques-politiques depuis des dizaines d'années.

---

231 Serres, 1974 : 127 ; Latour, 1991, 1995 ; Callon 1989 ; Callon *et al.*, 2001 ; Stengers, 1993 et d'autres.

232 Cf. Bruno Latour *in* ***Le Figaro*** du 31.8. 2004 : 16 ; Michel Callon *in* ***Le Figaro*** du 6.10. 2004 : 12.

233 Association Française contre les Myopathies, Fare-Sud (pour le TGV Sud-Est), ADEMAST, etc.

Ces profanes, exclus et affublés de toutes sortes de qualificatifs péjoratifs, hésitent de moins en moins - **et à juste titre** -, quand ils le peuvent, au-delà des modes de représentation en cours, à entrer dans les controverses qui **LES** concernent : les impôts, les centrales nucléaires, le tracé du TGV, les OGM, les drogues, l'avortement, les déchets nucléaires, la Turquie ou l'identité nationale entre autres[234]. Comme leurs frères et cousins, les *First Nations* aux Amériques ou ailleurs, les peuples en cours de paupérisation-destruction, ils demandent simplement à exister, dans des situations d'invasions parfois dramatiques (le Tibet, systématiquement sinisé, les Karen, les Sri Lankais).

L'anthropologie usuelle

L'actuelle analyse anthropologique dite " déconstructioniste " des représentations a réussi à faire passer une méthode pour une théorie et aboutir à la conclusion – pour ce qui nous concerne ici - qu'il n'y a pas d'ethnies nulle part, jamais. Comme si la représentation (que l'on déconstruit) était la réalité, qu'il s'agisse de la représentation indigène ou de la représentation 'scientifique'. Ce glissement est remarquable au sens où il révèle la contradiction consistant à traiter les représentations comme déconstructibles, surtout à partir de leurs dénominations donc à les saisir comme des réalités relatives, alors que l'objectif déconstructioniste est justement de montrer le caractère illusoire, de ces réalités, leur vide. La réalité politique montre par ailleurs chaque jour qu'il n'en est rien.

Tout ceci pour finir suspendu dans ce vide. A tel point que certains *social scientists* déconstructionistes se raccrochent alors aux termes qu'ils déconstruisent (Stahl 1991 : 250-275 ; Dozon 1999 : 49-85) montrant par là que c'est bien la dénomination qui pose problème et non la réalité, la dénomination étant le résultat - comme en sciences d'ailleurs mais sans ses méthodes - d'une construction par le ST. D'autres n'en parlent même plus du tout, offrant aux concernés d'aujourd'hui en même temps qu'un passé sans intérêt, un présent angoissant de solitude et un futur massifié par l'individualisation. Cet aboutissement, où un 'objet' semble disparaître, devrait cependant nous conduire à le repenser.

---

[234] Les " Portes ouvertes " et autres " Sciences en fête " ne suffisent plus, non plus que les visites guidées des villageois du Tiers-Monde sur des fouilles où le chercheur/instituteur, *magister dixit*, leur dit et explique ce qui serait leur passé (Cf; Callon et al. 2001 : 173 ; Callon & Rip 1992 : 140-156).

Nous, archéo-anthropologues, - contrairement aux politiques actuels - ne devrions plus avancer nos conclusions (même si débattues dans nos cercles professionnels fermés) quant aux cultures ou aux migrations sans en prévoir (ou imaginer ?) les conséquences psycho-sociologiques, politiques ou matérielles (actuelles, définissables ou non), *i.e.* l'intervention des personnes et institutions concernées. Contrairement aux médias, il va falloir peser ce que nous disons et avançons. Il n'y a plus d'imprévisibilité des effets secondaires des actions : *"Les conséquences ne sont pas apportées par les cigognes. On les a fabriquées* " (Latour *in* préface à Beck 2001).

Émergences

La définition des cultures pré ou protohistoriques par l'archéologie, une fois publiée, multiplie les incertitudes (Hobart 1993 ; Beck 2001 : 21) et ouvre droit aux réclamations de ceux qui revendiquent ces cultures (ou une partie d'icelles) comme leurs ou celles de leurs ascendants, dans la mesure où les définitions des deux se recoupent quelque part (la poterie, les parures, les inhumations par ex., ou le lieu, la tradition). Ceci est particulièrement visible dans les revendications territoriales, patrimoniales ou culturelles aujourd'hui, à travers le monde (Nicholas & Bannister 2004). L'exemple le plus retentissant fut la réclamation d'Africains contemporains déclarant que leur continent soit baptisé 'le berceau de l'humanité'. Comme d'autres auparavant, ils semblent penser que l'antériorité spatio-temporelle (Dans quel temps ? De qui et de quoi d'ailleurs ?) confère une sorte d'indiscutable priorité… comme celle acquise par les Aborigènes suite au vote du ***Mabo Act*** en Australie ou celle acquise par les Amérindiens suite au vote du ***Native American Graves Protection and Repatriation Act*** (dit **NAGPRA**) aux E.-U., fortement contesté aujourd'hui[235]. Ils semblent penser que les " faits " établis à certaine date, de certaines façons et étiquetés 'scientifiques', sont absolus et éternels, ce qui est un point de vue d'instituteur, inexact mais, hélas, bien répandu. A peine de se condamner elles-mêmes, les Sciences et l'Histoire se fabriquent continûment et sont en perpétuelle révision quoiqu'affirment certaines lois totalitaires.

[235] Non sans raison puisqu'il avait été voté alors dans l'ignorance de cultures pré-indiennes désormais de plus en plus visibles… Le *National Geographic* en 1999 fit de même avec la France d'avant 1789, complètement oblitérée ; exemple, en l'occurrence, inexcusable et significatif de déni d'histoire…

Gens du commun et nous-mêmes

Les représentations 'scientifiques' des cultures ou des migrations interfèrent chez les Africains en général, comme chez nous, tout simplement avec l'image qu'ils se font du monde, d'eux-mêmes comme individus, comme membres d'une collectivité s'activant le long de ses productions, échanges, contacts, gains et pertes, joies, deuils et espoirs, départs ou enracinements.

Soit ces représentations s'imposent telles qu'elles sont, selon différentes questions, soit elles sont sanctifiées, aménagées, discutées, contestées par des groupes divers, même parfois rejetées par : gouvernement, groupes de pouvoir, ethnies, communautés, partis politiques, corporations, instituteurs et professeurs, intellectuels, politiques, entrepreneurs, religieux, sorciers, etc., chacun selon ses objectifs et les alliances qu'il noue avec d'autres. La plupart du temps elles sont en discordance avec les conceptions/définitions qu'ont les gens de leur passé : définitions du ST adaptées aux circonstances, aux besoins, aux **satisfactions** à remplir. Elles sont de temps à autre intellectuellement combattues (Diop 1979 ; Bernal 1999), parfois même, complètement ignorées, oblitérées et remplacées par d'autres récits bâtis tout autrement (Dika Akwa 1985), ou avec de nouveaux matériaux exhumés par la recherche archéologique par exemple[236].

Il ne faut pas se leurrer sur l'importance de ces traitements et retraitements inévitables (où l'omission règne aussi) : nous y fûmes nous-mêmes soumis par l'Ecole, l'Université et les médias et l'avons oublié. Nous y sommes soumis derechef par d'autres, de bon ou de mauvais gré, certes, par l'*historiquement correct*, mais de plus en plus (Callon *et al.* 2001 ; Latour 2004). Critiquer avec pertinence l'argumentaire de C. A. Diop (Froment 1991 : 321-341), mais d'un point de vue moderne (science ≠ non-science), ne peut cacher le problème qu'il n'a pu résoudre (PAP**), non plus que d'autres modernes d'ailleurs qui est justement : la valeur de la paire science/non-science quant à la connaissance et au bonheur.

Dans mon champ de recherche d'archéologue, il serait présomptueux d'avancer dès maintenant des situations précises de controverses entre savoirs au Nord du Cameroun. Je l'ai dit, nous ne savons que peu de choses en dehors des recherches ethnologiques rassemblées en 1973 (Tardits 1981),

[236]On oublie qu'il a fallu un certain nombre d'années de recherche pour aboutir aujourd'hui à des conclusions comme : *la civilisation du cardial* et *la civilisation du rubané* se partageaient notre territoire national actuel, il y a 7 000 ans ! Conclusions elles-mêmes révisables…

continuées ensuite, et dont la somme est à réactualiser. Parallèlement la recherche archéologique, si elle a beaucoup apporté depuis plus de cinquante ans, n'a pas - sur le plan particulier de sa jointure avec l'actuel - soulevé ce problème à ma connaissance. Hormis bien sûr les rituelles revendications afrocentristes ou soi-disant anticolonialistes, où tout est à re-analyser dans son contexte politique immédiat et bien sûr à redresser. Mais il n'est pas déraisonnable de projeter ces situations et il va devenir nécessaire de les identifier. Dès lors, il faudra se mettre hors du *politiquement correct* africaniste, lequel sera dès lors enregistré comme UNE théorie explicative historiquement située et, comme il se doit, soumise à critique publique.

Il est risqué mais pas difficile de proposer quelques scénarios dans les sociétés directement concernées par nos publications au Cameroun. Il est beaucoup plus difficile d'y définir les 'groupes' qui, par voie de conséquence, s'y constitueront ou pas, face à telle ou telle nouvelle technologie, connaissance, règlementation, produit, immigration, etc., car leur définition dépend de ce qu'ils rechercheront ou pas dans les connaissances archéologiques ou ethnohistoriques (pour ce qui nous concerne ici) dans les cadres évolutifs de leurs propres socio-natures. Ces groupes sont par définition imprécis, inconnus sinon improbables et inconcevables, puisque ce sont les modalités d'évolution des natures-sociétés qui vont les faire naître ou pas en même temps qu'ils créeront de nouvelles sociétés… Ils émergeront des essais, échecs, tâtonnements, quand on saura leur composition, leurs projets et leur auto-description.

Au Cameroun du Nord

On peut tenir pour un *arrêt sur image* valable les informations collectées par C. Seignobos et O. Yébi Mandjek dans leur Atlas de l'Extrême-Nord (Pl. 5, 6, 7 ; 8 pour les Peuls). Ainsi la carte de répartition ethnique nous montre, qu'à telle date, des groupes s'auto-identifiaient toujours selon leur tradition ethnohistorique, leur ethnonyme couvrant des compositions variées et anciennes, (bien connues des concernés puisque c'est eux qui les révèlent aux ethnologues), selon des modes d'ethnicisation différents (Seignobos *et al.* 2001 ; Marliac 1991, 2006a), selon les interventions des ethnologues à différentes époques. On peut retenir pour souligner le problème que l'anthropologie traditionnelle a figé - par son mode d'objectivation - ce qui ne l'était pas sur tel ou tel pas de temps et d'espace et que la nomenclature retenue a persisté jusqu'à nos jours, même si des analyses fines qui lui sont contemporaines (1971) révèlent la complexité des contenus[237], preuve par ailleurs de la souplesse et de l'utilité des ethnonymes en tant qu'ethnonymes.

A la même échelle, la carte linguistique du même ouvrage (ouv. cité : Pl. 11) peut leur être associée. D'autres points à l'intérieur de ce vaste dessin peuvent être utilisés comme les mouvements que chaque " tradition " a révélés aux ethnologues. Rien là que de bien connu et n'autorisant aucunement à déclarer les ethnies 'illusoires' (Marliac 2005b, 2005d). Ces existences, avec leur côté figé par les langues, sont en butte à toutes sortes de modifications, acceptées ou pas, que provoquent les décisions d'aménagement d'un pouvoir central poursuivant un modèle européen et subissant des pressions socio-économiques et politiques très fortes, difficiles à contrer. On s'aperçoit ainsi facilement que les partis, groupements politiques copiés des pays développés, recouvrent et dissimulent fréquemment des divisions ethniques. Quoi de plus normal ?

Ce que nous proposons d'essayer de voir est au fond similaire à ce qui a pu se passer à des échelles autres et dans des sociétés autres au Nord du Cameroun, dans un temps situable entre le milieu du XIXè et le milieu du XXè pour ce qu'on a appelé les ethnies traditionnelles. Des ensembles, que le vocabulaire a fossilisé, évoluaient au milieu de tous les mouvements qui déplaçaient des groupes connus/inconnus ou qu'entamaient des groupes connus/inconnus : échanges, négociations, guerres, alliances et alliances matrimoniales, entre groupes et individus résidents et arrivants, fondant et refondant plus ou moins solidement des ethnies. Celles dont le(s) nom(s) ont traversé un moment d'histoire et y ont persisté comme les Peuls, les Moundang ; celles dont le nom est devenu un mot-souvenir : Zumaya, Maya, Mbana… parfois même un mot-valise comme les " Sao "… Des identités ont émergé (Guiziga, Moundang, Mafa...), d'autres ont sombré, à la mesure de ce que les procédures assimilationistes ou communautaristes choisies ou pas (?), les deux ensemble parfois, réussissaient et **satisfaisaient** les concernés dans tel ou tel environnement naturel et socio-politique.

Il se passe la même chose en ce moment avec l'arrivée – plus ou moins libre et disséminée - sur le marché des savoirs et le marché des changements socio-culturels, politico-économiques et techniques - de définitions nouvelles, ici : les définitions archéologiques. Ceci d'ailleurs en pleine

[237] Juillerat, 1981 Eléments d'ethno-histoire des Muktele et du Mandara septentrional. *In* Tardits C. (ed) 1991 : 205-208.

période déconstructiviste de l'anthropologie à propos des représentations indigènes[238].

La situation actuelle au Nord du Cameroun est la résultante plus ou moins bien précisable de multiples changements et évolutions, selon toutes les nouvelles lois et réglementations que les autorités de ce pays ont prises depuis l'indépendance, tous les traités internationaux et réorganisations régionales, signés pendant la même période, tous les changements environnementaux, bref tout ce qui organise, redéfinit, découpe, nomme et **définit** (plus ou moins) les gens, les groupes, les espaces, les économies, les ressources, la santé publique, l'armée, les municipalités, la justice, les connaissances et les enseignements etc., a mis ou met en cause continuellement (et a déjà bouleversé) des organisations traditionnelles en général, mêlées aux influences historiques des Bornouans, Peuls, leurs colonisateurs et modèles ; puis à celles, 'coloniales', des Allemands, Français, Anglais, qui plus tard réorganisèrent chacun à leur tour le pays selon les espaces conquis sans pour autant s'y établir. Il nous manque cependant l'enregistrement étendu des réactions de toutes sortes que les gens du commun dans notre région d'étude ont vis-à-vis de ces connaissances nouvelles concernant plus ou moins directement leurs passés, leurs histoires, leurs " êtres ". De plus le filtrage et codage de ces réactions par l'anthropologie nous paraît des plus discutable étant donnés son formattage moderne et son lien avec un certain type d'enjeux sociopolitiques.

Un tel domaine a été exploré sous cet angle et avec finesse, par Jean Boutrais (1999 : 21-40) dans le cas des pasteurs peuls. Il identifie précisément les problèmes qui se posent, mais les cadres mêmes de sa vision du monde (sa *Constitution*) l'ont empêché d'aller plus loin que la constatation de ces problèmes et l'appel à en tenir compte. En effet enfermer ces problèmes entre deux modes de connaissance (appelés projet culturaliste/projet développementaliste) c'est rester dans la Constitution moderne qui fabrique ces deux projets et les oppose (ouv.cité : 21). Une telle vision court-circuite d'emblée ce qu'elle met en évidence : les difficultés engendrées par les produits et conduites liées à deux visions du monde différentes et en même temps arrête la recherche qui permettrait justement d'en tenir compte (Latour 2003 : 24). La prise en considération de cette

[238] Les anthropologues vivent mal la déconstruction d'ethnies (tout en conservant les ethnonymes), dont ils défendent par ailleurs certaines, en soutenant toute réclamation identitaire et abandonnant en même temps les caractéristiques et dénominations de leurs propres sociétés d'origine.

réalité doit contraindre en effet à remonter aux postulats de ces modes de connaissance, donc à prendre en compte le savoir traditionnel tel qu'il EST et tel qu'il est transporté par des individus sans aucun filtrage moderne préalable (anthropologique usuel, par ex.). C'est seulement à partir de ce point de départ dans la réalité, et, de plus, point de départ démocratique, que pourra s'engager la discussion entre les diverses formes des deux savoirs et la construction d'éventuels agrégats bénéfiques.

En l'absence des concernés, l'anthropologie peut très bien jouer des deux " thèses "ensemble : la thèse culturaliste et la thèse développementaliste (ouv.cité), en folklorisant les cultures, les arts traditionnels, les *pensées sauvages* pendant que s'affirme la mainmise socio-technique. D'où l'intérêt politique et la publicité accordée à ces *forums des peuples* aussi impuissants que vociférateurs, à ces films attendrissants et psycholibérateurs ou la culpabilisation, uniquement occidentale bien sûr, s'adapte très bien aux exploitations et destructions qu'elles soient importées ou localement prises en mains par des non-occidentaux ou des bureaucrates locaux. Son plus mauvais effet est de détacher les occidentaux abreuvés de tout intérêt pour les autres sociétés et pour des projets régulièrement resservis rhabillés ou troqués l'un après l'autre contre espèces sonnantes.

Possibles émergences

Prenons des exemples de groupes au Nord du Cameroun, soit déjà existants et évolutifs, soit plausibles mais fragiles. Il est aisé de penser que face aux évolutions socio-économiques actuelles liées à tel ou tel groupe, face à la montée en puissance de tel ou tel autre, deux autres groupes pour le moment définissables, appelés **[les musulmans/ les non-musulmans]** et qui recoupent en majeure partie l'ensemble des populations, puissent se sentir contestés sinon menacés et souhaitent s'affirmer.

Les musulmans

Présents au Nord du Cameroun actuel depuis l'existence du Kanem-Bornou (islamisé au XIè siècle) devenant plus tard le Bornou, puis du Mandara (XVIè siècle) et multipliés ensuite par la prise de pouvoir au Diamaré par les Peuls islamisés liés au Sokoto (fin XVIIIè siècle), ils furent plus tard coiffés par les Européens, puis furent - après l'Indépendance - quelque peu relégués par la disparition de leur quasi-représentant (le premier

Président : A. Ahidjo). Tout païen du Nord-Cameroun (*kirdi*, *kaado/haaBe*) se convertissant à l'Islam se déclarait jadis peul (*mi pullo*). Etre musulman au Cameroun du Nord, c'était être Peul[239].

Après comme avant la déclaration d'Indépendance, les Peuls refusaient l'Ecole pour leurs enfants qu'ils envoyaient dans leurs madrasah. Pendant la même période (la présidence d'Ahidjo, musulman issu de Garoua), la mainmise des croyants sur la haute administration des provinces du Nord, majoritairement non-musulmannes[240] était nette.

Ils s'aperçurent un jour, assez tard, que les païens du Nord passés par l'Ecole coloniale et postcoloniale pouvaient accéder à des postes administratifs : enseignement, gendarmerie, police, fisc, douanes, etc., à des degrés élevés parfois, auxquels leurs enfants '*uneducated*'' ne pouvaient prétendre. Les années passant, Paul Biya (sudiste) ayant pris le pouvoir à Yaoundé, les Peuls et assimilés, perdirent toute prérogative. Le peuple musulman ordinaire et les marchands enrichis, laissés pour compte, traités d'ignorants, se heurtèrent à ces fonctionnaires païens ou christianisés issus de l'Ecole. Ceci au grand plaisir de ces derniers devenus Sous-préfets ou Chefs de service, qui n'avaient pas oublié leur passé précolonial, leur ancien statut de *kirdi* ou dhimmis, les violences historiques, les moqueries et dédains. Quant aux quelques islamisés bien placés et se déclarant pompeusement Peuls, païens ou christianisés s'en gaussaient entre eux[241].

Voilà un ensemble qui peut se sentir menacé dans ses intérêts et son auto-identification par la nouvelle situation - décrite abrégée ici - créée par l'arrivée des Européens et la domination de leur modèle, leurs savoirs, leurs objets, leurs machines, après leur départ et l'émergence d'autres groupes par ailleurs non-musulmans.

Il peut (ou pas) décider de s'affirmer et se redéfinir par un fondamentalisme alimenté éventuellement par l'extérieur, loucher vers les Etats nordistes du Nigéria soumis à la Charia. Il peut aussi mettre de côté cette référence pour promouvoir une citoyenneté camerounaise plus large,

---

[239] Comme en Malaisie où devenir musulman c'était : " *masuk melayu* ", *i.e.*, devenir malais, entrer dans la " malaïté " (*kemelayuan)*, par définition musulmane.

[240] Sous Ahidjo, toute accession à la haute fonction publique des Non-peuls païens (*kaado/haaBé*) du Nord passait par la conversion à l'islam, silencieusement imposée comme chez les Kalash du Pakistan par les pakistanais aujourd'hui…

[241] Comme mes techniciens - voyant le Colonel de Gendarmerie invité à dîner nous jouant, avec effets de manche de son *girke*, les guerriers peuls YllarBé - me disant le lendemain : *" C'est un Moundang comme nous ! "*

s'affirmer au sein des différentes identités existantes dans la région, les reconnaissant, créant une structure plus large (Association, Syndicat, Parti, société secrète...), se mettre massivement à l'Ecole occidentale ou négocier son entrée autour du port du voile ou des cours de sport. Des groupes ethniques différents mais islamisés peuvent adhérer ou se fondre dans ces formes choisies, ainsi Haoussas et Kanuris, ainsi aussi les Mousgoum, tous islamisés, dont l'identité ethnique est en voie d'effacement à travers le recul de leur langue. Qu'est-ce aujourd'hui qu'un musulman dans la région ? Il est clair que la référence à l'archéologie sera courte pour les Peuls puisque leur venue date de l'extrême-fin du XVIIIè mais rien n'interdit qu'on puisse trouver au Nord du Cameroun, traces de Peuls antérieurs comme la tradition l'annonce. Les Mousgoum situés historiquement après le Mongossien puisqu'ils disent avoir trouvé le tumulus de Mongossi vide et boisé vont-ils le revendiquer comme leur ?

Depuis quelques années aussi, la conversion à l'Islam ne déclenche plus l'oblitération d'un passé honteux de païen. Les non-Peuls quand ils s'islamisent gardent leurs ethnonymes et l'affirment plus ou moins fortement en refusant de se faire passer pour peuls (Seignobos & Yébi Mbanjek 2001, Pl. 8 : p. 13). Emergent donc des identités nouvelles qui peuvent s'allier aux peuls grâce à l'islam sans pour autant s'allier pour autre chose comme l'enseignement obligatoire de la *charia* ou de l'arabe, le port du voile, la possession des terres, le bétail, tel commerce et, pour ce faire, peuvent vouloir s'appuyer sur 'leurs' traditions orales et l'archéologie. Celle-ci peut tout juste avancer que les cultures exhumées sont le 'fonds' dont sont sorties - en partie - les ethnies traditionnelles...

Parmi ces émergences, telle peut apparaître sous une forme x, se fondant ou pas dans une autre par rapport à ce problème : la définition du contenu de l'enseignement. Elle peut émerger avec ou sans nom ou ne pas se solidifier selon les forces en présence et ses choix. Plus l'attachement aux principes de l'Islam seront forts, plus elle se rapprochera des musulmans stricts pour peser sur les décisions à prendre et plus elle enclenchera la disparition de traits culturels et l'apparition de nouveaux, comme la réclusion des femmes chez les pasteurs Mbororo devenant musulmans.

Chez les musulmans traditionnels eux-mêmes divisés (on le sait historiquement par ex. entre les Peuls *bagaarmi* venus à Kalfou et d'autres Peuls de la région plus fondamentalistes ; Seignobos, ouv.cité), une autre division apparaît entre les étudiants frais revenus du Moyen-Orient, concurrents redoutables des vieux malloums et modibbos, beaucoup moins lettrés et arabisés.

Les non-musulmans

On peut dans la panoplie des grands travaux d'équipement (routes, oléoduc Tchad-Océan, barrages, usines), comme dans l'ensemble des mesures foncières, fiscales du Gouvernement et l'afflux de nouvelles techniques, imaginer que plusieurs groupes ethniquement différents - à différents degrés - soient touchés dans leur champs, leurs villages, leurs aires de pacages, de collectes, de transhumance, par l'extension d'une route, d'une plantation " Sahel vert ", les interdits d'un Parc protégé, l'installation d'un oléoduc ou au marché par de nouvelles taxes de nouveaux produits, ou par diverses appropriations des terres autour de leur village, ou encore par un tourisme avide d'objets 'exotiques'. S'associeront-ils ? Cette association deviendra-t-elle pérenne ?

Vont-ils créer ainsi une nouvelle identité pour lutter contre les méfaits/avantages bien connus de ce genre d'équipement ou contre l'absence de toute démocratie ? Vont-ils réclamer l'application d'anciens droits au sol, s'appuyant sur la profondeur historique que semble leur allouer l'archéologie ? Vont-ils au contraire attirer l'implantation d'une de ces 'modernités' (hôtel, barrage, géothermie, carrière, mine, gazoduc...), la repousser, l'accepter contre dédommagements, etc. ? Et par conséquent revendiquer telle ou telle identité résultant du regroupement des concernés, autour de cet import (Lolive 1999) ? En créer une nouvelle par association avec d'autres ? L'étendre aux champs des voisins d'une autre ethnie, sous prétexte de découverte archéologique ? Nous pourrions ainsi évoquer en passant toutes les occasions plus ou moins locales issues de telle ou telle décision administrative, de tel import économique, provoquant telle dissatisfaction et donc tel ou tel redécoupage/réarrangement plus ou moins solide et visible d'individus, familles, corps de métier, villageois d'origine ethniques variées.

Dialogues et monologues

Mais pour les deux groupes ici délimités, qu'en est-il de leur conception du passé ? Tout ce qui vient d'être imaginé quant à leurs réponses, repose sur une conception moderne de la propriété, sur une conception moderne du passé. La masse des changements (immigration massive des musulmans chinois à Lhassa, des Africains en France) va-t-elle imposer par basculement démographique, une modification de leur vision du monde ? Vont-ils rejoindre les " *educated* " de leur peuple qui déjà 'pensent comme les

Blancs' ? Vont-ils au contraire redigérer ce qu'ils savent des Blancs (conduire une voiture, la réparer, fouiller un site, résoudre une équation...) dans leur univers en conservant avec, l'habitude d'enterrer/cacher des " gris-gris " pour éloigner les voleurs de voiture, en plus du cadenas du portail ? Ou le port d'amulettes ? De respecter tel droit sur les arbres ?

C'est au plan le plus général que le passé redéfini par l'archéologie s'installe de nos jours sur la scène mondiale complaisante des médias, au niveau d'êtres aussi imprécis que " les Africains ", " l'Afrique ", les " Bantous ", les premiers hominidés, etc. chaque individu se sentant valorisé étrangement par tel ou tel *homo*, *erectus, habilis* ou *sapiens* ou même préaustralopithéciné (voir les festivités concernant Toumaï au Tchad) !

Conclusion et inquiétudes

Seule la remise en doute des fondements du savoir scientifique accepté comme absolu, la mise en cause de la modernité ouvrent des possibilités d'association entre savoirs. " *Tant qu'elles n'étaient pas analysées dans leur pratique, les sciences ont constitué l'arme de la modernisation* " (Latour 2003 : 24). Désormais on sait ce que signifie " faire scientifique " et on peut réhabiliter ce qui ne " fait pas scientifique " sans pour autant rejeter les sciences.

Nous avons peut-être l'ébauche d'une solution dans ce qui se passe actuellement dans les forums/colloques/rencontres hybrides plus ou moins réussis selon leur prise en main par des groupes déjà constitués plus ou moins discrets (altermondialistes, mondialistes, internationalistes, partis politiques, Loges, groupes interdisciplinaires, tel ou tel pays, groupes bancaires, gouvernementaux ou autres). En effet on y assiste à des échanges étonnants entre des positions *constitutionnelles* différentes comme à Calgary lors de la 32è Conférence Chacmool de l'Association archéologique de l'Université (Peck, Siegfried & Oetelaar (eds) 2003), où les quelques Amérindiens participants furent priés d'invoquer le Créateur, ceci au milieu du plus grand respect des " *white* " présents, eux-mêmes souvent athées, agnostiques ou, chez eux, anti-chrétiens acharnés. Ces Indiens ne vont-ils pas dès lors s'étonner que les participants *white*[242] n'invoquent pas leur Dieu traditionnel, et même le rejettent et les laissent faire ? Quelle logique vont-ils trouver dans tout cela ? Et quelle logique y trouvons-nous nous-mêmes ?

[242] Toujours émoustillés par une cérémonie de " bons sauvages " digne de J.-J. Rousseau...

Sinon que les Amérindiens acceptant les modes de recherche " blancs " sans en discuter les contradictions épistémologiques (dont l'éloignement de Dieu), les dits Blancs acceptent les religions indiennes en complète contradiction avec eux-mêmes et le mode de connaissance qu'ils pratiquent chaque jour, proclament et, par ailleurs, méconnaissent, fondamentalement ?

Ou bien est-il sous-entendu (ou clairement dit parfois[243]) que l'un viendra bien à bout de l'autre un jour ? Cette menace peut être ressentie tout aussi bien venant de l'hindouisme ou l'islam un jour ou l'autre et par ricochet du christianisme, tous les trois 'enfermés' par certains modernes dans ce qu'on appelle leurs " croyances conservatrices "[244] comme commencent à le comprendre d'autres modernes disant : " *...it is not just traditional Indigenous people who hold very conservative beliefs about worldview and religion : scientific creationism is a response to the perceived threat of human evolution felt by some Christians* "[245] sans pour autant que ce dernier auteur réussisse – comme tant d'autres *liberals* - à s'extraire de ses propres limites, persistant à définir ces autres visions du monde comme *croyances conservatrices* !

Pour le moment, étant donné le rapport de forces, ils s'accommodent du flou dans l'assurance scientiste de la victoire du Vrai sur le Faux (décliné aussi en Progrès sur l'Obscurantisme et même en Bien et Mal). Cet arrière-plan - où l'on croit à la croyance tant qu'il s'agit de celle des autres peuples en voie de modernisation - est effrayant d'impérialisme culturel annihilateur, avec ce qu'il sous-tend de bonne conscience facile, de calculs éradicateurs et stratégies politico-mercantiles mondiales. Il est l'absolu contraire des innombrables déclarations démocratiques en tous lieux et tous moments de par le monde !

Peut-être est-ce vu comme un moindre mal qui ne risque pas de mettre en question l'état du monde actuel où existent plutôt mal que bien (mais pour combien de temps ? (Huntington 1997), ces étranges échanges/intolérances de savoirs et connaissances que les occidentaux, par ailleurs, sont souvent

---

243 Ben Ladden et G. Habache pour l'Islam, certains syndicats français pour La Science/la Raison. Cf. le mensuel syndical des enseignants : *U.S. Magazine* du 20 Mars 2004.

244 L 'expression *conservative beliefs* implique une conception du temps fille de la Constitution moderne que nous dénonçons et qui classe d'emblée telles ou telles opinions sur la flèche du 'progrès' .

245 G. Nicholas, 2003b. One could add : *" and felt also by some jews, moslems, hindouists, buddhists and sikhs, etc. "*

incapables d'assurer dans leurs propres civilisations allant parfois jusqu'à l'ignorance crasse et la haine[246] de leur propre histoire.

Ni les Amérindiens, ni les Africains, ni les créationnistes - entre autres - ne possèdent de croyances conservatrices (réactionnaires ?) ou spiritualistes ni non plus, les modernes, et autres démocrates de croyances progressistes et réductionnistes et qui se dénoncent les unes les autres (Latour 1991 : 169), à moins de rester sous la *Constitution moderne* avec ses combats modernes/antimodernes/postmodernes là où il faudrait resituer, reprendre et réorganiser les bases de cette Constitution, forme dernière, actuelle et désormais paralysée des modes de visions, de classifications des humains.

---

[246] Aux E.-U. celle des démocrates urbains et leurs compères 'progressistes'envers les ruraux républicains de la *Bible belt*. En France, celle des médias et des enseignants envers une certaine histoire de France.

Nouveaux objets du temps passé[247]

Archaeology is anthropology or it is nothing
(Willey & Phillips 1958)

Can indigenous peoples contribute to a reassessment of their own past or does Western culture have a monopoly on scientific method ?
(Layton 1989 : 2)

*Note : nous appelons Atlantique-Nord l'ensemble des pays occidentaux et éventuellement leurs extensions : Australie, Nouvelle Zélande, Japon.

[247] A partir d'une communication à la réunion de l'UR 092 de l'IRD " *Les temps longs* ", le 13.XII.2005, Centre IRD d'Orléans.

Préambule

D'une façon générale, comme disait Saint-Augustin, il est difficile de définir le temps[248]. Il n'est pas dans mon idée ici de discuter des différentes méthodes et techniques mises au point pour mesurer le temps (Barreau 1990) sinon pour relever que " *le temps devient une grandeur mesurable en tant que rattachée, universellement et directement, à l'espace.* " (Beauregard 1990 : 279).

Comme je m'intéresse plutôt - dans la perspective d'élaborer des échanges des savoirs/connaissances -, aux passages des informations entre différents mondes ayant chacun leurs propres visions, cosmogonies (leurs *Constitutions*), Constitutions dont dépendent leurs institutions, leurs activités, leurs rites, etc., les diverses conceptions du temps qui leur sont associées tombent bien évidemment dans ce champ de recherches. Je me rapprocherais alors de l'idée des temps superposés de F. Braudel plutôt que de temps alignés et en succession. Quoique il en soit, qu'ils se superposent ou pas, correspondent-ils et comment ? Même si je n'en partage pas totalement l'explication, je me situe aussi à l'intérieur de l'interrogation fondamentale, et profondément morale aussi, de J. Fabian sur la définition du temps qui préside à notre travail d'archéo-anthropologue, rappelant ici le sous-titre de son ouvrage : " *How anthropology makes its object* " (Fabian 1983). Comment se définit notre rapport aux autres - cadre même de l'activité anthropologique ? Y règne-t-il ce qu'il appelle la *coevalness*[249] qui devrait en être la base ? Quelles informations s'échangent ou pas, s'adaptent ou pas, comment, selon quelles visions du monde, quels médiateurs, quelles

---

248 " *Quid est ergo tempus ? Si nemo ex me quaerat, scio ; si quaerenti explicare uelim, nescio* " Confessions, Livre XI : chap. XIV, 17.

249 Que j'ai essayé de traduire par : équivalence, égalité, contemporanéité, par opposition à une interaction d'emblée inégale dans le temps et l'espace. " *...primitive is a temporal concept that creates otherness by relegating people to an ancient time, regardless of their true historical context.* " (McGuire R. *in* Layton 1989 : 172).

situations, et, éventuellement, quelles théories, si cette *coevalness* est absente ? Sous quelle 'théorie' cela se passe-t-il ?

L'absence de *coevalness* règne parce que l'anthropologie s'appuie sur la vision moderne qui, du clivage asymétrique Nature/Culture, a fait un clivage asymétrique Passé/Présent (Latour 1991 : 95-97). En supprimant l'histoire des objets de la Nature, en la séparant de l'histoire tout court, elle les transforme en apparitions inexplicables, irruptions, découvertes de choses toujours-là et crée ainsi la différence infranchissable entre les sciences, histoire d'émergences intemporelles (révolutions) de la Nature immuable, et l'histoire complexe, tumultueuse et bruyante des hommes, de leurs cultures et de leurs échanges.

Le temps, ou plutôt Les Temps, omniprésents dans ces échanges qui se passent évidemment, *through time*, et qui parlent d'événements *dans le temps*, posent problème, par leur définition même, car ils définissent aussi une mise en rapport et le contenu de cette mise en rapport, la hiérarchie invisible mais réelle durant les interactions entre locuteurs/échangeurs/acteurs. Leurs natures différentes soulèvent, lors de cette adaptation, en même temps un problème de commensurabilité et un problème hiérarchique entre elles, étant entendu que le temps des sciences s'impose non pas comme le dit Fabian (1983 : *Preface*), à cause du capitalisme (ou du colonialisme, système déjà connu ailleurs et avant dans l'histoire), mais parcequ'il est lié à l'imposition d'un mode de connaissance nouveau (éventuellement associé aux débuts du capitalisme moderne puis renforcé par ses développements), *La Science*, pour être trop bref : mode de pensée dont les conséquences technologiques rendèrent, dès lors, ce colonialisme invincible et planétaire[250].

Ce temps moderne, c'est celui cadencé de l'Evolution, théorie tellement fossilisée dans nos cerveaux depuis l'Ecole Primaire et tellement politiquement utile, que la discuter aujourd'hui relève presque du blasphème sinon de la folie[251]. On ignore assez souvent que, pourtant, nombre

---

[250] "*Si les Occidentaux n'avaient fait que commercer ou conquérir, que piller et qu'asservir, ils ne se distingueraient pas radicalement des autres commerçants et conquérants. Mais voilà, ils ont inventé la science, activité tout à fait distincte de la conquête et du commerce, de la politique et de la morale.* " (Latour 1991 : 133). Différemment, l'essentiel de l'autocritique archéologique historique anglo-saxonne par exemple et donc des archéologies affiliées/dépendantes (recolonisées ?), repose sur une réduction marxisante et moralisante du phénomène du colonialisme et de son imposition.

[251]"*Every concept represents a sort of taboo against other possible sources of meaning – simplifying and unifying the manifoldness of life for the sake of action* " (Mannheim 1946 :

d'Amérindiens, Papous, Aborigènes, Musulmans et Européens le font, très judicieusement et parfois avec une passion inébranlable (Layton 1989).

Je me suis risqué un jour dans ce domaine de la composition des temps entre eux, assez maladroitement et insuffisamment d'ailleurs (Symposium de Groningen " *Archaeology and 14C* "; Marliac 1987, non publié), par une courte réflexion sur ce que nous pouvions bien mesurer, nous archéologues/préhistoriens en parlant du temps : des objets, des cultures, des milieux anthropisés ou pas. Mon texte, s'il fut d'abord accepté, fut plus tard rejeté pour la publication finale du Symposium. La revue " *Archéométrie* "n'en voulut pas non plus.

Je me demandais simplement alors : de quel temps s'agissait-il (le temps de qui ou de quoi ?) lorsqu'on fusionnait - dans un exposé ou une publication - côte à côte, des tableaux, arrangements et illustrations des objets, des datations stratigraphiques, des durées, des datations absolues, des paléoclimats déduits de diagrammes polliniques pour fabriquer une 'culture' ? Ne rendions-nous pas contemporains, en les liant, des constituants dont chacun avait une temporalité propre (Latour 1991 : 105) ?

Ces refus de publier indiquaient - outre une argumentation très probablement insuffisante de ma part - que le problème de la nature du *Temps* ne figurait pas dans les préoccupations générales **et** des préhistoriens **et** des physiciens, non plus que dans celles des historiens et de nombre de socioanthropologues (Carpentier & Clignet 1998). Il y aurait apparemment selon ces deux auteurs pour les modernes que nous sommes (et pour leurs cousins anti-modernes), trop souvent ignorance du temps, sans autre précision. Globalement, nous n'utilisons surtout qu'**un** Temps décompté par les sciences, aligné selon une flèche progressiviste qui va du poisson à l'homme (Leroi-Gourhan 1964), des ténèbres vers la lumière (*Les Lumières ?* Lyell 1830, Darwin 1861, Johnson 1996) de la barbarie à la modernité[252].

Cependant si la contradiction inhérente à l'imposition de la temporalité des modernes aux temporalités prémodernes ou autres est notée par l'anthropologie en général ses conséquences - abordées plus loin - en sont

20). La résistance au concept de Science ou le doute quant à sa Vérité, relèveraient pour certains de la psychiatrie...

[252] Flèche qui semble, elle, infiniment extensible vers un futur que bien évidemment personne ne connaît sauf conjectures plus ou moins probables.

ignorées (Fabian 1983)[253]. Par voie de conséquence, l'archéologie historique fonctionne dans les mêmes frontières.

Si l'ancien débat **'etic/emic'** (Barnard 2001 : 180-183), mettait en exergue le savoir des observés (*emic*) par rapport au savoir normalisé des observants (*etic*), il n'a pas envisagé de prendre en compte le (ou les) savoir(s) tels qu'ils sont et non pas tels qu'ils sont anthropologisés par les chercheurs comme l'explique Agier[254].

Il paraissait à l'époque hors de question de ne pas passer par ce qui est 'scientifique'... Or " *For Native Americans the past is known because it is manifest in the present* " (Zimmerman *in* Layton 1989 : 213).

Quel rapport/association/adaptation établissons-nous entre le temps des groupes et des hommes qui ont laissé des vestiges et le temps que nous utilisons pour interpréter ces mêmes vestiges ? Quel temps utilisons-nous pour 'appliquer' les résultats aux peuples actuels : lorsqu'il nous est demandé d'affilier/lier/associer, tel peuple actuel avec tels vestiges (archéologie historique) ? N'utilisons-nous pas, de fait, - inconsciemment - celui des sciences en général qui conduit aussi la nôtre : l'anthropologie culturelle (Latour 1991) ?

Je pense parfois cependant que les *social scientists* que nous sommes sont très au fait de la disparité/incommensurabilité (en plus de leur fréquente indisponibilité) des temps que nous devons associer, adapter ou croiser dans nos résultats, mais qu'ils ne savent pas ou ne veulent pas aborder cette question fondamentale[255].

Les temps des archéologues

Pour ce qui est de la Préhistoire au sens habituel, elle est divisée en périodes le long d'un temps linéaire exclusif copié de la chronologie

---

[253] Par impossibilité de sortir de la vision du monde apprise tout au long du cursus scolaire et universitaire : la *Constitution Moderne*.

[254] " *...le chercheur reconstruit le sens des événements observés à partir d'une problématique dont la portée est beaucoup plus large* ". (Agier 1997 : 27).

[255] Ils craignent d'avoir à choisir entre des antagonismes politico-philosophiques où, prendre position dans une échelle chronologique orientée des civilisations c'est, soit être progressiste (moderne) soit réactionnaire (anti-moderne). En quoi ils errent - sauf pour des considérations de carrière - puisqu'il s'agit, comme nous le verrons, d'abord de simplement remplacer une conception du temps figée par la modernité, par une conception toute différente, plurielle. A chacun sa temporalité !

géologique : du plus ancien au plus récent, soit : Paléolithique (ancien, moyen, supérieur), Néolithique (précédé parfois de l'Epipaléolithique, du Mésolithique) pour finir par le Protohistorique précédant l'Historique à des dates variées selon les lieux. Ce temps des cultures s'inscrit dans ce tableau encadré des temps géologiques et paléontologiques pour lesquels la Théorie de l'Evolution et sa structure temporelle restent encore les cadres explicatifs dominants, sinon obligatoires... C'est un Temps qui passe et efface à jamais ce qui se passe, un temps où le passé est à chaque fois révolu. En fait, c'est la **temporalité** des modernes, dont la *Constitution,* empêchant de voir comment sont faits les faits de Nature (leurs histoires) en les transformant en émergences soudaines dans le monde (les découvertes), qui oblige à cette conception du passage du temps, en fait si particulier[256], où l'on passe de révolution en révolution, chacune abolissant définitivement ce qui la précède (Latour 1991 : 98, 101).

Une série de changements techniques étalés dans les temps depuis l'Oldowayen jusqu'aux derniers paléolithiques semble confirmer pour partie l'évolution linéaire progressive dans la même vision du monde (*La constitution moderne*). Ainsi, pour A. Leroi-Gourhan (1964 : 139), une série de 'stéréotypes' (*sic*) dans les techniques de taille des pierres dessine une succession de progrès techniques, liée aux différentes étapes paléontologiques de l'évolution des anthropiens (Australanthropes, Archanthropes et Néanthropes) jusqu'à *Homo sapiens sapiens.* Ainsi, non seulement nous passons du Pléistocène Ancien à l'Holocène, des hominidés les plus archaïques aux plus évolués, mais nous passons des techniques de taille les plus frustes aux techniques élaborées du paléolithique final/leptolithique ! Le tableau, sous cette forme apurée et harmonisée, est idéal, telle discipline renforçant l'autre ! Il serait vrai si les mots ici utilisés - en géologie d'abord incluant ensuite la paléontologie humaine et la technologie - n'impliquaient pas déjà une chronologie orientée, linéaire et positive et si la réalité se restreignait à des stéréotypes dont l'existence relève de la fabrication par des méthodes scientifiques classiques : ils sont la réduction de milliers de cas différents à un certain niveau d'abstraction[257]. En

[256] L'irruption des hybrides Nature-Culture que la *Constitution moderne* interdit et permet à la fois, implique que les choses ont aussi une histoire et ceci la *Constitution moderne* ne peut l'autoriser officiellement (Latour 1991 : 95). En effet pour elle, les faits de nature sont toujours là : la Science les **découvre**.

[257] Cette réduction efface tous les essais, échecs, demi-succès et autres voies au sein desquelles un choix s'est fait entre les contraintes des matériaux, les contraintes biopsychologiques des tailleurs de pierre et les contraintes de ce qu'on appelle sans plus de souci, la Culture (Société)

fait, il s'agit du regroupement sous le même temps (contemporanéité) de faits de temporalités différentes (évolution des paysages quaternaires, datations absolues, évolution paléontologique des hominidés, évolution des techniques). Ainsi, dans le cas technologique particulier de la percussion posée (venant en principe après la percussion lancée), certaines découvertes montrent qu'elle fut commune aux néanderthaliens et aux sapiens[258], ce qui réduit l'existence d'une relation *directe* à parfum déterministe et directionnel entre l'évolution biologique et l'évolution culturelle.

D'autre part comme tout médiateur Nature/Culture, la technologie a sa propre autonomie créant et recréant ses propres objets par elle-même comme le montre Boëda (1997), ou n'importe quel promeneur utilisant un caillou pour graver un cœur sur l 'écorce d'un hêtre ou, encore, l'utilisation de galets aménagés comme socs de herses...

Mais la conception moderne du temps s'est étendue aux domaines des sciences sociales qui dès lors parlent du retour de ce passé sous les termes de " refoulé " ou de " vieux démons "[259]. Il est interdit de revenir au passé ou de le laisser revenir ! En fait il est interdit de **montrer** qu'il peut être toujours là et réutilisé, comme chez certains Aborigènes. Et, s'il y a bien une Evolution, elle n'est jamais en ligne droite, sans remords, reprises, échecs, rejets, retours...

Pour la Préhistoire finale (Paléolithique Supérieur, Mésolithique, Néolithique) où les vestiges sont - selon les pays - beaucoup plus nombreux, moins abîmés, les définitions se précisent vers la dénomination de cultures au sens où l'anthropo-archéologie traditionnelle l'entend en général (en France : Châtelperronien, Gravettien, Solutréen ; Chasséen ; Cardial, Rubané...). Ce sont les différences/ressemblances/régularités et **datations** entre les ensembles culturels fouillés et construits qui les autorisent, en

---

des tailleurs de pierre. Nous ne pensons jamais aux sociétés disparues pour n'avoir pas réussi telle ou telle synthèse.... tel ou tel choix.

258 La découverte de broyeurs polis en Afrique (MSA 49 000 BP) en France (70 000 BP Moustérien), d'un bloc d'hématite strié à Blombos (MSA 77 000 BP en RSA) montrerait que la percussion posée fut acquise à la fois par les *Homo sapiens* d'Afrique et leurs formes archaïques, par les *Homo sapiens* d'Europe et les Néanderthaliens. Toutes les cultures atteignirent un stade de maturation suffisant au même moment (Beaune S. de 2004 : 144), ce qui démontrerait que la culture ne peut être liée uniquement au développement biologique. MSA = Middle Stone Age ≈ Paléolithique moyen en Europe.

259 Etonnant et perpétuel retour des modernes et postmodernes au même vocabulaire religieux pour anathémiser leurs adversaires... Ceci soulignerait que bannir le religieux n'a pas suffi à l'extirper, car il est à la base de toute culture (Girard 1978, 2004).

même temps que le constat indéniable parfois des perfectionnements techniques obtenus dans la taille lithique, la taille de l'os ou de l'ivoire, les techniques d'habitat, l'apparition de l'art pariétal ou mobilier, l'érection de mégalithes, l'apparition de la poterie puis des métaux. Bien évidemment, le tableau, lui-même réduction à très petite échelle, est beaucoup moins riche et ordonné dans les pays où la recherche archéologique est débutante (Garanger J. (ed) 1992).

C'est parce que l'homme s'inscrit dans les temps géologiques qu'il est 'datable', la géologie positionnant ses propres périodes grâce à la stratigraphie, aux fossiles et désormais aux datations absolues.

Depuis l'invention de la première méthode de datage absolu (14 C) et sa mise à disposition des archéologues, suivie peu après, de la mise en place d'autres méthodes permettant parfois l'accès à des temps encore plus reculés, on dispose de plusieurs échelles de temps (fondées sur des phénomènes physiques différents, par exemple : TL, K/Ar, Archéomagnétisme, Dendrochronologie, etc.) dans lesquelles viennent s'inscrire tels ou tels objets ou vestiges humains que l'on peut dès lors dater plus ou moins précisément. Ces méthodes confirmèrent la définition d'un Temps qui, de rationnalisé par rapport à l'ancien monde chrétien où il relevait du sacré, devint ensuite naturel, linéaire, spatialisé et cadre de référence pour toute histoire (Fabian 1983), présentée, à partir de là, en une succession d'étapes exclusives les unes des autres et ordonnées vers le Progrès sinon le Bien, la Vérité... C'est le fameux *sens de l'histoire*...

Assez communément d'ailleurs, même si les laboratoires précisent les conditions de prélèvement qui souvent recoupent la stratigraphie anthropologique des sites, le'datage'passe en grande partie sous le commandement des physiciens[260]. La Nature *out there* est le cadre de base, le décor du théâtre - immobile et immuable - sur lequel se déroulent, se jouent et se succèdent - cadencées par un Temps orienté - les histoires des sociétés, de leurs mondes et de leurs dieux.

Ce temps est instrumental et aussi théorique 1°au sens où il est fondé sur la Nature, 2°et au sens où il pense - en moderne - des peuples non-modernes.

Il place les hommes préhistoriques sur la même échelle qui lui sert à parler des prémodernes et des modernes. Mais pour les humains qui ont laissé des vestiges, le temps vécu était tout différent comme il l'est

[260]Dans des congrès comme "*Archaeology and 14C* ", l'archéologie comme problématique anthropologique disparaît complètement.

aujourd'hui quand on intime[261] aux vivants - pas encore trop 'modernisés' - de s'intégrer dans telle ou telle périodisation scientifique des 'cultures' ou quand on leur demande d'en sortir ou de se positionner par rapport à tel ou tel tableau historique, archéologique et même parfois paléontologique[262]. Ce que Mead (1998 citée par Dods 2004 : 548) craignait en parlant de la consommation ou *consumerization* des savoirs traditionnels par le savoir occidental (*SSO*, *Western Knowledge*).

Elle oubliait d'ailleurs leur éventuelle complète disparition et que le même phénomène s'applique aux Occidentaux actuels sous la pression du Temps de la modernité[263] de leurs dominants.

Passer des choses aux cultures

L'archéologie consiste à construire des objets appelés des 'faits' à partir de vestiges et de modèles anthropologiques puis à passer de ces faits à des sociétés disparues et parfois, aux confins de l'histoire, passer aux sociétés actuelles pour leur constituer un passé (Guffroy & Quéchon 1998, Marliac 2005b, Chap. III). Ces **faits** (une culture archéologique par ex.: classes de poteries, unités d'occupation du sol, listes faunistiques et floristiques, analyses des sols, diagramme de datations et objets uniques) sont construits dans un temps abstrait, le temps géologique constitué en toile de fond, décor de théâtre construit, sur lequel se déplacent gens et événements[264] et bien qu'on sache que ces faits n'ont pu échapper à des durées, des successions et des simultanéités d'événements dans un présent servant à définir un passé et un avenir. Cet ensemble de faits archéologiques présenté en publication ou dans des vitrines de musée, même si composé de choses bien réelles, est tout à fait abstrait, sauf pour les individus dont c'est le propre passé (Richardson

---

[261] Cette contrainte pouvant commencer par l'introduction d'artefacts modernes (haches d'acier) dans un groupe n'ayant que ses artefacts pré-modernes (haches de pierre polie).

[262] " *It has been suggested that the study of prehistory is for the sake of the Aborigines to give them a past to be proud of. Traditional Aborigines do not need this....they have...knowledge as shaped by tradition* ". Haglund 1976 : 155 cité par Hubert *in* Layton 1989 : 155).

[263] donc par définition meilleur, où il faut mélanger mais se différencier, abandonner mais maintenir, s'exhiber et être protégé, exiger mais obéir, provoquer mais ne pas l'être... C'est le comble même de l'indifférentiation de gens qui ne parlent que de différences (Muray 2005).

[264] " *...C'est alors une histoire lente /.../ celle du temps géographique où viennent s'inscrire les sociétés et les civilisations...* " (Braudel F. 1966 *La Méditerranée et le monde méditerranéen à l'époque de Philippe II*, Paris. Cité par Higounet 1990).

1989). Ainsi, écoutons avant de poursuivre, la réflexion d'un Aborigène tasmanien, ouvrant des tiroirs plein de crânes tasmaniens dans un Musée australien : *" Would you like to have your grandfather's head in there ?* " (West 1987 :1-2, cité par Hubert in Layton 1989 :151).

Les 'histoires' que les archéologues construisent ensuite ne sont que des histoires de **CHOSES**, disposées dans un certain type de temps (Guffroy & Quéchon 1998). Ce sont des tableaux, moyennes, diagrammes, histogrammes, remontages, distributions spatiales positionnées en x et y, statistiques-comptages, associés à des stratigraphies, plans d'occupation et de répartition, de recoupements et inversions associés à des analyses géochimiques, pédologiques, tracéologiques, hydrologiques, ostéologiques, etc., associées à des datations absolues, aux termes desquels l'archéologue – par **un discours anthropologique intégrateur, dans un temps indéfini, en langage quasi naturel -,** propose l'existence d'une (ou de plusieurs) 'culture'(s)/société(s). Ce discours est accompagné - outre les histogrammes, moyennes, cartes, plans, graphes, statistiques, courbes etc, habituels - la plupart du temps d'illustrations (pierres taillées, décors de poterie, figures pariétales, outils et armes, vêtements, sépultures…), ce qui est révélateur du travers qu'introduisent les descriptions/classifications les plus 'scientifiques', donc 'abstraites', puisque les chercheurs leur ajoutent, presque systématiquement, des représentations-illustrations (dessins, photos, croquis,...) distribuées en tableaux explicatifs. Le tout pouvant finir dans une vitrine à Bruxelles, à New York ou comme récemment en exposition 'antiraciste' comique au Musée de l'Homme à Paris.

Tout ceci dessine une évolution des sociétés depuis les plus archaïques jusqu'aux plus récentes à la limite conventionnelle de l'invention de l'écriture, évolution liée aux perfectionnements successifs (appelés découvertes) de différentes techniques (par ex. : taille des pierre, os, corne, bois puis poterie, maîtrise des métaux, etc.) illustrée par le tableau bien connu évoqué auparavant et subdivisé en cultures qui se succèdent plus ou moins dans le temps et dans l'espace. Le Néolithique à lui seul caractériserait une " révolution " selon Gordon Childe : passage d'une économie fondée sur la prédation à une économie fondée sur l'exploitation des milieux.

Si le dessin général n'est pas faux, il recouvre en fait une reclassification/réduction à partir du schéma théorique matérialiste moderne Nature/Culture où le concept central est celui de l'Homme qui maîtrise peu à peu la Nature grâce à sa seule Raison, ce qui est visiblement déduit d'une version de l'évolution historique de la région Nord-Atlantique et de son autoévaluation, sa Constitution agnostique moderne. Ainsi, le Néolithique est tout à fait autre chose qu'une brusque apparition, une Révolution !

Nous n'irons pas ici au-delà de ces considérations pour le moment, sauf à souligner qu'elles présupposent une conception du temps qui triomphera dans le temps 'moderne' qui, par conséquent, déclare moderne, prémoderne, antimoderne ou autre, toute utilisation de ce qui vient du passé en nous plongeant dans un mouvement imaginaire du temps, conçu comme la lame d'un bulldozer annihilant le passé et à laquelle on ne peut échapper. En empilant ainsi les " découvertes ", on pose des cliquets empêchant tout retour des sociétés sur elles-mêmes.

Les travaux de E. Boëda (1997) ont montré que les techniques de taille de la pierre sont certes positionnables dans un ordre chronologique à un certain niveau d'abstraction/généralité[265]. Mais, il a montré, qu'en qualité de médiateurs Nature/Culture, elles le dépassent, elles ont leur propre sens, leur propre temporalité et constituent un monde autonome créant - comme d'autres médiateurs (le langage, Latour 1991 : 86) - ses propres règles, ses références internes sans qu'il soit nécessaire par ailleurs de les déconnecter de la nature et de la société ni d'aligner leurs produits avec ce qui leur est contemporain, ni de les fixer dans le temps. Ainsi réapparurent les bifaces, typiques (?) du paléolithique ancien Euro-Africain, en Europe occidentale vers 550 000 BP[266].

Trouver stratigraphiquement 'ensemble' des poteries, des haches polies, des statuettes féminines (une culture) ne signifie pas qu'elles soient du même temps, même si elles apparaissent au même moment, ni d'ailleurs qu'elles constituent une 'culture' au sens anthropologique.

Il faudrait pouvoir montrer la trajectoire des objets[267], dessiner plusieurs **temps**. Dans un site X, *e.g.*, les poteries trouvées peuvent exister, par ailleurs, déjà depuis des dizaines d'années, les haches de pierre de plusieurs millénaires et les statuettes être toutes récentes ou importées… Les présenter groupées en une culture (avec parfois mention d'influences, emprunts, échanges...) est une construction y compris du temps, construction pouvant être remise en cause par de nouvelles études.

---

[265] Cet ordre induisant une sorte de phylogenèse, infondée si elle est pensée comme celle des espèces vivantes.

[266] C'est ce que je proposais jadis aussi pour les bifaces néolithiques de certains des sites étudiés au Nord du Cameroun (Marliac 1975 : 43).

[267] Dans l'absolu, chaque objet depuis sa création, à travers ses modifications et stabilisations dans le temps et l'espace.

Rattacher ensuite dans l'espace ce qui vient d'un site avec ce qui vient d'un autre ne se justifie que par un examen **identique** et les résultats identiques de l'autre. L'extension dans l'espace est à ce prix, de même l'extension dans le temps et l'instrument de ces extensions est l'archéologue (et ses techniques) assimilable à tel autre instrument prouvant en tous lieux l'existence de la gravité (boîte noire). Si je trouve tels décors et morphologies dans tel site du Nord-Cameroun, je le déclarerai *salakien* (Marliac 1991a, 2006b), en exposant les comparaisons (tableaux, illustrations) et en ajoutant selon le besoin tel paragraphe montrant les éventuelles disparités, le pourcentage de décors étrangers, le maigre poids statistique d'éléments analysés, etc., car il est impossible de réduire un site à la série des calculs/analyses/comparaisons symbolisées (histogrammes, courbes, plans, tableaux, etc.) ou pas qu'on fait subir à certains de ses constituants. Si les disparités s'accumulent, une nouvelle culture est nommée comme le *post-salakien* créé par O. Langlois dans la même région (1995) à la suite de nouvelles recherches.

La liste des éléments d'analyses pluridisciplinaires que l'archéologue mobilise pour interpréter ce qu'il trouve - ici à peine esquissée - n'a d'approchant que la liste de ce qui manque au site, de ce que le fouilleur rejette, néglige nécessairement ou ne comprend pas, eu égard à la richesse des lieux qu'il étudie et aux divers modèles anthropologiques (*theories*) qu'il utilise pour cette interprétation...

Toute cette mobilisation assez complexe se conclut par *la définition culturelle*[268] quant au groupe fabriquant disparu. Dans la mesure du possible, s'y ajoute l'exposé anthropologique assez hasardeux et imprécis de ses techniques, ses aliments, ses modes de subsistance, ses institutions, ses rites funéraires parfois, définitions où l'on tente - dans un cadre temporel imprécis - de préciser les groupes de sujets qui ont fait ces multiples objets en oubliant que les objets firent aussi les sujets[269] .

Cette définition est le passage, en langage naturel, des faits archéologiques proprement dits à des artefacts anthropologiques : les

---

[268] Qui peut prendre toute sorte de dénominations à partir de toponymes (chasséen, salakien), traits techniques (cardial, wavy line), modes d'inhumations (champs d'urnes), morphologies (campaniforme), formes elles-mêmes subdivisables selon la précision de l'analyse : acheuléen ancien, moyen, final...

[269] *J'imagine, à l'origine, un tourbillon rapide où la constitution transcendantale de l'objet par le sujet s'alimenterait, comme en retour, de la constitution, symétrique, du sujet par l'objet...* (Serres 1987 : 209 ; Latour 1991).

énoncés de notre discipline. Les dénominations archéologiques désignent en fait des êtres complètement abstraits. Il importe de bien se remémorer leur nature quand on en viendra à la fabrication d'histoires. Le discours anthropologique qui les accompagne est parallèlement abstrait, appuyé sur l'analogie et les modèles plus ou moins théoriques qui circulent dans le monde des archéologues. A cet égard, il faut rappeler que ces modèles guident la fouille et les pratiques de laboratoire qui suivent, dans la fabrication des " faits ", selon une proportion qu'il serait intéressant d'analyser et préciser[270]. L'archéologue est sans cesse à la poursuite d'une attribution raisonnable (dans le cadre ethnoarchéologique) de telle ou telle partie ou totalité d'un site. Il fabrique sans cesse des scénarios à différentes échelles, attribuant ainsi tel sous-ensemble à un atelier de débitage, à une zone de couchage puis tel ensemble à tel groupe humain (ex. : les Solutréens, les Hoahbiniens, situés dans un temps horloger qu'il ignore presque complètement y compris dans sa (ou ses) mesure(s) du temps.

Ce qui ressort au final, appelé **culture**, est un 'agrégat d'images' plus ou moins intégrées, 'agrégat' conditionné par ses conditions de production et parfois distribué géographiquement... A quoi tient la scientificité de son établissement puis de sa comparaison avec d'autres ? Où se situe-t-elle ? Est-elle fausse pour autant sous quelle interprétation et selon quel taux ? A quoi tient son humanité ? Comment interpréter cet agrégat en termes de culture ethnographique ?

Comme dit judicieusement N. David à propos des Unités Céramiques (UC), agrégats fournis dans les travaux archéologiques d'O. Langlois (1995) sur le Diamaré au Cameroun et repris par moi dans ma synthèse (Marliac 2006b, Préface) : " *what is the ethnographic counterpart of a "Unité Céramique ?"* "

C'est-à-dire qu'il existe plusieurs réponses (*counterparts*) ethnographiques possibles, toutes partielles et abstraites selon le principe de Duhem : " *une infinité de faits théoriques différents peuvent être pris pour la traduction d'un même fait pratique* " (1906). De plus, en quelque sorte, le

---

[270] Il est certes aussi, toujours possible aussi dans une fouille de trouver tel(s) vestige(s) ou telle structuration attribuable à **UN** individu, grain spatio-temporel de l'Histoire, mais cela reste seulement attribuable, sauf à porter une signature, un texte, être désigné par d'autres documents écrits ailleurs...ou pouvoir être raccordé à d'autres témoignages par différentes méthodes de recherche équivalentes à celles utilisées par les laboratoires de recherche de la Police. Cf. les romans policiers d'A. Christie et de P. Cornwell ou les recherches sur M. de La Pérouse.

software (et son comput du temps) de notre résidu de *hardware* est définitivement perdu.

Des cultures aux histoires des gens

Nous n'envisagerons ici que la période ultime, dite parfois Protohistorique, où opèrent en même temps l'histoire (l'ethnohistoire, l'anthropologie historique, l'archéologie historique et aussi la géographie humaine, la linguistique) et la préhistoire (en tant que discipline)[271]. Pour notre région d'étude au Cameroun du Nord, nous l'avons appelée l'Age du Fer/Postnéolithique, située entre le début de l'ère et les XVIII-XIXè siècles. C'est en effet une période où se côtoyent, se mêlent, s'entrelacent et se compénètrent des légendes (migration Kisra, les Sao) et des histoires connues et dites par des personnes différentes, vivantes puis retranscrites/remontées par les scientifiques (historiens, ethnologues et aussi linguistes et géographes) et des 'histoires' dites par des objets de poterie, os, métal, bois parfois, pierre plus rarement, recueillis, traités et classés par les archéologues : des 'histoires archéologiques' situées aussi par des paysages (Seignobos 1982) et des langues (Barreteau *et al.* 1984)... La limite conventionnelle protohistoire-préhistoire se tient dans cette région aux alentours de la fin du XVIIIè...

L'histoire pour les individus, les familles, les groupes divers qui forment une société (les " gens ") a peu à voir avec ce que nous venons de décrire au § précédent même si elle y pioche ce qu'elle pense être des arguments en faveur de telle ou telle définition controversée de sa nature donc de son statut[272]. La culture est une généralité abstraite et en préhistoire elle est de plus tronquée. 'L'histoire réelle des gens' est déjà distante de l'Histoire comme discipline enseignée, sauf quand cette dernière intervient comme récit justificateur éventuellement répété[273]. " *...différentes catégories sociales*

[271] Nous conservons toujours l'opposition documents écrits/pas de documents écrits, afin de mieux définir comment dépasser cette frontière autrement que par ces pétitions de principes qui perdurent dans l'*historical archaeology* anglo-saxonne (Gilchrist 2005).

[272] Dans la mesure où elle y est contrainte donc face à des adversaires ou des contradicteurs.

[273] Les diverses réformes de l'enseignement de l'histoire ont fait de ce savoir sous sa forme scolaire -souvent la seule qui subsiste - un savoir réduit, orienté, décousu et parfois même oblitéré, sinon falsifié (Mannheim 1946 ; Marliac 2006a ; les manuels, les lectures proposées). L'histoire événementielle, longuement combattue, révèle cependant des incidents à résonnance historique profonde pour les peuples, comme la victoire de Bouvines (1214) ou la fuite du Roi à Varennes (1791).

vivent le temps de manière distincte, parcequ'elles n'ont pas les mêmes calendriers ou les mêmes échéances et que leurs membres ne se souviennent pas de la même manière d'événements que d'ailleurs, ils interprètent différemment et auxquels ils n'attachent pas les mêmes valeurs" (Halbwachs, cité par Carpentier & Clignet 1998 : 30). Ces catégories vivent selon les représentations qu'elles se font de leur passé et de leur futur, de leur vision du temps (leurs cosmogonies) de leurs besoins. Ces catégories oscillent aussi selon les idées dominantes, imposées ou reçues selon les situations, pour devenir, soit **satisfaisantes** :

- par exemple pour les Africains actuels en pleine acculturation -, entre la surévaluation d'un futur prometteur : moderne occidental, et la surévaluation d'un passé considéré glorieux : *L'Afrique ancienne*[274] chantée par C. A. Diop, associé à la conservation (ou pas) des identités ethniques ;

- ou par les firmes transnationales en pleine recherche de profits entre la dénégation des identités (nationales ou autres) et donc de leurs institutions protectrices gênant les flux financiers, commerciaux de même que l'uniformisation d'un parc de consommateurs-producteurs, ou leur valorisation publicitaire éventuelle ;

soit **insatisfaisantes** :

- comme le rappelait en 1986, telle session du **WAC 1[275] à Southampton (Layton 1989), où l'on exprima une particulière " *...critical awareness of the social contexts of the use (and possible manipulation) of the evidence of the past* " (ouv.cité, préface de P. Ucko, p. x*)*.

Quant au niveau des peuples/identités ethniques, on peut parler, par exemple, des Celtes, connus par l'histoire romaine, pour la civilisation de Hallstatt (725 BC), et pour la civilisation de La Tène (Vè siècle BC), dans la mesure où la culture matérielle des sites du Hallstat ou de La Tène, peut-être rattachée à celle des Celtes contemporains décrite par les Romains ou les Grecs. Temps historique et temps préhistorique travaillent ici ensemble. La plupart du temps telle ou telle culture préhistorique ne se rattache pas directement à un peuple historiquement connu. La notion même d'ethnie s'y

---

[274] Comme jadis pour les Gaulois hésitant entre devenir chrétiens romains ou rester païens gaulois.

[275] *Archaeological Objectivity in Interpretation* directed by P. Ucko, Univ. of Southampton (G.-B.).

oppose si elle est conçue (Marliac 2005a) comme un *construct* dont la pertinence repose sur la solidité de cette construction et non sur la substantialité de l'objet en question : l'ethnie.

Certaines dénominations ethniques ou nationales actuelles recouvrent des ensembles qui n'ont pu que changer sur des millénaires même si leur auto-dénomination a persisté, en quelque sorte, pour les maintenir malgré tout... comme un défi au temps (Marliac 2005b, Soler 2002). Ce maintien dans le temps désigne donc une conception du temps complètement amoderne, conception que l'on rencontre fréquemment chez les peuples dits *traditionnels /du Sud /du Tiers-Monde/ historiques non-développés,* pour ne plus dire *sous-développés.*

Concrètement comment construire l'histoire de ces peuples - pour nous ici Africains subsahariens - avec l'archéologie ? Jadis, dans quel temps vivaient-ils leurs histoires au long d'un quotidien parfois envahi par le milieu (aridités, volcanismes, épidémies, séismes...), par l'histoire et l'actualité différentes des autres (dans notre région : Empire du Bornou, Royaume du Baguirmi...). Ils vivent aujourd'hui dans un quotidien encore plus problématique puisque à ces histoires contées et inégales, plutôt territorialisées, viennent s'ajouter : 1° des histoires construites différemment par l'ethnologie et l'archéologie ; 2° des histoires à dimensions individuelles, parfois nouvelles et 3° des histoires à dimensions régionales (ex. : au Nord du Cameroun : les peuples de langue tchadique selon Holl 2002) sinon continentales (en Afrique de l'Ouest : la diaspora malienne)[276], en même temps que l'envahissement continu et accéléré de concepts, choses, humains et objets (certains avant la colonisation européenne : islam, maïs) : plantes, animaux, savoirs et savoirs techniques, oléoducs, marxisme, New Age, démocratie (?), transistors, physique quantique, féminisme, etc. Dès lors chacun d'entre ces peuples/groupes, comme d'ailleurs chacun d'entre nous, intègre et vit un mélange complexe de notions souvent incommensurables puisque venant de leur expérience, leurs activités, leurs relations et leurs savoirs, appris ou pas. C'est leur temporalité[277].

---

[276] Sans oublier les histoires inventées comme Dikwa Akwa 1985 *Les descendants des pharaons à travers l'Afrique*. Osiris-Publisud, Paris.

[277] Inversement, le déversement des peuples sur l'Europe Occidentale impose à tous diverses réévaluations à travers différentes appréciations du temps (passé comme présent) comme de l'ethnicité : il suffit de lire les commentaires contradictoires à ce sujet, la rubrique des faits divers, la chronique des tribunaux ou la législation qui voudrait y remédier.

Tenter de comprendre chez d'autres ce qui s'est passé chez nous jadis n'a rien d'extraordinaire, même si nous avons sur eux une certaine " avance "et que nos 'colonisateurs modernes' soient nos propres intellectuels (scientifiques et autres), nos propres politiques et divers groupes économiques transnationaux, tous ensemble formant un **collectif**. Depuis plus de deux siècles, chacun sur les bancs de l'Ecole en France a appris qu'il descendait des Gaulois (eux-mêmes envahisseurs indo-européens), puis il apprit qu'il fallait les mélanger avec les Romains puis les Francs et quelques peuples germaniques de-ci de-là, plus tard des scandinaves… pour créer, au moins dès le IXè siècle, *les Français* (Gilson 1947, Revel 1991)[278], une nation centrée autour d'un Roi, oint du Seigneur, puis à compter de 1789, centrée autour de représentations variables d'êtres invisibles comme "Peuple " ou " Nation ", aux définitions aussi changeantes que les intérêts qui s'y attachaient ou pas, le tout restant la France. Il importe à certains, semble-t-il désormais, d'en mélanger au maximum les constituants présents, et de toute urgence.

Ces Gaulois (qui se dénommaient eux-mêmes Celtes) - pour ne parler que d'eux - étaient-ils les mêmes entre 500 BC et leur expansion à travers l'Europe (prise de Rome en 390) et 52 BC date de leur défaite à Alésia ? Les Romains les nomment toujours *galli*, tandis qu'historiens et archéologues notent leur haut niveau culturel, leurs échanges et leurs réalisations bien avant la guerre des Gaules (présence de plus en plus importante d'objets grecs, romains et orientaux, défrichage généralisé, réseau routier, villes. Cf. Goudineau 2004).

Un réflexe, commun et général qui semble faire fi du temps moderne, apparaît de nos jours parmi les peuples. Chacun tire argument, plus ou moins valable, d'histoires nouvelles et anciennes, vraies ou fausses, pour s'affirmer en tant que, par ex. : Ukrainien, Turc ou Africain ; Camerounais, Acadien ou Écossais… La préhistoire non plus n'échappe pas à cette tendance qui voit des Africains noirs groupés revendiquer l'Egypte pharaonique et l'origine de l'humanité, certains chinois s'opposer à la localisation du berceau de l'humanité dans le continent noir… et les Amérindiens d'aujourd'hui assister à leur reclassement comme derniers, mais non uniques, envahisseurs du

[278] " l'*enseignement d'Alcuin fut si fructueux que les modernes Gaulois, ou Français, devinrent égaux des Anciens...* ", Notker ≈ 885 Chronique de Saint Gall (cité par E. Gilson 1947 : 194).

continent américain (*Kennewick man*)[279]. Cette dimension des revendications est par elle-même intéressante puisqu'elle pose, en outre très directement un problème d'équivalence de temps divers :

1° le problème de l'ethnicité, selon les cas : revendiquée, rejetée, oubliée, discutée, promue ou proscrite mais dans quel temps ?

2° le problème de la vérité sur laquelle appuyer les raisons, dimensions et durées de ce traitement même de l'ethnicité dans le temps et l'espace, lié au problème de la légitimation des associations de savoirs/connaissances, en fait, lié **aujourd'hui** au problème de la nature de **L**a **S**cience et des Sciences (et dans ce qu'elles impliquent comme temps).

3° le problème de la raison de cette demande/absence d'ethnicité, liées aux fortes oppositions sinon aux guerres qu'elles suscitent. Pourquoi s'affirmer tel ou tel ? Pourquoi dénier telle ou telle qualification (Marliac 2005f) ? Pourquoi se réapproprier le temps passé ? A qui et à quoi peut servir de se considérer soit descendant de Toumaï, soit de Gengis Khan, ou soit encore de Bar Kokhba ? Que signifie pour un scientifique agnostique ou athée, les réclamations amérindiennes quant aux corps exhumés de leurs ancêtres, surtout si certains d'entre eux se révèlent ne pas être indiens (*Kennewick man* ; Marliac 2006a) ?

C'est au 2è niveau général que je m'interrogerai ici : comment comprendre/résoudre/légitimer/gérer l'association des connaissances et savoirs par les individus et groupes qui héritent et traitent de nos résultats de recherche en fonction de leurs temps.

Le temps pose question

Entre les nombreux problèmes que pose le ***temps***, dont entre autres celui de la commensurabilité entre ses mesures techno-scientifiques et leurs interprétations anthropologiques : stratigraphies, datations absolues, relatives avec d'autres 'mesures/paramétrages' : interprétations des stratigraphies, des sols, des artefacts et ensembles d'artefacts dans l'espace, je ne retiendrai pour discussion que celui qui se pose lors du transfert d'unités définies dans notre discipline vers des unités (ou équivalents s'il y en a) du vécu dans le

[279] Cf. la révision récemment demandée du NAGPRA qui, depuis 1990, attribuait aux Amérindiens tout vestige précédant l'arrivée de Christophe Colomb aux Amériques (1492). http://www.kennewick-man.com/kman/news/story/6759384p 6644511e.html

cas qui nous est bien connu à l'IRD, *i.e.* le cas de peuples traditionnels, à la recherche ou pas, de leurs racines, de leurs passés, de leurs origines.

Quand il s'agit d'intégrer des résultats de la science avec nos savoirs quotidiens - ce que nous faisons chaque jour en conduisant une voiture par ex. (Lévi-Strauss 1962 : 294) - nous n'analysons pas comment nous le faisons et cela marche, avec un taux d'échecs relatif dont certains sont peu à peu gommés par le perfectionnement technique et l'apprentissage. Tout est ramené à un temps vécu, sans définition particulière, un présent autour duquel se positionnent un passé rappelé à l'occasion et un futur plus ou moins clairement projeté.

Cette intégration, avec ses conséquences parfois inédites, fonctionne tout comme celle que nouèrent des chasseurs, à la fin du paléolithique européen entre leurs couteaux de silex, leurs techniques de chasse collectives, leurs propulseurs, qu'il fallait adapter, conjuguer, changer, associer ou pas, **avec l'arc et la flèche**... (inventés au Mésolithique vers 10 000 BC). Leur palette technique, leur dispositif (boîte à outils) changea, eux-mêmes changèrent et Leur Nature changea devenant par ex., de ce fait, plus ou différemment nourricière. De quelle modification, de quel **prix** ce passage a-t-il été payé ? Chasse individualisée, musculatures différentes, risques diminués, autre gibier (forêt), régime carné plus assuré, autres gestions du temps, des durées, places et statuts de la vie collective ? On a témoigné ailleurs (Sharp 1952) à partir d'un groupe d'Aborigènes (Yir Yoront) comment l'introduction des haches de métal bouleversa l'organisation sociale de ce groupe, fondée sur un présent reproduisant le passé. Les rapports hommes/femmes, hommes/Autres furent bouleversés dans le temps comme dans l'espace pour finalement aboutir à l'effondrement de la culture Yir Yoront et sa disparition[280]. Si l'outil fut immédiatement accepté étant donnée son efficacité, le prix à payer fut la dislocation du rapport entre sexes et la disparition de leur société même.

On n'a jamais pu étudier - à ma connaissance - au-delà du transfert d'un outil identique par les fonctions, mais beaucoup plus efficace et résistant, ce qui s'était passé dans la vision du monde des personnes concernées, on a seulement constaté les effets et Sharp (1952) en a donné une interprétation cohérente même si improuvable dans le cas cité ici. L'intégration pose le problème du type de modification qu'elle entraîne, de la

---

[280] *Without the past, the present could be meaningless and the future unstructured and uncertain.* (Sharp 1952 : 22). Les Yir Yoront ne purent se reconstruire une cosmogonie adéquate aux transformations de la société australienne environnante.

déformation/reformation qu'elle provoque. A première vue, dans le cas australien, c'est la modification d'un élément du dispositif technique qui entraîna par ricochet les modifications institutionnelles de la société en question. Ceci complémenterait Descola parlant des Achuar (1986 : 405) : "*Au rebours du déterminisme technologique sommaire dont sont souvent imprégnées les théories évolutionnistes, on pourrait ici postuler que la transformation par une société de sa base matérielle est conditionnée par une mutation préalable des formes d'organisation sociale qui servent d'armature idéelle au mode matériel de produire.*" puisque la transformation intrusive du mode matériel de couper/sarcler (la fonction de l'outil restait la même quoique plus efficace et résistante et l'outil était achetable par les femmes chez les Blancs) a conduit à la rupture de l'organisation sociale et donc à la mort de la société en question.

De la même façon, le problème qui m'intéresse ici est celui du **mode d'entrée, d'application et de gestion** dans différents quotidiens de 'faits' ('objets') archéologiques dont la stricte présentation scientifique ou *scientifisée* correspond très partiellement sinon pas du tout (affiches, tableaux, vitrines du Musée de l'Homme ou du Musée de Saint-Germain) à notre vie quotidienne, notre vie toute entière, sauf à accepter de nous placer nous-mêmes dans tel ou tel schéma général temporel et abstrait au déroulement uniforme et unilinéaire : soit *progressiste* en fermant les yeux sur ce qui se passe ou s'est passé, soit *conservateur* en regrettant des équilibres anciens parfaitement rêvés issus du même 'gommage'.

Bielawski (*in* Layton 1989 : 228) oppose la recherche qui vient de la *Western scientific tradition,* à d'autres qui "*...stem from the indigenous cultures, Inuit and Dene of northern Canada*". Le temps est, comme l'espace, élément d'une vision du monde, une cosmogonie qui ordonne, associe, délègue, attribue des qualifications à ses différents constituants ou ensembles de constituants. Il a une latitude et une longitude comme dit Latour (1991 : 92). La prééminence acquise par le temps astronomique, horloger puis scientifique commun ne peut masquer que chacun vit, non pas dans ce temps appris, mais dans une temporalité qui lui est propre et qu'il partage avec son groupe de proximité : famille, famille étendue, métier, ethnie, milieu et leurs cosmogonies et religions croisées[281]... Mais il est aussi une durée ; il est lié aux relations de l'homme avec sa société, avec la nature

[281] Ce temps du fait des régularités, oppositions ou répétitions solaires, climatiques, environementales, biologiques, etc. défini par d'innombrables métaphores est vu en général comme une succession, un flux (Jedredj 2001).

qui l'entoure et avec les autres sociétés. Les sociétés traditionnelles (Inuit, Papous, Pygmées...), quand elles n'ont pas été détruites par le modernisme et réduites au folklore comme en Europe, construisent des formes de comput du temps tout à fait particulières : leurs propres temporalités (Descola 2005 : 166-167).

L'histoire officielle des sciences efface les erreurs, culs-de-sacs, échecs, reprises et essais préliminaires obligatoires des 'inventions/découvertes' (Cf. la fabrication du moteur Diesel) de même que leur insertion financière dans les échanges des société : jadis chefs, princes, marchands, aujourd'hui fondations, firmes, trusts, Etats, contribuant à une histoire officielle, habituelle ou pas, selon les époques. Cette histoire aligne et souligne (écologisme planétaire par ex.), masque ou tait (mondialisme) les conséquences de ses applications, ou les raisons des succès. En fait, simplement comme toujours, l'homme associé aux autres en collectifs variés, brasse, trie, associe, bref construit/reconstruit ses objets et ses cosmogonies de façon à vivre et survivre, que cela soit bien ou mal selon son jugement, ses intérêts, ses moyens, ses échecs et nos opinions contemporaines ou ultérieures[282]. En l'occurrence, les résultats de l'archéologie sont intégrés dans les savoirs traditionnels, personnels, locaux, selon des modes qu'il faudrait étudier. La dénonciation (Layton 1989, P. Ucko, Introduction à Layton 1989) véhémente tiers-mondiste ne suffit plus, sauf en politique-spectacle pour quelques temps encore.

Encore celle-ci ne relève-t-elle que de la **posture** de l'homme moderne, homme qui accepte de payer le prix de la modernité (à déterminer depuis l'approbation enthousiaste jusqu'à la réprobation farouche) et non de la réalité. Il a fallu déjà payer - en leurs temps - les traditions et leurs renversements/dépassements (révolutions) et on est curieux de connaître le coût en hommes, argent, plaisirs, douleurs, pertinences des modes et innovations actuelles, comme cette " chute des tabous " interminablement répétée dont les médias se gargarisent.[283]

---

[282] On oublie trop vite combien de sociétés ont disparu au long des millénaires faute d'adaptation ou des moyens mêmes de s'adapter aux pressions externes et internes qui les travaillaient.

[283] L'Histoire nous en a déjà copieusement fourni quelques 'prix' depuis les hécatombes révolutionnaires puis napoléoniennes, en passant par les apothéoses des deux Guerres mondiales, des KZ et du Goulag…

Le temps qui encadre et tient nos reconstructions archéologiques est-il miscible, soluble, dans le (ou les) temps des populations qui le reçoivent ?[284] Inversement /réciproquement les dissout-il, les modifie-t-il ? Et comment ? L'un est le temps des modernes le temps des calendriers, le temps des sciences (la temporalité moderne), l'autre ce sont les temporalités diverses et non-modernes, des " gens "ordinaires, exotiques ou pas (Latour 1991 : 103)[285] très souvent des narrations. Bielawski (1989), Miller (1980) et d'autres pensent que oui grâce à l'éducation, la recherche. Veyne (1971) incline que non car : " *Les sciences humaines pénètrent dans le récit historique comme des vérités alléguées et leur intrusion ne peut aller bien loin car la narration donne peu d'occasions d'approfondir les choses.* " Miller (ouv.cité) pousse jusqu'à une approche duale du problème mais sans en éclaircir les raisons ni en proposer les moyens pour le moment. Je penche, aussi plus loin, vers cette solution déjà préconisée (Marliac 1999 : 44-45) mais en proposant que l'on repositionne, après les avoir explicités, les modes de construction des " faits " (" objets ") utilisés par les deux savoirs.

On pourrait considérer *grosso modo* que deux conceptions du temps définies par les cosmogonies/visions du monde dont elles relèvent définissent le monde, l'homme et ses temps. La première famille est la plus répandue, la plus ancienne à travers des changements (beaucoup restant inconnus), c'est l'ensemble des cosmogonies comprises dans le *Savoir Traditionnel* (ST) les conceptions *pré-modernes*. La deuxième est celle du *Savoir Scientifique Occidental* (SS0), la conception *moderne.*[286]

Ces deux familles de savoirs diffèrent dans la mesure où leurs postulats sont distincts les uns des autres.

*Le ***ST*** est plus un savoir-faire, une **compétence** applicable à tous les domaines de la vie et non l'application de critères (la Vérité = la Science par ex.). R. Dods (2004 : 547) note très justement combien ce savoir apparaissant sous plusieurs formules en français (savoir-faire, savoir-dire,

---

[284] En admettant qu'il ne soit pas lui-même défini par un compromis, une adaptation, une pure juxtaposition, un bricolage appuyé sur le langage naturel.

[285] " *Quant aux millions - ou aux milliards - de gens qui sont extérieurs à la science, ils ne la connaissent qu'à travers la vulgarisation. Les faits et les artefacts que les sciences produisent retombent sur leurs têtes comme un sort venu de l'extérieur et qui reste aussi étranger, aussi inhumain, aussi imprévisible que l'était le* fatum *des romains* " (Latour 1995).

[286] Traduits en anglais par TK (*traditional knowledge*) et WSK (*western scientific knowledge*) avec parfois TEK (*traditional ecological knowledge*).

savoir-vivre, savoir-parler, savoir s'habiller...) est souple, ajustable, découpable.

Le *ST* est aussi caractéristique d'un groupe, d'une culture où les gens se reconnaissent au milieu de gens qu'ils ne reconnaissent pas car justement privés de ces savoirs et munis d'autres[287] : ils partagent la même vision du monde, la même *Constitution*. C'est leur identité. Le temps peut y être cyclique, répétitif, réversible, en spirale, selon des périodicités, multiple et parfois même manipulable par des sorciers ou shamans…[288] Le temps c'est la liaison des êtres. Comme l'illustre le travail des modernes rendant systématiquement contemporains des choses et des idées et s'opposant ainsi aux traitements d'autres qui appliquent aux choses et aux idées des traitements différents.

Les Indiens Aymara de Bolivie divisent le temps avec l'espace en fonction du concept *pacha*, et placent le futur inconnu **derrière** eux ; le *Dreamtime* des Aborigènes, totalement étranger à notre conception chronologique linéaire, lie aussi temps et espace ; les Amérindiens en général nient toute coupure entre le passé et le présent.

*Le sous-ensemble de la *connaissance,* appelé la *science,* ***SS0****,* produit lui, des énoncés qui décrivent des objets et ces énoncés peuvent être déclarés vrais ou faux. Ils sont dénotatifs, doivent pouvoir être re-testés sous des conditions explicites et doivent être dits dans un langage pertinent pour les experts. Ils sont logés dans les cases d'un temps défini par d'autres disciplines qui toutes ensemble utilisent le temps scientifique. Tout ceci délimite un secteur exclusif, réservé à des privilégiés, fermé aux expériences des porteurs de *savoirs* ordinaires/traditionnels. On peut s'inquiéter de voir cette connaissance menacer (Layton 1989), digérer, sinon dissoudre, les savoirs traditionnels (Mead 1998, Marliac 1999) ou même les éradiquer, sans pouvoir imaginer un ensemble planétaire de sociétés où les rapports entre hommes ne fonctionneraient que scientifiquement (au sens moderne bien

---

[287] Rappelons-nous la *pulaaku* des Peuls, la *kejawen* des Javanais, la *kemelayuan* des Malais, la *French touch*….

[288] En brousse, au Nord du Cameroun, si nécessaire, le comput du temps se fait en désignant la localisation du soleil dans le ciel ou une des périodes du jour distinguée par la langue utilisée. Par rapport au Présent, le recul du temps est traduit en langue peule par *Booyma* (jadis) ou redoublement du terme : *Booyma Booyma* (il y a très longtemps). Et le passé est globalement appelé par les islamisés *Zaman kitaaku :* le temps jadis, le temps païen, sans qu'on tente de le préciser ou le décrire, bien au contraire....Cf. la remarque d'Evans-Pritchard sur les Nuer " *...daily activities are timed through the 'cattle clock'* ".

sûr)[289] ! En ce sens, il est exact que *Archaeologists had overrationalized the past.* Et de deux façons : les fabricants des vestiges furent déclarés rationnels, au sens moderne (déjà des petits Descartes ou des petits Kant !), les méthodes pour analyser ces vestiges sont scientifiques et les résultats scientifiques aussi.

Le temps c'est quelque chose que chacun de nous vit et ordonne selon l'intensité des événements qui nous arrivent et selon l'enregistrement qu'on en fait : chacun possède sa temporalité, comme sa rationalité. La temporalité moderne est venue ultérieurement se plaquer là-dessus comme conséquence du mode moderne d'analyser le monde et nous vivons désormais avec les deux mais comment ? Les Africains formés, comme certains Papous et d'autres à l'archéologie, vivent mal la contradiction des savoirs et des temps tout en souhaitant pratiquer et vivre les deux. En ce sens, la fabrication par un archéologue d'un objet comme par ex. telle culture, *i.e.* au Nord du Cameroun, le Salakien est un événement, dégage une perspective, créée une différence (Marliac 2005c), ouvre un conflit. Cecil Antone, indien Pima de l'Arizona (*in* Hubert 1989 p. 138) dit bien : " *They (the archaeologists A.M.) understand the past - but we* ***know*** *the past* ". Mais alors où sont les possibilités de vérité ? " *These may lie somewhere between archaeology and Inuit perceptions of the past* " (Bielawski in Layton 1989 : 157) comme nous le proposons plus loin, comme Programme de recherches.

J'ai déjà souligné (Marliac 2006c, AA**) l'ambigüité malsaine pour ne pas dire la dangereuse cécité qui préside aux réunions/rencontres entre *indigenous archaeologists*, indigènes eux-mêmes, archéologues occidentaux ou occidentalisés, comme les visites guidées sur les sites, organisées pour les indigènes par les archéologues aussi bien à Pincevent (site-école en Seine & Marne, France) qu'à toute autre fouille en cours ailleurs.

De meilleure façon, on pourrait considérer que les deux savoirs en question ne diffèrent que dans la mesure où ils s'appuient chacun sur une vision particulière du monde qui consiste à distribuer, répartir les forces et moyens entre les êtres du monde : les dieux, le ciel, les bêtes, les choses, les plantes, les hommes, les femmes, les temps, le temps, les rêves… Chacune des cosmogonies traditionnelles constitue une Constitution bien reconnue à ce qu'on appelle une *ethnie*, ou un groupe ethno-linguistique (la Tripartition des indo-européens de Dumézil par ex.), par les ethnologues (Descola 1986), Constitution qui donne sens aux activités des gens qui la partagent mais sur

---

[289] La science-fiction s'y est essayée dans des romans faisant gaiement l'impasse sur les limites intrinsèques de La Science (Cf. I. Asimov) !

laquelle ils ont très peu de recul. La *Constitution moderne* qui gouverne notre mode de connaissance dit scientifique a ainsi, distribué les êtres du monde pour les comprendre, les analyser d'une certaine façon (*e.g.* : Nature/Culture, Dieu mis de côté) et en inventer, en ramenant tout à un temps unifié qui marche au pas de l'oie ; on peut se demander pourquoi.

Non seulement, ils ne diffèrent pas considérablement mais on pourrait être tenté de ne pas s'appesantir sur ces différents temps que les humains utilisent pour vivre leurs quotidiens, puisque de toutes façons ils assument en perdurant (sans parfois changer de nom) ou n'assument pas, changent ou disparaissent (souvent, c'est leur nom seul qui disparaît), toutes les adaptations, contradictions, harmonies, disharmonies, crises qu'ils vivent dans les temps divers y compris scientifiques dont l'Histoire, académique ou pas, nous fait de multiples récits (Layton 1989). Cette prise en compte et assimilation d'éléments divers a un **prix**. Le malheur est que certains payent, ou ont payé, à la fois très lourdement et sans pouvoir/savoir s'y opposer. Des solutions sont trouvées et ont été trouvées à travers les siècles pour gérer les sociétés et même pour les juger verbalement ou théoriquement selon deux Grands Discours : la Providence ou l'Evolution[290]. Mais la morale, même épicière, *pubeuse* ou laïque, peut s'interroger quant au **prix** dont il a fallu rétribuer les histoires, les échecs et les éventuels progrès acquis (discutables), ceux-ci mêmes pouvant se retourner contre les sociétés (totalitarisme rampant, *politkor*, ethnocides, bombe démographique, lois scélérates, catastrophes nucléaires, écologiques, bactériologiques, épuisement des ressources, pollution des milieux, sur-technologisation de l'être humain, irradiations...), jusqu'à devenir la violence quotidienne entre personnes, entre groupes/collectifs, puis totale et définitive de l'espèce contre l'espèce elle-même (la dissémination nucléaire) (Bernanos 1953, Girard 1978)[291].

Essai de conclusion

Comme il a été dit précédemment, ces modes de savoir regroupés ici pour la commodité d'exposition en deux familles, s'opposent, mais aussi

---

[290] Les deux nous ramènent de toutes façons à en appeler à des abstractions insaisissables : les *forces* (?) physiques, économiques, biologiques, sociales, etc., ou, autre *force*, la Providence divine.

[291] Seul le souci moral et politique de ceux qui ont vécu et subi ces différentes gestions et de ceux qui en subissent d'autres aujourd'hui, peut nous soutenir vraiment.

collaborent néanmoins chaque jour puisque nous (et d'autres) vivons un quotidien qui n'est pas régi tout entier par les sciences et, si elles interviennent, il serait intéressant de savoir dans quelle mesure, combien, où et comment... Comment aménageons-nous le tout[292] ? L'histoire du contact Occident-Autres montre que les échanges se faisaient, comme ils se sont faits depuis toujours entre différentes sociétés y compris les plus archaïques, la différence venant de l'inégalité scientifico-technique, la massivité du résultat liée à la nature et aux alliances du nouveau savoir et par voie de conséquence, le coût humain de cette différence. Bielawski (*in* Layton 1989 : 231) demande : " *What tenets of archaeology and of an Inuit world-view are mutually accessible and useful to each other in interpreting the past ?* " and I (*A.M.*) would add here : particularly concerning Time ? Tandis que Miller (1980 : 710) rappelle "*...there is nothing in most traditional societies that in any way parallels archaeology...* " En ce sens, je modifierais la citation de Layton en exergue de cet article en demandant " *Has Western culture a monopoly on knowledge in general ?* " car je pense qu'il faut se risquer à incorporer dans les efforts que nous faisons pour savoir, comprendre, toutes les formes du savoir quelles qu'elles soient, le savoir scientifique - dont il faudra rediscuter - n'en étant qu'une partie, importante mais non absolue[293].

En archéologie, l'apport du savoir traditionnel pour interpréter tel ou tel objet (Marshall 2002, Dods 2004) est connu : c'est l'ethnoarchéologie, édition *refaçonnée* de l'usage ancien des analogies ethnographiques (David & Kramer 2001) sans qu'il soit cependant question de prendre en main le problème général auparavant soulevé.

Ce qui apparaît comme conflit entre les deux modes de savoir selon Lyotard (1987 : 79) sans pour autant qu'il démette l'un pour l'autre, n'apparaît pas tel à certains dont la démarche qualifiée de pragmatique consiste à dire que le savoir traditionnel peut être examiné (et jugé ?) par le savoir scientifique. Mais nous sommes encore là en position classique, en pleine asymétrie où l'un des deux est posé comme juge indiscutable. Si " *the components to the development of TEK are understood it becomes immediately apparent that it is not incompatible with the objectives of WSK* "

---

[292] Un aperçu pourrait être gagné en étudiant le langage politico-médiatique, sorte de code où des signifiants uniques répondent à des signifiés multiples créant ainsi dans l'opinion une permanente incompréhension plus ou moins complice situant clairement " les politiques "...

[293] " *La grande faiblesse de la pensée moderne, c'est la fausse identification qu'elle a toujours faite entre le scientifique et le gommage des rapports vivants, leur réduction à la pure objectivité des choses* " (Girard 1978 : 133). Mais les choses sont-elles objectives sinon sous la constitution moderne ?

(Dods ouv. cité : 549) mais on s'interroge sur qui a compris le TEK et comment, mais on a déjà deviné... Si l'idée générale de rapprocher les savoirs est judicieuse il est, à mon sens, nécessaire de préciser comment faire et donc :

1° de se remémorer que le savoir dit " moderne " - déjà encalminé dans ses hybrides - n'est qu'un moment historique du mode de compréhension et gestion du monde par les hommes lié à une configuration socioéconomique et politique des collectifs ;

2° en conséquence de repenser et replacer les savoirs en général selon leurs *constitutions* respectives, l'une séparant Nature et Culture (la *Constitution moderne*) permettant la fabrication d'hybrides non-assignables et de les rapprocher par différents médiateurs[294], sans oublier la prise en compte des collectifs auxquels ces savoirs sont liés.

Dans la ligne de Carrithers (1990), le rapprochement semble possible, les énoncés archéologiques étant des généralités comprises comme ce que l'on sait de personnes jadis réelles – grâce au concept de *consensibility* générale entre êtres humains (*intersubjective pattern recognition*, ouv.cité : 265) - et pouvant ainsi être parallélisées avec, ou englober des activités individuelles avec statuts, rôles, etc., à l'aide du *narrative mode of understanding* (ouv.cité : 269). Ceci implique chez les hommes une capacité commune de penser le temps, depuis le passé jusqu'au futur à travers le présent.

Ainsi à partir des exemples donnés pour montrer que tel savoir traditionnel (savoir cygénétique par ex.) est en un sens 'scientifique' ou y ressemble (Dods ouv.cité : 550) ce qui n'a rien d'étonnant pour nous, Carrithers (1990) donne des exemples de récits ethnographiques immédiatement compréhensibles par des lecteurs actuels moyennement anthropologisés. Mais il ne faut pas oublier que se mêle ou est accrochée à ce savoir **nécessairement** toute la cosmogonie qui le porte, l'explique et le légitime (Descola 2005) et que l'ethnologue décrit d'ailleurs (cosmogonies à comprendre à travers les rites propitiatoires avant la chasse ou la pêche, rites lors de la mise à mort, coutumes d'abstinence ou de transgression ou autres…). Comment cette partie chapeautant l'ensemble cognitif du chasseur va être assimilée par le savoir scientifique *stricto sensu,* complètement

[294] "*...la traduction par la figure médiatrice modifie toujours ce qui est traduit* " (Hennion & Latour 1993 : 22).

désarmé, sous sa forme actuelle moderne, pour y comprendre quoique ce soit (Latour 1991) ?

Pour notre aujourd'hui, l'issue réside dans l'abandon d'un classement hiérarchique, d'une position dominant/dominé figée, et donc un effort de compréhension de ce qui s'est passé entre XIXè et XXè siècles (Descola 2005). Ainsi pourrons-nous prendre par expérimentation des solutions neuves en choisissant **et** dans le passé **et** dans le présent ce que nous voulons garder et en acceptant ce que d'autres veulent garder pour eux-mêmes, car l'un ne saurait aller sans l'autre. L'épisode moderne finissant, imaginons ensemble (Latour 2003) le monde de demain, un monde non-moderne qui, selon le même auteur, n'a jamais cessé d'exister, même masqué, ignoré ou apparemment détruit et au sein duquel nous sommes condamnés à vivre ensemble mais différents…

La Science contribue-t-elle à la connaissance du passé des hommes dans les pays en voie de développement : l'exemple de l'archéologie

" *Quant aux millions – ou aux milliards –*
de gens qui sont extérieurs à la science,
ils ne la connaissent qu'à travers la vulgarisation.
Les faits et les artefacts que les sciences produisent retombent
sur leurs têtes comme un sort venu de l'extérieur et qui reste aussi étranger,
aussi inhumain, aussi imprévisible que l'était le fatum *des romains* "
(Latour 1995).

Volontaire à l'origine pour participer à un débat proposé par mon estimé collègue IRD, M. Tibayrenc (2005), je me retrouve quelque peu décalé par rapport aux différents et rares appels à discussion sur ce thème résumable sous : " *Science & Développement* " puisque ne pratiquant pas les sciences dites "dures ". Il m'a semblé devoir cependant faire l'effort de participer - à partir de mon domaine - à un débat, par ailleurs heureusement, même si étroitement et trop tardivement instauré à l'IRD[295], où il a toujours été sous-jacent.

Il est regrettable d'ailleurs que les sciences humaines n'en aient jamais pris l'initiative et semblent si peu intéressées. Mais peut-être cela tient-il à leur imbrication actuelle profonde dans le politique événementiel, leur positionnement sociopolitique général moderne et postmoderne et donc leur confort intellectuel et social depuis des dizaines d'années de reproduction universitaire à l'identique. Pour ce qui est du débat ouvert ici, j'y participe et m'y soumet à un certain niveau où je parle pragmatiquement de la façon dont la question de **L**a **S**cience s'est présentée à moi - chercheur archéologue expatrié -, sans m'impliquer profondément dans des domaines connexes (les autres sciences, l'épistémologie, la philosophie, la sociologie des sciences), même si j'y fais nécessairement référence puisque je discute du statut de **L**a **S**cience.

Je pratiquerai, dès le départ, l'exclusion volontaire d'exclusions trouvées lues ou entendues si souvent, par-ci par-là, comme par exemple : *facts speak for themselves / darwinism is a scientific theory*, etc. Ou encore l'enfermement sur des références qualifiées d'emblée *accurate* comme Gould, Dawkins, Lewontin, etc., darwinistes eux-mêmes.

Car où sont les autres, les exclus et leurs argumentations ?

A propos de La Science en général

Pour moi ces positions sont, entre autres, des préalables[296] dont justement il a fallu que je me débarrasse - au moins momentanément - pour pouvoir **penser** mon questionnement. Penser mon questionnement impliquait que j'examine les postulats qui fondent La Science (le fameux 'paradigme'

---

[295] Par ex. CR du C.A. de l'IRD du 17/06.2003 ; Schéma Stratégique IRD (Circulaire DG du 23/02.2006).

[296] *Every concept represents a sort of taboo against other possible sources of meaning – simplifying and unifying the manifoldness of life for the sake of action* (Mannheim 1946 : 20).

pour parler comme Kuhn 1972 ?), à moins de la positionner hors toute réflexion critique. Ce serait bien étonnant pour cette œuvre humaine qui, elle, justement, ne prétend pas à la Révélation. Je ne rejette ni ne révère Darwin, Lavoisier ou Claude Bernard, que je considère comme de grands scientifiques : je m'autorise à les mettre en question - malhabilement peut-être - cependant, comme n'importe qui d'autre. Que voudrait dire être chercheur si il en était autrement ?

De tels verrous enferment par ailleurs **L**a **S**cience qui dès lors semble jaillir d'on ne sait où, par la propre force de la Raison qu'on ne peut discuter... Or la Raison elle-même est un problème et non une ressource[297]. C'est bien pire que dans le christianisme, tel qu'il est régulièrement caricaturé par certains militants agnostiques et athées ! " *Grâce à la **Raison**-Information /.../le travail de production d'un collectif /.../ est remplacé par l'acceptation d'un destin inéluctable qui dépend de lois supérieures aux humains, connues des seuls experts et auxquelles personne ne peut rien.* "/.../. " *Il faut maintenant défendre les sciences contre La Science et la vie publique contre la **Raison**-Information* " (Latour 1997 : 111-112).

Sous ces verrous, les (et La) sciences deviennent, hélas, du fait de certains de leurs *supporters*, non seulement intolérantes mais ridicules, ce qui me semble infondé au regard de leurs succès (relatifs) et me déplait autant qu'aux autres scientifiques. A ce sujet, je pense à Sokal et Bricmont (1997) amalgamant pour les dénoncer en bloc des écoles de sociologie des sciences avec des utilisateurs irresponsables de vocabulaires de disciplines scientifiques diverses dans telles ou telles situations.

Je pense pouvoir dire que **Tout** doit être discutable (ce qui ne veut pas dire que tout soit accepté), sinon nous n'agissons pas librement ni en scientifiques, mais en idéologues qui ferment à l'avance les accès ou condamnent les Critiques à la psychiatrie, la superstition ou à la puérilité (la défausse habituelle des scientifiques depuis les débuts de la science moderne ; Stengers 1993). La pratique de la moquerie, des insultes, des anathèmes voire des coups et condamnations judiciaires, financières ou psychiatriques, de préférence en meute, pour exclure, est bien connue (voir les soi-disants 'débats TV'). Elle remonte à des temps immémoriaux, accessibles par les mythes qui la révèlent (le bouc émissaire, le mimétisme

---

297 Comme le croient Piveteau et Abiven (*in **Géographie & Cultures*** 2002 N°42: « Religions et croyances ») et tant d'autres.

d'acquisition, la rivalité ; Girard 1978). C'est d'ailleurs tout ce qui reste - sous forme de lois - à certains comme argumentation. Et à quelles fins ?[298]

Ma *problématique de chercheur* (archéologue spécialisé dans les sociétés anciennes d'Afrique noire soudano-sahélienne et particulièrement le Nord du Cameroun)[299] après production de mes travaux selon les principes de ma discipline, fut, **dans le cadre de la nature du savoir scientifique (en tout cas du mien), de réfléchir sur les résultats qu'ils fournissaient, leur traductabilité, leur utilité/applicabilité, lors du transfert/traduction aux populations directement ou indirectement concernées (discours, lois, publications, films, manuels scolaires, médias...).**

On peut rapprocher ce souci du problème posé aux archéologues américains par le refus des nations amérindiennes de les laisser fouiller les tombes et habitats amérindiens, du désintérêt parfois complet de certaines nations indiennes pour quelque résultat archéologique que ce soit (chez les Hopi par exemple)[300]. Les revendications algériennes ou africaines vis-à-vis de la France aujourd'hui, relèvent de ce thème ; comme les revendications aborigènes ou acadiennes vis-à-vis de la Grande-Bretagne et la contestation par d'autres des génocides ukrainien ou arménien. Je développerai plus loin l'idée que plus que d'image, il s'agit ici d'un problème plus général de définition/construction/utilisation du " fait ". Pour nous archéologues dans notre rapport *developmental*, il s'agit d''objets' particuliers relevant de l'histoire, de l'historicité soit, globalement : le passé/les passés.

[298] Nous en avons le spectacle quasi permanent dans les médias où, à l'aide d'un lexique *ad hoc*, de lois adaptées et d'associations financées par l'Etat, d'aucuns poursuivent leurs adversaires devant les tribunaux, réduisant la recherche, historique par exemple, à une activité suspecte qui doit s'auto-censurer ou être condamnée et financièrement abattue.

[299] J'entends par là l'ensemble complexe des sociétés situées entre l'histoire et la préhistoire selon la définition habituelle de la présence ou pas d'une écriture…

[300] " *We do not have to study our origins. I don't question my teachings. I don't need proof in order to have faith* " (Anderson 1980 cité par Zimmerman *in* Layton 1989 : 213). Et Zimmerman rajoute (ouv.cité p. 213) : " *perhaps we simply have differing images of the past, and that also causes problems* ".

La Recherche sur et pour le Développement

En cela, j'ai cru jadis participer au souci général des chercheurs engagés dans ce qu'on appelle Le Développement[301] où se passe continuement (bien ou mal ?) l'échange/transfert des connaissances, en particulier pour nous ici dans le domaine général de l'Histoire apprise et vécue en Afrique subsaharienne (Marliac 2006b). A l'ORSTOM-IRD j'étais dans l'erreur, comme me l'ont prouvé mes échecs réitérés pour promouvoir une telle thématique à l'Institut après 1982 (auprès de CS, CSS, Département DSS, DSF, DIC** et aussi DG et PdG de différentes époques sans jamais d'explication de fond)[302]. Quoique sur-informés par un quotidien envahi de réclamations et exigences identitaires historiques ou préhistoriques, ni nos tutelles ministérielles ni nos Directions et Conseils scientifiques n'émirent la moindre tentative de prendre en compte ces réalités. Les quelques interventions au Colloque du CCDE** de l'IRD du 27 Mai 2005, confirmant mon questionnement, sont venues d'ailleurs de chercheurs **non-européens** (Pr. Ogobara Doumbo, par ex.). Ils ont illustré cette problématique sans que cependant il y soit répondu d'une façon ou d'une autre lors de ce même colloque (Marliac 2005a).

Ni l'ancien Conseil Scientifique de l'IRD, ni le nouveau[303], s'ils ont senti que quelque chose clochait dans le Développement, n'ont approché ce problème d'un iota[304]. Ne parlons même pas du C.A. ! J'ai, parfois, butté sur

---

301 A l'ORSTOM en particulier, surtout à compter de 1982 où l'ancien sigle ORSTOM se traduisait par *Institut Français de recherche scientifique pour* ***le Développement*** *en Coopération*. L'ORSTOM devint IRD en 1998 : Institut de recherche pour le Développement pour finir prochainement en agence de moyens.

302 Absence que je comprends bien quand on sait le lien - d'autant plus profond et dissimulé qu'il est proscrit officiellement - entre Science et Politique de la *Constitution moderne* (Latour 1991). Rajoutons les remarques de certains collègues, repoussant l'archéologie dans le 'fondamental' alors qu'on assiste journellement à sa découpe et sa reprise morcelée par toutes sortes de vociférateurs et politiques actuels en mal de mots d'ordre mobilisateurs, confortables et masquants…

303 Dont le Président (microbiologiste) était présent au Colloque du CCDE de l'IRD le 27 Mai 2005.

304 Mes tentatives n'ont jamais abouti à ouvrir ce champ de recherches, auquel à vrai dire assez généralement l'Institut - livré aux sciences dites dures - ne comprenait rien, ou dont il craignait les retombées sur les sciences en général et donc sur ses travaux et sur sa position institutionnelle toujours délicate, dans la politique de Recherche et de Développement de notre pays. Je n'ignore pas non plus que ce type de mise en cause provoque - très naturellement - chez certains scientifiques, la peur, la douleur ou la colère contre ce qui paraît une attaque de l'engagement de toute une vie (Stengers 1993, Chap. I). Je comprends bien, par ailleurs, cette

moins d'incompréhension ailleurs, cependant, ni le CNRS, ni les Ministères, ni non plus certaines revues aux Etats-Unis, au Canada, en Grande-Bretagne et en Allemagne, ne brillent par leur ouverture[305].

Ce **transfert/échange**, cette traduction réciproque des connaissances, impliquent de bien savoir - dans le cadre d'une discipline - de quelles connaissances il s'agit, de bien expliciter et s'expliciter à soi-même (et aux autres) ce que nous faisons et non pas ce que nous disons que nous faisons (en général nous disons que nous 'faisons de la science' (Latour 1995) ; aussi : *la science c'est ce que font les scientifiques*). L'effort d'explicitation empirique, qui parait tout bête, montre, quand on s'y adonne sans esquiver les étapes, que nos faits scientifiques sont des faits partiellement **construits**, fabriqués selon telles ou telles méthodes, techniques et instruments, c'est-à-dire à la suite de montages, instrumentations, essais, échecs, modifications, choix et même éliminations, dans le cadre d'une vision du monde (appelée *Constitution moderne* par B. Latour 1991). Et si ces faits 'parlent', ce n'est jamais qu'à travers Nous (Latour 1995 : 169-173).

En ce qui concerne ce qu'on appelle **La Science**, cette vision est fondée sur le dipôle Nature/Culture devenu ontologique, c'est-à-dire séparant fondamentalement (purification) les deux, d'une façon officielle tout en les mélangeant sans cesse (médiation) de façon officieuse, car l'un ne fonctionne pas sans l'autre. Tout collectif (groupement d'hommes et de choses) aussi bien moderne, non-moderne que prémoderne (dont nous jadis), traite, manipule, définit, modifie, associe, ou pas, tout ce qui l'entoure en fonction de sa vision du monde, sa cosmogonie (*Constitution*) sans pour cela, comme les modernes, répartir les phénomènes auxquels il a affaire en deux domaines séparés (Latour 1991, Descola 1986): la Nature et la Culture/le Social dont l'un, inaccessible parlera grâce aux scientifiques et l'autre inconstant, turbulent, presque insaisissable, sera étudié par les sciences de

---

position de fuite qui est l'écho du sociopolitique actuel en place. Je comprends moins n'avoir reçu aucun soutien critique de collègues pourtant confrontés aux mêmes problèmes, sauf si je me souviens qu'ils les abordent sous le thème devenu **rituel** du colonialisme (et postcolonialisme), ce qui est les réduire à la manière des médias et les rendre partiellement incompréhensibles. Ceci d'autant que la situation a peu changé : toutes les solutions préconisées par les pays 'développés' (y compris par leurs oppositions radicales) gravitent toujours autour du même savoir : le savoir scientifique et technique occidental vulgarisé, sa version marxisée, ses représentants dans le Tiers-Monde, ses *traders*, épigones, copies ou variantes intéressées servant de cache-politique.

[305] Je dois citer *l'Intern. Jour. of Historical Archaeology* E.-U., (Pr. Ch. Orser, Rédacteur en Chef) comme le seul réceptif à mes premiers articles.

l'Homme qui prétendent parler pour lui. Rappelons d'ailleurs que, bien avant eux, les représentants que ces sociétés se choisissaient ou avaient (chefs, prêtres, rois, chamans, politiques, *big men*), parlaient déjà, de façon extrêmement variées, pour leurs mandants…

Cette *Constitution moderne* est le fondement de **L**a **S**cience.

Cependant, "*Aucune science n'existe hors de sa pratique*" : la paillasse, les instruments (boites noires), le 'coup de main' et les théories utilisées, essayées, gardées ou rejetées selon les cas qui font parler les scientifiques pour les 'faits' qui eux ne disent jamais rien (Latour 1995). Il n'existe pas de fait en dehors de sa construction (scientifique ou pas). La Nature en tant que telle est aussi insaisissable que Dieu (auquel elle sert même de substitut chez certains), même si on s'avance à dire - mais à **dire** seulement - qu'un seul des deux existe[306]. Je ne m'intéresse à ce qu'on appelle **L**a **S**cience - telle qu'elle est couramment vue - ou à ce qui est déclaré *scientifique,* que dans la mesure où la cosmogonie (*Constitution)* qui la soutient définit ses limites, ses théories, ses méthodes et ses techniques, ce qui permet dès lors :

1° de revenir sur elle et la critiquer pour autant que quelque chose comme **L**a **S**cience existe (je préfère dire **les** sciences) ;

2° de la comparer aux divers 'produits' de visions du monde autres (cosmogonies, religions, mythes, formant les *Constitutions*, alors dénommées (par les modernes), amodernes ou prémodernes ou antimodernes, des peuples chez qui et pour qui j'ai travaillé. Ces *constitutions* dirigent les activités/pensées des hommes ordinaires et même scientifiques où qu'ils soient et quels qu'ils soient (y compris dans le monde moderne). C'était à l'origine le but de l'anthropologie de décrire puis comprendre ces Constitutions qui conduisaient à des activités parfois extrêmement éloignées des nôtres (chamanisme, meurtres rituels, cannibalisme rituel, sacrifices des rois, guerres endémiques, boucs émissaires, etc., Girard 1978, 2004), mais, cadrés et formés (Ecole, Lycée, Université) par la *Constitution moderne* fondée sur le clivage Nature/Culture, les anthropologues (moi compris) ont raisonné en modernes, c'est-à-dire **à partir de cette vision du monde** qui leur était devenue propre. Formés par les modernes, ils ne pouvaient comprendre les non-modernes/prémodernes qui, justement d'une façon

---

[306] Aussi est-il parfois comique de rencontrer certains athéismes qu'il suffirait de retourner comme un gant pour y trouver cette simple 'croyance' qu'attribuent les athées aux chrétiens, croyance cette fois fondée sur la Raison.

générale, ne font pas de la nature et de la culture ces pôles ontologiquement distincts qui ont permis l'isolement et le développement des sciences, des techniques et du monde occidental (Latour 1991, Descola 2005), Développement ne signifiant pas pour moi automatiquement progrès !

La Science comme Mythe et Caste

En ce sens, je suis déjà au-delà des quelques remarques qui partent d'un préalable apparemment indiscutable : **L**a **S**cience, postulat absolu, mythe fondamental du XXè siècle (Cf. Michel Serres 1974)[307], qui renvoie les critiques soit, comme nous le disions, à la psychiatrie (Cf. aussi jadis l'URSS), à Tonton Freud[308], à des peurs ancestrales[309], ou à la bêtise, l'illusion, les superstitions, ou encore les mythes, mettant ainsi **L**a **S**cience à l'abri des réflexions[310].

Il faut bien constater, hélas, que c'est la majorité des réactions des scientifiques et ceci d'autant plus qu'ils s'investissent profondément dans leur discipline, font réellement un travail de qualité et souvent très important, en vivent pas trop mal pour le moment (Voir nos syndicats ? Voir l'asservissement sensible aux intérêts du 'marché', y compris politique, et, en conséquence, leur statut jusqu'ici envié (exploité par les médias). En revanche, ces réactions desservent les scientifiques, car non seulement elles traitent les autres d'idiots ou de gogos, ce qui laisse douter et de l'intelligence et de la charité de ces scientifiques (Stengers 2006 : 119), mais elles pavent le chemin qui conduira les hommes soit à s'écarter d'eux un jour, comme d'une caste de quasi brahmanes, tenus par des groupes

---

307 *Il n'est de pur mythe que l'idée d'une science pure de tout mythe* (Serres 1974 : 259). Cf. aussi I. Stengers 2006 : 87-118).

308 Voici aussi l'exemple du mélange que les mêmes scientifiques disent qu'il faut proscrire mais qu'ils font si souvent : passant sans prévenir de la philosophie Club-Med et l'anthropologie de Café du Commerce, la psychanalyse de bazar, La Science selon *La Grande Presse*, le bricolage épistémologique, la notoriété...(Cf. aussi Latour 1991 : 57).

309 Pour ce que vaut la psychanalyse condamnée déjà par K. Popper comme le marxisme, comme non-science puisque - dans sa théorie - infalsifiables.

310 Cf. A. Jacquard 2005 *Nouvelle petite philosophie*, Stock, sorte de résumé puéril de ces positions de scientifiques qui jouent au philosophe : évacuation de l'Etre, de l'ontologie, de la question du sens, de la cause première, de la théorie de la connaissance...

financiers et les Etats[311], soit à les contraindre à descendre sur le terrain et écouter “ les gens ”, comme à Sellafield en G.-B., à Woburn aux E.-U. où les enfants mourraient de leucémies, à Windscale en G.-B. dont les moutons étaient contaminés ou, en France, sur les sites prévus d'enfouissement (en surface, subsurface, en profondeur ?) des déchets nucléaires, sur les sites de passage du TGV Méditerranée (Lolive 1999) ou vers la solution des myopathies… (Callon *et al.* 2001 : 76-89)[312].

Je ne parlerai pas ici des nombreuses études de sociologie des sciences débutées en G.-B. puis poursuivies et développées en France (*e.g.* L'Ecole de Paris) et aux Etats-Unis, pour appuyer mon raisonnement. Rassemblées aujourd'hui sous le sigle *STS*** elles m'ont beaucoup aidé à sortir du carcan moderne (Marliac 2006a).

Les distinctions, pédagogiquement utiles par ailleurs, entre les niveaux : philosophique, épistémologique et scientifique qu'exigent certains, tandis qu'au même moment ils ne les respectent pas dans leur propre argumentation, ne représentent pas l'activité complète et véritable du scientifique/chercheur/penseur et donc ses résultats, méthodes, techniques, et théories. Si ces distinctions deviennent des frontières infranchissables, elles ne représentent absolument pas la réalité de la recherche et de la connaissance. Ce sont en outre des déclarations orientées qui masquent ce que les sciences brassent et traitent : l'ensemble des objets à leur disposition. Elles vont jusqu'à en appeler au ‘bon sens’, recourrent aux moqueries, aux interdits ou aux anathèmes lorsqu'il y a discussion (Cf. les débats médiatisés autour du créationisme, de l'identité, du christianisme : la palette d'intervenants étant toujours *ad hoc* aux vœux des médias).

Selon moi, **La S**cience n'existe pas - sauf sous la forme **des sciences**, comme moyens/instruments/théories du naturel, du culturel et du politique (pour utiliser la nomenclature connue) - comme autant de méthodes, techniques et théories, portées par un discours, pour saisir le monde et

---

[311] Bachelard, Canguilhem, Monod ont jadis illustré ces positions, faisant de la science une rupture d'avec l'opinion, pris qu'ils étaient eux-mêmes **dans** cette *Constitution moderne* illuminée par ses ‘succès’ du XVIIIè au XXè siècles… Les résultats du machinisme au XIXè, décrits en Angleterre par Dickens mais aussi par F. Engels et, dépeints par G. Bernanos ou L.-F. Céline ailleurs, noircissent le tableau. L'état du monde aujourd'hui (armes nucléaires, bombe démographique, pollutions planétaires, ressources en danger, nivellement culturel et linguistique, pandémies émergentes...), de même que les hécatombes qui ont accompagné cette modernité laissent toujours douter de ces ‘succès’…

[312] Cf. Miserey Y. 2005 *Le téléthon donne le pouvoir d'innover aux malades.* **Le Figaro** 2.12. 2005 : 15.

fabriquer ainsi, **avec lui**, des " faits ". Ceux-ci ne sauraient être des **V**érités, mais par contre ils sont plus ou moins solidement et merveilleusement construits et résistent aux controverses pendant un temps certain (pour parler vite : Newton-Poincaré-Einstein ?). C'est là leur force, leur faiblesse et leur grandeur. Mais, en parallèle à la déclaration :" *La religion quant à elle voudrait s'arroger le droit de répondre à des questions scientifiques sans passer par le détour du doute* "[313], outre son simplisme, je dirai que **les** sciences, dont la caste est devenue puissante et utile (industrie), voudraient s'arroger le droit de répondre à des questions qui constituent la base de tout savoir, de toute existence humaine, en voulant les éliminer grâce à ses propres postulats ; ce qui a toujours échoué. Il faudrait pour cela qu'elles eussent répondu, dans leurs propres termes, aux éternelles questions existentielles qui les dépassent : ce n'est pas le cas et ne saurait l'être puisque ces questions leur échappent (ontologie, théorie de la connaissance, théorie du sens)[311]. Questions sur lesquelles des penseurs tels Aristote, Descartes ou Kant ont travaillé, proposé des solutions alternatives et discutables, parfois fort judicieuses, mais jamais d'explication définitive.

Et au final, y compris dans le Tiers-Monde, personne n'est obligé d'en passer par les contraintes du laboratoire (Stengers 1993 : 103 ; 2006 : 92).

Je me suis donc affranchi de cet interdit de forme tautologique que les scientifiques imposent aux non-scientifiques : le scientifique est vrai parce qu'il est scientifique / le vrai est scientifique parcequ'il est vrai. J'ai voulu savoir comment je construisais ce 'vrai', comment certains savoirs étaient arrivés à ce stade dit 'scientifique' puis comment ce stade était passé au stade de l'indiscutable (Stengers 1993 : 17). J'ai voulu savoir ensuite pourquoi ce savoir ne signifiait rien ou peu de choses dans certains cas ou sur le long terme, sa victoire ne reposant parfois que sur la faiblesse, la défaite sociopolitique actuelle des non-scientifiques ou des dissidents, sans pour autant représenter un savoir toujours utile aux *silenced people* de par le monde[314]... ni même utile au monde en général (menace nucléaire absolue, pollutions planétaires, disparition de la pensée libre, démographies

---

313 Ignorer le poids du doute dans la Foi c'est ignorer les Pères de l'Eglise dont St Augustin et St Thomas et donc l'histoire intellectuelle de l'Europe, dont l'histoire de la naissance des sciences moderne...

314 Cf. le problème des Amérindiens du Nord et du Sud, des Aborigènes (Layton 1989), des Bushmen, des Pygmées et désormais de masses européennes déculturées de plus en plus grandes, passées, en France *e.g.*, par l'Ecole, le Lycée, les IUFM et l 'Université (Cf. l'indécrottable affaire Galilée).

galopantes et menaçantes, effondrements identitaires, transnationales économiques, bancaires et mondialistes).

Notons au passage qu'il est commun de considérer des réserves comme les miennes comme émanant de personnes 'anti-science'. L'analyse des postulats, instruments, constitutions, théories etc., qui gouvernent ce que fait un scientifique ne me semblent pas être le rejet des sciences, si elle est cependant le rejet de **La Science**, nouvelle croyance. Bien au contraire, puisque dire comment se construisent et triomphent parfois les faits scientifiques, c'est montrer l'intelligence (le génie), la ténacité, le dévouement, la fine stratégie sociopolitique ou linguistique (Galilée, Cf. Feyerabend 1989, Stengers 1993, 2006 ; Pasteur, Cf. Latour 1997a, 1999) parfois d'hommes et de femmes par ailleurs intègres et souvent modestes (P. et M. Curie, notre actuel Nobel de Chimie), pour faire triompher telle ou telle idée. Einstein disait, comme Latour aujourd'hui, qu'il ne faut pas se fier à ce que le scientifique dit qu'il fait mais **regarder** ce qu'il fait. Ce qui en outre est considérablement plus passionnant.

L'archéologie et ses clients

Pour revenir à mes activités d'archéologue, activités à partir desquelles ma critique est née, disons simplement que je me suis posé la même question que d'autres scientifiques : 1° comment établir un dialogue entre sciences et, 2° entre les sciences et leurs utilisateurs/consommateurs… Car en situation de développement qui est presque toujours la nôtre (à l'IRD particulièrement), nous percevons mieux et plus rapidement que d'autres le conflit des connaissances et ses incidences sur la vie des gens (Holtedahl *et al.* 1999) qu'en Europe-Amérique, où nous sommes tous passés par le formatage de l'Ecole[315].

Je me suis demandé ce qui était compris, enregistré puis assimilé de mes travaux (à savoir l'exposé archéologique classique : **l'exposé scientifique**), par les personnes du village proche, par les personnes apparemment ethniquement ou historiquement concernées (groupes ou individus), par les autorités religieuses locales (islam), les païens ou les autorités administratives dans la mesure aussi où je pouvais maîtriser une langue

[315] Ce qui explique bien par ailleurs le souci des 'républicains' Gambetta, Combes, Ferry et des 'laïques' actuels envers le contrôle de l'Enseignement baptisé significativement : *Education* Nationale.

locale[316]... mais sans réellement connaître les visions du monde que ces personnes possédaient (les savoirs traditionnels en général relevés par les ethnologues[317]). Si ce nouveau savoir tel qu'il est, est utilisé au quotidien ordinaire, il ne peut entraîner chez ses utilisateurs, qui vivent grâce à un autre savoir, qu'une sorte de schizophrénie provoquée par la manipulation parfois conjointe ou simultanée de savoirs aux postulats complètement différents[318]. Toutes les confrontations le montrent (Layton 1989, Shennan 1989) même si, en Europe, le savoir scolaire venu des Sciences n'avait parqué tout savoir local venu du fond des siècles et encore vivant, sous la forme acceptée du folklore, ses contes, ses habits, danses et légendes, ou du savoir quotidien, spontané ou les pratiques de voyance, tarots... sans oublier les campagnes anti-chrétiennes depuis 1789. A la confrontation des savoirs/connaissances on préféra l'exclusion (*e.g.* la chasse aux langues locales), quand ce n'était pas la déportation ou l'extermination (Amérindiens, Tatars de Crimée, Tibétains, paysans ukrainiens ou vendéens).

Pour notre propos, suffirait-il de comparer la nature des savoirs mis face à face comme je le tentais trop brièvement en 1997, 1999 et 2000, pour trouver une solution ? Comment font donc les chercheurs, les ingénieurs, les techniciens et les artisans pour **faire passer** une invention (une " idée ") dans la pratique ?[319]

- le **savoir scientifique** que je fabriquais se fondait sur des mesures physiques, géochimiques, présentations-classifications pédo-strati-sédimento-anthropologiques, etc., des analyses-classifications faunistiques, floristiques, palynologiques, minéralogiques, etc.., des échelles de datations absolues (RC, TL). Plus des tableaux morpho-technologiques, tableaux de décors, de constituants, etc., associés à toute une instrumentation de laboratoire : RC, TL, K/Ar, U/Th, ADN, ATD, RX, théodolite, boussoles, MEB, code Munsell, etc. et objets divers plus ou moins isolés. Les produits de ces traitements présentés en tableaux, histogrammes, courbes, matrices, plans...) sont tout à fait abstraits et utilisables en tant que tels (échelle, étendue, compréhension, troncatures...) et non pas en savoir ordinaire-traditionnel sauf à expliquer le *passage* d'un savoir dans l'autre.

---

316 Au Nord du Cameroun : le peul oriental (*fulfulde funaangere*), langue véhiculaire.

317 Il y aurait aussi là-dessus beaucoup à dire comme je l'ai suggéré au début de ce texte.

318 Cette vie schizoïde n'est-elle pas caractéristique de notre modernité actuelle ?

319 Comment fabriquer un moteur Diesel qui 'marche "... à partir des plans de M. Diesel ?

Cette fabrication repose sur un ensemble de théories plus ou moins claires et précises quant aux comportements humains et de pratiques (méthodes et techniques) partagées entre archéologues de par le monde légitimant les méthodes et techniques utilisées... Le tout est relié et mis en discours dans un langage proche du langage naturel où le vocabulaire créé au fil des temps comporte quelques termes 'scientifiques' c'est-à-dire plus ou moins univoques. *Grosso modo* c'est une narration proche des narrations ethnographiques puisqu'au fond il ne s'agit - sur la base de vestiges plus ou moins tronqués, rares ou mêmes parfois absents – que de décrire un morceau de société dans tous ses tenants et aboutissants, malgré l'insuffisance des vestiges... La règle est d'interpréter au plus juste (théorie minimale), ce qui rend l'utilisation du conditionnel, des indéfinis comme de la voix passive (plus de nombreuses expressions conditionnelles), inévitables et dominantes. A telle configuration de faits dans l'espace et le temps, avancée par le chercheur, peuvent correspondre plusieurs analogies ethnographiques.

C'est le principe de Duhem[320] en pire puisque si : *Aucune observation ne peut être énoncée sans recours à un langage qui lui confère sa signification et qui permet sa confrontation avec la théorie* (Stengers 1993 : 39), aucune observation en archéologie n'est hors théorie et de plus ni complète ni suffisante. Une théorie particulière des archéologues n'existe pas puisqu'ils se réclament de diverses théories, seule existe une sorte de modèle analogique de base consensuel dans la profession (proche du paradigme de Kuhn) où le chercheur interprète ce qu'il fouille et examine en fonction de connaissances actuelles ethnographiques. Ce modèle a une histoire puisque des fouilles extractives du début du XXè (copiées sur les fouilles géo-paléontologiques), on est passé aux fouilles horizontales issues de l'observation de l'évolution de villages et de leur empilages successifs (point de vue anthropologique), à la fouille en équipe et au relevé de Tout ce qui est exhumé.

Sans développer outre, l'archéologue au final publie l'étude des artefacts, de leurs formes, couleurs, techniques, de leurs situations/relations, date les couches où ils étaient, etc. Ceci apparaît sous les formes que nous disions plus haut : tableaux, courbes, histogrammes, listes, stratigraphies, plans, dessins abstraits, cartes, expliqués par un commentaire écrit joint, en

---

[320] Qui indique que les 'faits' sont toujours sous-déterminés. Un ensemble de faits n'est jamais suffisant pour expliquer la clôture d'une controverse scientifique ou justifier la certitude acquise par les scientifiques (Latour 1995 : 48). " *une infinité de faits théoriques différents peuvent être pris pour la traduction d'un même fait pratique* " (*in* Duhem 1906 *La théorie physique*, 2è ed.).

langage quasi naturel. Ces études sont publiées dans des revues spécialisées ou 'vulgarisées'dans des revues mensuelles grand public (*Archeologia*, *Pour la Science*, *La Recherche*, etc.). Personne ne semble avoir saisi que cette vulgarisation (*popularization*) est déjà un **autre savoir** fabriqué pour le transfert entre d'un côté les spécialistes (initiés) et de l'autre des publics variés (professeurs, instituteurs, journalistes, gens du commun dont la concierge de Molière n'est pas le moindre).

- Le **savoir traditionnel, quotidien ordinaire**, souvent informulé mais gérant des situations concrètes, particulières, quotidiennes ou mensuelles en fonction d'une vision du monde non-scientifique (une Constitution non-moderne ou pré-moderne comme disent les modernes...).

Il suffit de lire la description que fait Ph. Descola (1986) des savoirs des Achuar d'Amazonie, pour saisir immédiatement la distortion sinon l'inadéquation qui règne entre leurs savoirs et le savoir scientifique. Une réflexion étendue à la planète entière (Descola 2005), montre qu'il en est partout de même... Il faut les connaissances et le remarquable talent de Descola pour présenter une analyse-synthèse globale lisible à un niveau scientifique et même encore s'est-il éloigné des réalités concrètes pour donner une compréhension sinon une explication de ces modes de savoir. C'est la condition même du savoir scientifique. A la limite, comme ceux qui - en Europe et aux E.-U. - refusent de se soumettre aveuglément aux laboratoires, aux pouvoirs variés parfois autoproclamés, les Achuar - je l'espère - peuvent encore vivre et mourir librement selon leurs croyances, us et coutumes... sans avoir de plus, jamais lu Descola lui-même...

Dans ce savoir traditionnel, figure leur conception de Leur passé, Leur présent, Leur futur tout à fait autre que le présent, le passé et le futur des historiens et des archéologues (Layton 1989, Marliac 2005d).

Je compte sur les doigts d'une main le nombre de villageois qui m'ont demandé le résultat de mes fouilles dans leurs villages ! En revanche, je pense que sous une forme plus ou moins soignée mes résultats réapparaîtront dans les prochains manuels d'histoire au Cameroun depuis le CE1 jusqu'au Lycée. Il m'intéresserait fort de savoir sous quelles formes... Pareillement ces résultats feront partie du savoir de base archéologique sur la région, repris régionalement par d'autres collègues ou continentalement à propos de l'histoire de l'Afrique subsaharienne à compter des derniers millénaires avant le Christ. Le problème se pose à la confluence des deux savoirs que diverses personnes peuvent mettre en route en même temps, pour des raisons aussi variées que résoudre un problème technique (médical, agricole, culturel, comportemental…), se placer par rapport à d'autres dans un jeu d'interactions entre individus, gagner une position sociopolitique fructueuse ou respectée dans des sociétés différentes, évacuer des tensions psychologiques internes ou externes, répondre à des impératifs moraux ou religieux très forts. Tout cela pouvant s'associer, plus ou moins bien et plus ou moins fort, selon les alliés trouvés et l'évolution des situations.

Je n'ai actuellement aucun moyen de savoir ce que les villageois camerounais des régions où j'ai travaillé vont faire de mes travaux, s'ils ne les ignorent pas complètement (Que peuvent-ils y comprendre sauf martelage scolaire ? Comment peuvent-ils y accéder ?). Ils peuvent faire ce que nous avons fait avec les Gaulois et se rattacher à ces civilisations de l'Age du Fer et les suivantes entre le Vè et le XVIIIè siècles de notre ère, globalement sans aller plus loin (Marliac 2006a). Mais comment puis-je intégrer 'les Gaulois' abstraction archéohistorique relative, et moi ? Comme fond de carte animée, à mes activités ? Comme fiction me situant dans un village gaulois ? Est-ce que pour moi la phrase " *Nos ancêtres les Gaulois* " a un sens sinon que j'ai besoin d'avoir des ancêtres comme tout un chacun de par le monde ?

Et mes Guiziga, Mafa, Moundang, Mousgoum et Massa du Nord du Cameroun ? Comment vont-ils faire dans un contexte où ils s'islamisent, se christianisent, se modernisent de gré ou de force ? Leur refus en cas d'islamisation de rejeter leur ascendance ethnique (Marliac 2006a), jadis reniée totalement pour devenir un vrai musulman, est la marque d'un traitement nouveau de leur identité. Est-il appuyé sur des résultats momentanés de l'ethnologie et de l'archéologie disséminés par les moyens modernes de communication ? Et expliqué par une stratégie politique locale face à d'autres stratégies identitaires voisines s'affirmant (islam) ?

Passant à un niveau plus général, ainsi aussi le problème continental de la traite négrière, on voit s'opposer sur des morceaux de savoir mal distribués, de furieux appels de groupes africains ou maghrébins à la repentance des Européens, appels relayés sinon appuyés par les médias dispensant les morceaux choisis de ces connaissances, par certains partis politiques, certains syndicats, des associations. Comment justifier une telle repentance inter-générationnelle en-soi, puis par rapport aux connaissances sur l'histoire de l'Afrique noire ? Outre l'inanité de cette responsabilité transhistorique, c'est l'utilisation partielle dans un vocabulaire codé, de faits historiques, ethnologiques ou archéologiques qui avancés autrement et complétés annulent ces réclamations par ailleurs monnayées. Le 'colonialisme' n'est qu'un exemple - avec des moyens modernes - d'innombrables invasions, colonisations, conquêtes, massacres, guerres historiques que les peuples pratiquaient entre eux et chez eux depuis des millénaires ![321] Et qu'ils continuent de pratiquer aujourd'hui au Tibet, en Birmanie, en pays Kabyle, au Zimbabwe sans aucune pudeur. Quant au point particulier de la traite vers les pays arabes et musulmans, on sait très bien qu'elle existait à l'intérieur de l'Afrique entre sociétés plus ou moins hiérarchisées et que les commerçants africains eux-mêmes en ont tiré large profit sans aucun remords[322].

Si condamnation morale il y a, elle est, de plus, de nature moderne et récente (apparition avec le christianisme de la notion de victime (Girard 1999) et s'adresse à tout le monde et doit donc se réduire à la décision pour **tous** de ne plus jamais recourrir aux moyens jadis utilisés (conquêtes, massacres, intolérance, racisme, esclavagisme, etc.).

Brève conclusion

Ces quelques remarques pour dire que le débat sur la science/la recherche est d'actualité et pour nous, - chercheurs à l'IRD, préoccupés en principe par le Développement hors de nos frontières -, central. On peut même laisser de côté - quoique j'en doute personnellement - la critique de fonds quant aux origines du monde, de la pensée, de l'homme, de la Vie pour s'apercevoir que le Développement a en général failli du simple fait que nous avons toujours considéré que Notre savoir - le savoir scientifique occidental et son expression commune chez les Occidentaux[323] - était **Le seul vrai savoir**... La critique de cette position inégale a déjà été faite et commentée mais elle est restée en chemin car elle se faisait comme d'habitude à partir de la même *Constitution moderne :* on voulait bien entendre - dans un grand

[321] "*Si les Occidentaux n'avaient fait que commercer ou conquérir, que piller et qu'asservir, ils ne se distingueraient pas radicalement des autres commerçants et conquérants. Mais voilà, ils ont inventé la science, activité tout à fait distincte de la conquête et du commerce, de la politique et de la morale.* " (Latour 1991 : 133).

[322] Lentz Th. *Napoléon et l'esclavage : une polémique inepte.* ***Le Figaro Littéraire*** 22 XII 2005 : 3.

[323] Inconscients et fiers de se croire ni superstitieux, ni croyants, ni naïfs mais si bien armés (dans tous les sens du terme) et si bien transformés en consommateurs de biens et de jeux.

geste d'amitié - les savoirs traditionnels, ethniques, locaux, quotidiens, mais à condition qu'ils soient d'abord jugés par nous, par nos sciences…[324]

Or c'est là tout le problème : le nouveau savoir doit se construire et se reconstruire en permanence avec les autres savoirs **tels qu'ils sont** en cherchant à s'y accommoder et les accommoder tous, les rendre satisfaisants, utiles, humains, compréhensibles, malléables, disponibles... bref, démocratiques ce que nos sociétés modernes productrices et consommatrices de biens comme de loisirs, sont incapables de faire encore.

"*...we must also learn to respect other intellectual approaches, whether they be the traditional approaches of seafarers and peasants, or approaches created by other sciences. We must learn no longer to judge the population of knowledges, practices, and cultures produced by human societies, but to interbreed with them, establishing novel communications that enable us to deal with the unprecedented demands of our era.*" (Stengers & Prigogine 1997 : 56)

[324] Cf. le titre du colloque de Marseille en 2007 : "*L'anthropologie face à ses objets : nouveaux contextes ethnographiques*" …où on sent bien combien peu l'anthropologie'en-place' va bouger.

Commentaire

Le présent ouvrage, collecte de textes hétérogènes, n'a pour unité que le principe qui les sous-tend tous : faire apparaître les **attachements** que ce qu'on appelle *l'objet archéologique* entretient avec d'autres domaines du réel qu'il s'agisse d'un attachement permanent, momentané, ancien, nouveau ou événementiel. Il est question alors de *social* et même de *politique* au sens général du terme. Mais puisque le titre n'en parle pas directement autant désamorcer le mot tout de suite.

Je n'entends pas ici par *politique* ce qui est couramment déclaré par les modernes, quant aux utilisations des savoirs scientifiques ou déclarés tels (intérêts, besoins). Pour eux, ces utilisations sont déformées, partielles, irrationnelles ou carrément bassement politiques. Je ne répèterai donc pas :*...il faut donc tenir la politique à l'écart de la science et la science à l'écart de la politique*[325]. En effet, ceci confirmerait **L**a **S**cience et les sciences dans la position que longtemps les scientifiques ont voulue et pratiquée au sein de l'Etat, en échange de retombées fructueuses dans le monde marchand et qui leur revient sur la tête aujourd'hui : **L**a **S**cience dit la **Vérité, L**a **S**cience **juge**. Tout ce qui s'oppose à **L**a **S**cience relève du mythe, de l'irrationnel, du mensonge, des passions ou des intérêts, etc., qui vont contre le thème du 'Progrès' sur lequel s'appuie le mode de raisonnement scientifique issu de la *Constitution moderne* (Callon *et al.* 2001 : 157-158). Ceci confirmerait dans la foulée l'embrigadement politique fondamental de **L**a **S**cience en général, sous la forme de cette invocation quasi quotidienne médiatisée sur laquelle on ne revient plus pour faire taire les autres opinions. **L**a **S**cience est inexpugnable mais en même temps utilisée constamment dans l'Industrie, ainsi qu' incorporée à tous les mélanges possibles...

---

[325] Je ne ferai pas la liste des déclarations écrites ou orales de ce genre : elles font partie de la pensée établie, de la dominance idéologique partout décelable... paroles quotidiennes, émissions radio ou télévisées, articles et éditoriaux, conférences, tables rondes, enseignement des Ecoles, presse syndicale, etc.

Nous nous opposons à cette position (sans entrer dans la question de savoir si une proposition scientifique est d'abord une proposition valide ce que refusait K. Popper). Nous ne nous livrerons pas non plus à l'agitation préférée des modernes, *i.e.* l'habituelle dénonciation, car les modes de raisonnement scientifiques (maladroitement rassemblés sous le nom magique de *La Science*) ont une histoire, et des résultats de valeur. Nous nous contenterons de déclarer simplement que la science (mieux : **les** sciences) est une des activités de connaissance des hommes, particulière et historiquement située et, qu'en ce sens, elle est politique sans y voir une tare rédhibitoire mais une remise en place salutaire qui, par ailleurs, la délivre de ce fardeau, qu'on lui assigne à tout propos et pour tous les cas, de juge sociopolitique ultime.

Il s'agit désormais simplement de voir à quels culs-de-sac, problèmes (parfois planétaires), bénéfices et rentes sociopolitiques cette pratique a abouti, quelles mises en cause ont déjà désagrégé son socle et quelles solutions pourraient, avec d'autres, être prises.

Les articles ici présentés montrent - je l'espère dans ce cas limité - la lente mise en cause d'une pensée moderne aux prises - à propos de sa discipline - avec ses objets, leurs conséquences dans le monde et dans ses milieux ; aux prises aussi avec elle-même, puisqu'il lui a fallu mettre en cause ce qu'elle considérait au départ comme des 'faits' immuables. Cette mise en cause est politique au sens noble du terme. Le premier article (HA**) représente le départ de cette réflexion : rien de bien neuf d'ailleurs. Les deux articles suivants (DP et TN**) sont des réflexions, une à partir du terrain, sur la rencontre réelle entre les disciplines, réflexions poursuivies dans les articles DA et PAP** par une extension aux problèmes généraux à travers leurs langages. PAR** montre comment aujourd'hui ces rencontres sont considérées et quelle attitude prendre. L'approche préconisée, consistant à revenir sur les termes utilisés avec ce qu'ils impliquent comme constitutionnel est développée dans la suite (GE, AA, NO**) jusqu'à mettre en cause la science telle qu'elle est abruptement appliquée par les organismes de recherche dédiés au Développement.

La grande fréquentation par les archéologues des sciences dures (14 C, TL, ATD, MEB, U/Th, A/Kr, etc.) et des sciences naturelles (géomorphologie, pédologie, sédimentologie, géochimie, paléontologie, paléozoologie, paléobotanique...), à la fois les démarque des autres sciences sociales et, en même temps, leur laisse croire parfois qu'ils pratiquent une science quasi naturelle (Cf. l'illusion des *archéomètres*), ce qui bien entendu est faux : l'archéologie c'est de l'anthropologie délimitée par ce à quoi elle s'attaque : les cultures du passé par où elle rejoint une grande part de l'anthropologie culturelle : les techniques, les arts. C'est bien ainsi d'ailleurs que se reconnaissent la majorité des archéologue-préhistoriens français à la suite de A. Leroi-Gourhan (Audouze & Leroi-Gourhan 1981, Garanger 1992, Coudart 1992, Lemonnier 1993, Audouze F. 1999, Marliac 2006a). Peut-être faut-il déjà re-dire que les sciences de terrain dont fait partie l'archéologie ne sont pas des sciences exactes, celles qui leur servent de modèle : leur définition des " faits " ne remplissent pas les conditions nécessaires et suffisantes.

A l'origine, tout le monde s'en doute, j'étais plutôt ignorant en philosophie/épistémologie jusqu'à ce que l'expérience de terrain en Afrique noire (y compris celle du petit monde bavard, autosatisfait et babamarxiste[326] des socio-anthropologues affectés par l'ORSTOM ou le CNRS sous les tropiques), mes réflexions personnelles, mes difficultés, mes lectures, mes activités de chercheur (Marliac 1978a, 1995a, etc.) associés à une critique grandissante d'une *modernité* essentiellement fondée sur la négation, le renversement et - fondamentalement - l'absence de toute symétrie anthropologique, me conduisirent :

1° à m'investir dans ces secteur précis de l'épistémologie, de la sociologie des sciences qui me semblaient bien convenir aux questions que je me posais. Je me suis aperçu que si j'avais appris mes leçons pour devenir archéologue-préhistorien, je n'en avais jamais appris les principes ni l'assymétrie fondamentale, notions exclues absolument, et pour cause, de tout enseignement primaire, secondaire publics (l'ancienne classe de philosophie) puis supérieur ;

2° à une conversion analogue à celle à laquelle René Girard (2004), comme A. Soljenitsyne, nous ont conviés, et à la découverte de travaux novateurs en sociologie des sciences, sociologie de la traduction (Marliac 2006a). La difficulté de transmettre, traduire pour tel ou tel public dans un sens comme dans l'autre (mes étudiants à Yaoundé ou Paris, les villageois, les autorités...), fut le point de départ de cette réorientation.

Dans une autre direction, ces textes laissent voir la grande influence qu'Isabelle Stengers et Bruno Latour ont exercé sur ces réflexions en me fournissant les outils et les méthodes d'un réexamen de la *Constitution* qui

[326] J'appelle babamarxistes, ces doubles 'héritiers' occidentaux qui, à l'abri de situations financières garanties par leur société d'origine, ne cessent de la vilipender et parfois même, de la détruire par tous les moyens possibles...

était jusqu'alors, mienne. Trop directement peut-être, j'ai tenté d'appliquer dans mon domaine, puis vers tous les domaines concernés par mes travaux, les principes et méthodes de leur *Nouvelle Alliance* ou de leur *Constitution amoderne* dans ce que j'en saisissais d'utile pour mes propres questions personnelles et d'archéo-anthropologue. Ils me pardonneront de résumer ici sous deux expressions l'ampleur et la richesse de leurs pensées et si je les ai quelque peu mécompris. Mais c'est un peu le lot des pionniers que de voir s'ouvrir des champs d'exercice, là où ils ne les attendaient pas forcément et d'être traduits voire trahis...

Parmi mes interlocuteurs, les seuls aptes à pouvoir me comprendre en tant qu'archéologue-anthropologue étaient, outre mes collègues occidentaux, mes collègues africains, puisque tous rassemblés sous le même *paradigme,* hors duquel point de salut. Les premiers ne sortant pas de l'exercice classique de leur discipline, y publiant ou pas d'ailleurs d'importants et excellents travaux, ignorèrent quasi totalement ma façon de comprendre le Développement, peut-être à juste titre ...

Les deuxièmes en revanche, quand ils n'étaient pas enfermés mêmement par leur cursus scolaire et universitaire moderne, auraient pu m'apporter une critique équivalente à celle de Diop (1979, 1981) ou de Mudimbe (2000). Mais elle restait très rare malgré tout, soit qu'ils ne veuillent ou ne puissent sortir de leur formation moderne, soit qu'ils se sentent menacés dans leur propre pays par une administration politisée, brutale, soit qu'ils souhaitent une réussite professionnelle sans problème, donc sans conflits, ce qui est bien humain.

Liberté leur était octroyée, en général, quand leur critique adoptait et clamait la version acceptée par les pouvoirs sous les habits de la dénonciation réitérée anticolonialiste/antiraciste. Critiquer 'les Blancs' verbalement, globalement ou physiquement, était recevable comme on l'a vu en plein Paris (on ne fait jamais appel en vain à la foule comme l'a magistralement montré René Girard). De même, en Côte d'Ivoire sans que l'Ambassadeur de France ne proteste, comme son collègue Ambassadeur de Côte d'Ivoire en France osa le faire en oubliant sa fonction.

Comme l'exemple de Diop l'a montré (PAP**), cette version s'adossant à un *liberal guilt* global des Euro-américains jamais mis en perspective historique (mais cf. Marliac 2006a) et constamment réalimenté par des médias et des groupes mal informés, ne remettait pas en cause ces mêmes pouvoirs (réels ou délégués), ni d'ailleurs ne réussissait à approcher la véritable critique de la *Constitution moderne* qui contribue aux rapports socio-économiques et culturels inégaux établis entre Occident et Tiers-Monde depuis le début de l'expansion européenne puis du colonialisme[327].

Très peu de chercheurs africains - à ma connaissance - ont approfondi ce que Diop, Mudimbe ou d'autres avaient mis en cause - intuitivement ? - sans en repérer les origines. La seule dimension anticolonialiste qui les dédouanait de tout effort intellectuel comme entrepreneurial, s'adaptait bien aux besoins politiques nationaux de certains groupes occidentaux et aux élites africaines corrompues installées et suffisait à beaucoup, appuyée sur un immigrationisme compensateur, comme elle a suffi - selon le vieux mécanisme du mimétisme désignant aux foules un bouc émissaire - à Mugabe, Mengistu et autres tortionnaires tropicaux, pour semer la mort raciste et la misère sur leurs propres peuples et garder le pouvoir. Cette indifférence est très certainement politique car aucun homme politique actuel ne peut ignorer les conséquences dramatiques prévisibles de ce 'laisser faire' immigrationiste/émigrationniste qui s'apparente à un appui pour des buts mondialistes indifférenciateurs et une dangereuse saignée pour les pays sous-développés.

Pour revenir aux Africains, les villageois qui émigrent et ceux qui restent, qui sont la chair même de l'Afrique tropicale - et c'est à eux que je pense d'abord - quel savoir ajoutai-je au leur ? Quel était le leur et comment se modifiait-il ? Pourquoi le mien ne se modifiait jamais alors que, visiblement, il n'avait que de vagues correspondances avec ce qui paraissait être leur savoir ?

Pas une ligne de mes premiers écrits proprement archéologiques ne les concernait ni ne parlait d'eux ni ne les entendait. En revanche, ils définissaient, vite et bien, nombre des objets qui sortaient à la fouille. Quelque chose échappait à la connaissance… et cela ne pouvait venir que de l'indéfinition de l'espace communicationnel entre nous et Eux - les Autres - (Marliac 2006h). L'archéoanthropologue moderne et ses outils, réels ou idéels, sur le site et au labo, est à la recherche, au-delà de nos quotidiennetés, d'Une connaissance et non pas de La connaissance. Fol orgueil des hommes 'modernes' ou trajectoire que nous devrons maîtriser un jour ?

Inversement d'ailleurs, les nombreuses lignes que les intellectuels africains rédigeaient - dans l'ordre du politique - révélaient à la fois leur refus justifié d'un statut inférieur, leur adhésion en bloc à la science et ses dernières théories sociologiques ou leur rejet complet et parfois, hélas, leur

---

[327] Pour garder par commodité une terminologie vieillie et usée…

participation au lynchage journalistique habituel. On peut citer aussi - favorablement cette fois - les syncrétismes intellectuels, parfois baroques, mais tout à fait réels et passionnants, depuis les tradipraticiens des banlieuses congolaises (Hagenbucher 1994) jusqu'aux poètes, romanciers, philosophes et auteurs de science ou histoires-fiction africains reconnus ou pas (Dika Akwa 1985). A cet égard, la littérature actuelle, les films, les émissions de Télévision, les arts et les jeux, les pratiques comme les déclarations pourraient faire l'objet d'un examen pertinent.

Au-delà de nos habitudes de pensée, de nos pratiques quotidiennes, de nos pratiques scientifiques (ici anthropo-archéologiques) enseignées et vécues et leurs théorisations ultérieures, au-delà des millions d'objets recueillis de par le monde, étudiés, publiés, exposés ou empilés, magasinés, jetés, détruits, existent et ont existé des hommes, des femmes, des peuples. Oserons-nous parler de tribus, clans, hordes, royaumes, nations ? Si les peuples disparus doivent être compris, *expliqués*, les peuples actuels doivent l'être aussi car c'est pour eux que nous fabriquons des 'faits' ; les hommes de la préhistoire n'en ont cure. Mais ces peuples doivent de plus désormais être entendus, - non seulement comme il devrait être de règle dans nos sociétés arrogantes afficheuses de principes qu'elles piétinent[328] -, pragmatiquement, en totalité et aussi souvent que possible, conviés à participer selon leurs souhaits et volontés à ces *explications*-définitions que les archéologues/anthropologues/historiens, donnent de leur passé. Car les 'faits' que les scientifiques leur apportent ne sauraient arbitrer seuls, leurs choix de société actuels. Ces faits prennent leur valeur arbitrale absolue pour ceux qui acceptent les conditions qui les ont fait naître. Ceux qui ne font que passer, qui ignorent volontairement nos laboratoires, pillent les musées ou les sites, se détournent, ou cherchent autre chose, n'ont que faire de nos belles démonstrations.

Ce que disent les archéologues (comme ce que disent les historiens, anthropologues ou sociologues) est repris, reformaté, transformé, transporté, tronqué, transmis, oublié ou effacé par d'autres pour différents intérêts et objectifs au sein de la pelote de groupes plus ou moins étendus (*les collectifs*) qui forment une 'société', groupes en négociations permanentes pour leur survie et, plus tard, le pouvoir et l'argent (moyens d'accès aux objets et aux plaisirs).

---

[328] Cf. les lois répressives et les pratiques judiciaires de tant de pays " démocratiques ".

Si depuis longtemps, j'ai souhaité faire apparaître ces peuples auxquels visiblement - et officiellement[329] - mes travaux étaient destinés, je n'ai pu éviter bien évidemment de mettre en cause le vecteur et fabricant des travaux : l'archéologie à travers moi, et, avec moi, tout le bagage intellectuel acquis.

Je reconnais très aisément comme A. Leroi-Gourhan, même si tout cela est obscur en nous, la part passion-émotion qui m'a poussé vers ma discipline. Nous fouillons la terre à la recherche des hommes et de leurs vestiges comme nous fouillons notre âme ou pas, hélas 'aidés' des psychanalystes, à la recherche de l'homme[330].

Nul besoin parfois de quêtes lointaines vers d'autres hommes et d'autres dieux qu'en général on aborde avec une raison ordinaire coulée dans le bronze de la certitude mais dérivée de celle que nous pensons utiliser dans nos activités de scientifiques et - pour la majorité des contemporains - vidés de la part religieuse de notre propre culture, comme de sa part véritablement scientifique bien sûr. *Nous faisons de la science une sorte de sens commun évident et banal* (Latour 2004 : 84), nous ignorons notre propre culture comme son histoire et allons chercher ailleurs ce que nous ignorons avoir perdu avec une partie de notre Foi. Il suffit d'avoir la force et l'honnêteté de faire retour sur soi pour retrouver le socle.

J'ai fait partie de ces émigrés involontaires de leur propre culture tout en ayant la chance de le faire dans un Institut particulier, outre-mer et dans un champ disciplinaire à part : l'archéologie où l'on pouvait amener au jour et aux publics des choses, des sites, des hommes, des dates en lieu et place des narrations plus ou moins aussi solides que celles de nos collègues sociologues, géographes, ethnologues ou démographes. Ces collègues sauf bien sûr exceptions - de grande qualité parfois - n'avaient en tête (ils nous le disaient avec candeur) que d'échapper au plus vite au terrain, à ces *Tristes Tropiques* quasi céliniens, pour devenir – au sein de l'*urbs* moderne - ces intellectuels sollicités et adulés par un monde sociomédiatique connivent au sein de la même *Constitution moderne*. Ils voulaient échapper aux tâches de

---

329 Les chercheurs en Sciences sociales de l'ORSTOM avaient pour **mission statutaire**, jadis, d'étudier chacun dans sa discipline, les pays et peuples en cours de développement. On enjoliva plus tard en ajoutant 'en coopération' sans que RIEN ne change quant au rapport inégal des modes de pensées respectifs. Enfin on se referma sur un Institut de Recherche pour le développement (IRD) dont la vision alignée 'moderne', éradiquant ce qui vivait encore de sa relative originalité, conduisit à l'état actuel de déréliction, perte de sens et perte d'enthousiasme.

330 Or... *je ne suis pas prisonnier de ma raison. J'ai dit Dieu* (A. Rimbaud).

cette infanterie de la recherche que nous étions, troupe méconnue, constituée par ceux qui persistaient dans le même Institut et dans les séjours de terrain longue durée. Comme ces professeurs, totalement ignorants des conditions de terrain, des priorités et parfois même des principes de base de l'archéologie, imposant tel ou tel sujet de thèse à des poulains qui débarquaient impuissants sur nos terrains et qu'il fallait guider, reformer, soutenir, corriger, réviser, etc.

Cette tâche - tout au long de ma carrière - au nom de la coopération n'a pas été une perte de temps, dans la mesure où elle permettait de mesurer l'écart entre les thèmes (et leurs belles dénominations) et ce qui était extrait du terrain selon des méthodes connues de tous (le *paradigme* des archéologues). Apparaissait ainsi au grand jour les postulats théoriques bien faibles de certains *postprocessualistes* ou autres, hypnotisés par telle ou telle archéologie à la mode aux Etats-Unis : les *biaisés*.

Hélas pour ces chercheurs retranchés dans leurs structuralismes, psychanalismes, déconstructivismes, babamarxismes - ne devient pas Lévi-Strauss qui veut comme disait déjà R. Bastide -, même si des médias complaisants vous prennent comme *guru* de service, quitte à vous abandonner la semaine suivante pour un nouveau *guru*.

Ce premier contact entre l'activité scientifique réelle à la paillasse, à la fouille, et les théorisations générales, premier contact aussi avec les peuples concernés plus ou moins clairement, furent les déclencheurs d'une relecture de mes activités et, partant, de mes présupposés conscients ou inconscients.

Abréviations et sigles

AD (ou ad) = *Anno Domini* : après J.- C. par opposition à BC (bc) = *Before Christ* : avant J.-C., BP (bp) = Before present : avant 1950 prise comme date origine ; conventions d'abréviation adoptées par les archéologues et préhistoriens.

AFA : Association Française des Anthropologues, Paris.

AFO : *L'anthropologie face à ses objets : nouveaux contextes ethnographiques.* Colloque International des 23, 24 & 25 Janvier 2007 à l'Université de Provence, Marseille (France).

ASEN : Association for the Studies of Ethnicity and Nationalism (LSE), Londres.

BC : Voir ci-dessus AD

BP : Voir ci-dessus AD

CCDE : Comité Consultatif de Déontologie et d'Ethique (IRD), Paris.

CNER : Centre National d'Evaluation de la Recherche.

CS : Conseil scientifique de l'IRD.

CSS : Commission scientifique des sciences sociales IRD.

DSF : Département Soutien et Formation des communautés scientifiques du Sud IRD.

DSS : Département 'Sociétés et Santé' IRD.

DIC : Délégation à l'Information et la Communication IRD.

IRD : Institut de Recherches pour le Développement (ex-ORSTOM)

213 Rue La Fayette 75480 Paris, France <www.ird.fr>

J.A. : *Journal des Anthropologues* (AFA)

STS : Sciences and Technologies Studies

UISPP : Union Intern. des Sciences Préhistoriques et Protohistoriques

WAC : *World Archaeological Congress* (dissident postmoderne de l'UISPP)

Références

ADAMS C., 1980 - Comment on 'archaeology and development' par D. Miller. ***Curr. Anthrop***. 21, 6 : 715.

AGIER M., 1997a - Nouveaux contextes nouveaux engagements. Comment être sur le terrain aujourd'hui? *In* Agier M. (ed.) 1997 *Anthropologues en danger. L'engagement sur le terrain*. **JeanMichel Place** : 9-28.

AGIER M., (ed) 1997b - *Anthropologues en danger. L'engagement sur le terrain*. **JeanMichel Place**, Paris.

AGRAWAL A., 1995 - Dismantling the Divide between Indigenous and Scientific knowledge. ***Development and Change*** 26 : 413-439.

AGRAWAL A., 2002 - Classification des savoirs autochtones : la dimension politique. ***Rev. Int. des Sc. Sociales*** 173 **UNESCO-ERES** : 325-335.

AMATO Isabel, 1997 - *Raden Ayou, la révolte du nénuphard*. **Kaïlash,** Paris.

AMSELLE J.-L., 1990 - *Ethnie*. **Encyclopedia Universalis** VIII : 971-972.

AMSELLE J.L. & M'BOKOLO E., (eds) 1985 - *Au cœur de l'ethnie. Ethnies, tribalisme et état en Afrique*. **La Découverte**, Paris.

Anthropologie et Histoire face aux légitimations politiques. ***Journal des Anthropologues*** (A.F.A), 2006, N° 104-105.

APPADURAI A.,1996 - *Modernity at large. Cultural Dimensions of Globalization*. **Un. of Minnesota Press**, E.-U.

ATLAN H., 1986 - *A tort et à raison. Intercritique de la science et du mythe*. **Seuil**, Paris.

AUDOUZE F. 1999 - New advances in French prehistory. ***Antiquity 73*** :167-175.

AUDOUZE F. & LEROI-GOURHAN A. 1981 - France : a continental insularity. ***World Archaeology 13***, 2 : 170-189.

AUGÉ M., 1986 - *Un ethnologue dans le métro*. **Hachette**, Paris.

AUGUSTIN Saint, 1962 [401] - *Les Confessions.* 2 vol. **Desclée de Brouwers**, Paris.

BACHELARD G.,1951 - *L'activité rationaliste de la physique contemporaine.* **P.U.F.**, Paris.

BACHELARD G., 1975 [1938] - *La formation de l'esprit scientifique.* **Vrin**, Paris.

BARNARD A., 2001 - Emic and etic. *In* Barnard A. & Spencer J., 2001 : 180-183.

BARNARD A. & SPENCER J.(eds) 2001 [1996]- *Encyclopedia of social and cultural anthropology* . **Routledge**, Londres.

BARREAU H., 1990 - *Le temps.* **Encyclopedia Universalis**, XXII, 273. Paris.

BARRETEAU D., BRETON R. & DIEU M., 1984 - Les langues. *In* Boutrais J. (ed) 1984 *Des hommes, une région.* **Mémoire ORSTOM** N° 102 : 159-180.

BAUMANN Z., 2000 - Les identités communautaires visent à conjurer les angoisses individuelles. ***Le Monde***, 23/5/00 : 19.

BAYART J.-F., 1996 - *L'illusion identitaire.* **Fayard**, Paris.

BAZIN J., 1999 - *A chacun son bambara. In* Amselle & M'bokolo (eds) 1999 : 87-127.

BEAUNE S. de, 2004 - The invention of technology. ***Curr. Anthrop. 25***, 2 : 139-162.

BEAUREGARD C. de, 1990 - *Le temps.* **Encyclopedia Universalis,** XXII, 277. Paris.

BÉCHILLON D. de, 1997 - La notion de transdisciplinarité. ***Revue du MAUSS*** 10 : 184-200.

BECK U., 2001 - *La société du risque.* **Flammarion,** Paris.

BENSAUDE-VINCENT B., 2000 - *L'opinion publique et la science. A chacun son ignorance.* **Les empêcheurs de penser en rond.** Sanofi-Synthélabo, Paris.

BERNAL M. 1999 - *Black Athena II. Les racines afro-asiatiques de la civilisation classique. Les sources écrites et archéologiques.* **P. U. F.**, Paris.

BERNANOS G., 1953 - *La liberté pour quoi faire ?* **NRF Gallimard**, Paris

BIELAWSKI E., 1989 - Dual perceptions of the past : archaeology and Inuit culture. *In* LAYTON R., (ed) 1989 : 228-236.

BISANSWA J.K., 2000 - *V.Y. Mudimbe : réflexion sur les sciences humaines et sociales en Afrique.* ***Cah. Et. Africaines***, 160, XL-4 : 705-722.

BOEDA E., 1997 – *Technogenèse des systèmes de production lithique des industries du paléolithique inférieur et moyen d'Europe Occidentale et au Proche-Orient.* Ms Thèse. **Univ. de Paris X-Nanterre**.

BOLTANSKI L. & THEVENOT L., 1991 - *De la justification. Les économies de la grandeur.* **Gallimard-nrf, Essais**, Paris.

BONNEUIL C., 1996 - Auguste Chevalier, savant colonial. in "*Les Sciences Hors d'Occident au XXè siècle*", ORSTOM-UNESCO, R. Waast (ed.), **ORSTOM,** Paris. Vol.2 : 15-35.

BONTE P. & IZARD M., (eds) 1991 - *Dictionnaire de l'ethnologie et de l'anthropologie.* **P.U.F.**, Paris.

BORILLO M., 1978 - Comment on theoretical archaeology. ***Curr. Anthrop.*** 19, N°2 : 319-322.

BOUTRAIS J., 1999 - Pasteurs du Sud, pasteurs du Nord... et les autres. *In* Holtedahl L., Gerrard S., Njeuma M.Z., Boutrais J. (eds) 1999 - *Le pouvoir du savoir de l'Arctique aux Tropiques. The power of knowledge from the Arctics to the Tropics.* **Karthala**, Paris : 21-40.

BRABANT P., 1991 - *Les sols des forêts claires du Cameroun.* 2 vol. **ORSTOM**, Paris.

BRABANT P. & GAVAUD M., 1985 - *Les sols et les ressources en terres du Nord-Cameroun.* **ORSTOM**, Paris.

BRUCKNER P., 1983 - *Le sanglot de l'homme blanc.* **Seuil**, Paris.

BRUNER E., 1994 - *Abraham Lincoln as Authentic Reproduction : A Critique of Postmodernism.* ***American Anthropologist*** 96 : 397-415.

CALLON M., (ed) 1989 - *La science et ses réseaux. Genèse et circulation des faits scientifiques. Anthropologie des sciences et des techniques.* **La Découverte**, Paris

CALLON M., 1991 - Réseaux socio-techniques et irréversibilités. *In* Boyer R., Chavance B. & Godard O. (eds) *Les figures de l'irréversibilité en Economie.* **Ed. de l' EHESS** : 194-230.

CALLON M. & LATOUR B., (eds) 1991a - *La science telle qu'elle se fait.* **La Découverte**, Paris.

CALLON M. & LATOUR B., 1991b - Introduction. *In* Callon M. & Latour B., (eds) 1991 [1982] - *La science telle qu'elle se fait.* **La Découverte**, Paris.

CALLON M. & LATOUR B., 1992 - *Don't Throw the Baby out with the Bath School !* in Pickering A. (ed) 1992 : 343-368. **The Univ. of Chicago Press.**

CALLON M. & RIP A., 1992 - Humains, non-humains : morale d'une coexistence. *In* Theys & Kalaora (eds) La Terre outragée. ***Autrement***, Paris : 140-156.

CALLON M., LASCOUMES P. & BARTHES Y., 2001 - *Agir dans un monde incertain. Essai sur la démocratie technique.* **Seuil**, Paris.

CAMMAS C., 2000 - Apports et perspectives de l'analyse micromorphologique des " terres noires ". **Terres Noires 1.** Documents Science la Ville 6 : 45-60. Université de Tours.

CAMMAS C., CHAMPAGNE F., DAVID C., DESACHY B., GUYARD L., 1995 - Le problème des " terres noires " sur les sites urbains tardo-antiques et médiévaux : réflexions et propositions méthodologiques à partir de l'exemple du Collège de France à Paris. ***Nouvelles de l'Archéologie*** 61 : 22-29.

CARPENTIER R . & CLIGNET R., 1998 - *Du temps pour les sciences sociales.* **L'Harmattan**, Paris.

CARTON M. & MEYER J.-B., (eds) 2006 - *La société des savoirs. Trompe l'œil ou perspective ?* **L'Harmattan**, Paris

CARRITHERS M., 1990 - Is Anthropology Art or Science ? ***Curr. Anthropology 31***, 3 : 263-282.

CHAVANE B. & FELLER C., 1986 - Construction de l'habitat et activité métallurgique dans un site protohistorique de la moyenne vallée du Sénégal. ***Cah. ORSTOM Sc. Hum.*** 22, 1 : 49-56.

CHERTOK L. & STENGERS I., 1989 - *Le coeur et la raison. L'hypnose en question de Lavoisier à Lacan.* **Payot**, Paris.

CLARK J.D.L. 1970 - *The Prehistory of Africa : Ancient Peoples and Places.* **Thames & Hudson**, London.

CLARK J.D.L. (ed) 1982 - *The Cambridge History of Africa.* Vol I. **Cambridge Univ. Press.**

CLAVERIE E., 1990 - *La Vierge, le désordre, la critique.* ***Terrain*** **14** (Mars) : 60-75.

COUDART A., 1992 - Sur l'analogie ethnographique et l'ethnoarchéologie et sur l'histoire des rapports entre archéologie et ethnologie. *In* Garanger J. (ed) 1992 : 248-263.

COURBIN P., 1982 - *Qu'est-ce que l'archéologie* **?** **Payot**, Paris.

COURTY M.A., GOLDBERG P., McPHAIL R., 1989 – *Soils and micromorphology in archaeology.* Cambridge Manuals in Archaeology. **Cambridge Univ.Press.**

COUTY Ph., 1993 - Le cercle des sciences. Réflexions sur la recherche multidisciplinaire. ***Cahiers ORSTOM*** Sc. Hum. 29, 1 : 231-237.

DARWIN C., 1861 - *On the origin of Species by Means of Natural Selection.* **J. Murray** (3è ed.), London.

DASTON L., 1992 - Objectivity and the Escape from Perspective. ***Social Studies of Science*** 22 : 597-618.

DAVID C., (coll.) 2000 – Terres noires urbaines. Collège de France (Paris-5), Bd St Michel, Paris 5. Procédures de fouilles : protocole analytique et protocole expérimental (Fév. 1997). *In* **Terres Noires 1**, 2000 – Documents " Science de la Ville " 6. Maison des sciences de la Ville, de l'urbanisme et des paysages. Université de Tours : 61-71.

DAVID C., CAMMAS C., DUREY-BLARY V., FECHANT C., JESSET S., JOSSET D., NAIZET F., 2000 - Problématique archéologique. Méthodes et techniques appliquées à l'étude des Terres noires. *In* **Terres Noires 1**, 2000 – Documents " Science de la Ville " 6. Maison des sciences de la ville, de l'urbanisme et des Paysages, Université de Tours : 15-38.

DAVID N., 1992 - Integrating ethnoarchaeology : a subtle realist perspective. ***Journal of Anthropological Archaeology*** XI : 330-359.

DAVID N., STERNER J. & GAVUA K., 1988 - Why pots are decorated? ***Cur. Anthrop.***29 : 365-389.

DAVID N., KRAMER C., 2001 - *Ethnoarchaeology in action.* **C.U.P.**

DELNEUF M., 1987† - Histoire du peuplement et cultures matérielles : la poterie guiziga au Diamaré (Nord-Cameroun) *In* Journées d'Etudes "

Langues et cultures dans le bassin du lac Tchad ". ***ORSTOM Colloques & Séminaires*** : 87-103.

DELNEUF M., 1998† - Recherches archéologiques de l'ORSTOM *In Paléoanthropologie en Afrique Centrale, un bilan de l'archéologie au Cameroun.* **L'Harmattan**, Paris : 91-124.

DELNEUF M., ESSOMBA J.-M. & FROMENT A., (eds) 1998 - *Paléoanthropologie en Afrique Centrale : un bilan de l'archéologie au Cameroun.* **L'Harmattan**, Paris.

DESCHAMPS H. & MAUNY R., 1968 - *Histoire Générale de l'Afrique.*Tome I, **P.U.F.**, Paris.

DESCOLA Ph., 1986 - *La Nature domestique. Symbolisme et praxis dans l'écologie des Achuar.* **Editions de la M.S.H.**, Paris.

DESCOLA Ph. 2005 - *Par-delà nature et culture.* **Gallimard**, Paris.

DETIENNE M., 2000 - *Comparer l' Incomparable.* **Seuil**, Paris.

DIKWA AKWA, 1985 - *Les descendants des pharaons à travers l'Afrique.* **Osiris-Publisud**, Paris.

DIOP C. A., 1967 - *Antériorité des civilisations nègres : mythe ou vérité historique* ? **Présence Africaine**, Paris.

DIOP C.A., [1954] 1979 - *Nations nègres et culture.* **Présence Africaine**, Paris.

DIOP C. A., 1981 - *Civilisation ou Barbarie.* **Présence Africaine**, Paris.

DODS R.R., 2004 - Knowing ways/ways of Knowing : reconciling science and tradition. ***World Archaeology*** 36, 4 : 547-557.

DORTIER J.-F., 1997 - *Entretien avec Dominique Wolton.* ***Sc. Humaines,*** Hors-Série N°16 : 16-17.

DOZON J.-P., 1999 - Les Bétés : une création coloniale. *in* Amselle & M'bokolo (eds). 1999 : 49-85.

DUHEM P., 1906 - *La Théorie physique.* **Chevalier & Rivière**, Paris.

DUNNELL R., 1971 - *Systematics in Prehistory.* **Free Press**, New York.

DUPONT-MONOD C., 2004 - Alain Schnapp : le passé à mains nues. ***L'Histoire*** N° 290 : 34.

DUPRÉ G., 1991 (ed.) - *Savoirs paysans et développement.* **Karthala-ORSTOM**, Paris.

EBOUSSI-BOULAGA F., 1992 - *La suite de Cheikh Anta Diop.* Terroirs, ***Revue Africaine de Sciences Sociales*** 1 : 141-57.

ELLUL J., 2006 - *La foi au prix du doute.* **La Table Ronde**, Paris.

ESSOMBA J.-M., 1992 (ed.) - *L'archéologie au Cameroun.* **Karthala**, Paris.

ETHNOARCHEOLOGIE 1992 - *Justification, problèmes, limites.* XIIè Rencontres Inter. d'Archéologie et d'Histoire d'Antibes, Octobre 1991. **Editions APDCA,** Juan-les-Pins.

EVANS J.-G., 1978 - *Environmental Archaeology.* **Granada Publishing**, London.

FABIAN J., 1983 - *Time and the Other. How anthropology makes its object.* **Columbia Univ. Press**, New York.

FAUVELLE-AYMAR F.-X., CHRETIEN J.-P., PERROT C.-H., (eds) 2000 - *Afrocentrismes. L'histoire des Africains entre Egypte et Amérique.* **Karthala**, Paris

FAVRET-SAADA J., 1977 - *Les mots, la mort, les sorts.* **Gallimard**, Paris.

FELLER C., MEDUS J., PAYCHENG C. & CHAVANE B., 1981 - Etude pédologique et palynologique d'un site protohistorique de la moyenne vallée du fleuve Sénégal. In Coetzee J.A., Van Zinderen Bakker E.M., (eds) - *Paleoecology of Africa and the surroundings islands*, 13. **Balkema Ed**. Rotterdam : 235-248.

FERRIÉ J.-N. & BOESTCH G., 1996 - La société de géographie du Caire à l'époque coloniale. *In "Les Sciences Hors d'Occident au XXè siècle"*, ORSTOM-UNESCO, R. Waast (ed.) **ORSTOM,** Paris. Vol. 2 : 69-78.

FEYERABEND P., 1979 - *Contre la Méthode.* **Seuil**, Paris.

FEYERABEND P., 1989 - *Adieu la Raison.* **Seuil**, Paris.

FIELD J. *et al.*, 2000 - 'Coming Back'. Aborigines and archaeologists at Cuddie Springs. ***Public Archaeology 1***, n°1 : 35-48.

FISH J.M., 2000 - What Anthropology Can Do for Psychology : Facing Physics Envy, Ethnocentrism, and belief in "Race". ***American Anthrop.*** 102 (3) : 552-563.

FLUEHR-LOBBAN C., 2000 - Anténor Firmin : Haitian Pioneer of Anthropology. ***American Anthrop***. 102 (3) : 449-466.

FOREST J.-D. 1992 - L'archéologie et l'ethnologie ou la nécessité de "mélanger les genres". *In* Ethnoarchéologie : 25-32

FREEMAN D., 1983 - *Margaret Mead and Samoa. The making and unmaking of an anthropological myth.* **Harvard Univ. Press**, Cambridge, Mss. E.-U.

FREEMAN D., ORANS M., CÔTÈ J.E. 2000 - Sex and Hoax in Samoa. ***Curr. Anthrop.*** 41, 4 : 609-622.

FRIEDMAN J., 1992 - The Past in the Future : History and the Politics of Identity. ***American Anthrop.*** 94 (4) : 837-859.

FROMENT A., 1992 - Origine du peuplement de l'Egypte ancienne : l'apport de l'anthropobiologie. ***Archéonil***, 2 : 79-98.

FROMENT A., 1993 - Adaptation biologique et variation dans l'espèce humaine : le cas des Pygmées d'Afrique. ***Bulletins et Mémoires de la Société d'Anthropologie de Paris,*** n.s., 5 : 417-448).

FROMENT A., 1996 - Science et conscience : le combat ambigu de Cheikh Anta Diop. *In* R. Waast (ed) "*Les sciences Hors d'Occident au XXè siècle*", ORSTOM-UNESCO, **ORSTOM,** Paris. Vol. 2 : 321-341.

FROMENT A., 1998 - Le peuplement de l'Afrique Centrale : contribution de l'anthropobiologie. *In "Paléoanthropologie en Afrique Centrale. Un bilan de l'archéologie au Cameroun".* **L'Harmattan**, Paris : 13-90.

FROMENT A., 1999 - Enjeux idéologiques de la paléontologie humaine : la perspective afrocentriste. *In* A. Ducros & J. Ducros (eds)"*Images de l'homme fossile* ", préface d'Y. Coppens. **L'Harmattan**, Paris.

GALINIÉ H., 2002 - *L'entre-deux : les terres noires des cités.* **Mélanges Nancy Gauthier**, Tours.

GALIPAUD J.-C. & LILLEY I., (eds) 1999 - *Le Pacifique de 5000 à 2000 avant le Présent.* **IRD *Colloques & séminaires*,** Paris.

GALLAY A., 1986 - *L'archéologie demain.* **Belfond**, Paris.

GARANGER J., (ed) 1992 - *La préhistoire dans le monde.* **Nouvelle Clio, P.U.F.**, Paris.

GARDIN J-C., 1979 - *Une archéologie théorique.* **Hachette**, Paris.

GARINE de I., 1981 - Contribution à l'histoire du mayo Danaye. *in* Tardits C. (ed) 1981 : 171-186.

GESCHIERE P., 2001 - Regard académique, sorcellerie et schizophrénie. ***Annales EHESS 56, N°3*** : 643-649.

GILCHRIST R., 2005 (ed) - Historical Archaeology. ***World Archaeology 37***, 3.

GILL G. W., 2000 - *Does Race Exist ? A proponent's perspective.* **Nova Online**.> http:// www.kennewick-man.com/<.

GILSON E., 1947 - *La philosophie médiévale.* **Payot,** Paris.

GIORELLO G., 1990 - Le système des savoirs. **Encyclopedia Universalis**, Suppl. 2.

GIRARD R., 1972 - *La violence et le sacré.* **Gallimard**, Paris.

GIRARD R., 1978 - *Des choses cachées depuis la fondation du monde.* **Grasset**, Paris

GIRARD R., 1999 - *Je vois Satan tomber comme l'éclair.* **Grasset,** Paris.

GIRARD R., 2004 - *L'origine de la culture.* **Desclée de Brouwer**, Paris.

GODELIER M., 1984 - *L'idéel et le matériel.* **Fayard**, Paris.

GOODMAN R.A., 1983 - *Mead's Coming of Age in Samoa. A dissenting view.* **Pepperine Press**, Ca. E.-U.

GOODY J., 1979 - *La raison graphique.* **Editions de Minuit**, Paris.

GOUDINEAU C., 2004 - L'héritage gaulois. ***Pour la Science*** 319 : 26-30.

GUFFROY J. & QUECHON G., 1998 - L'espace et le temps de la préhistoire. *In* Clignet R. (ed) *Observatoires du développement, observatoires pour le développement.* **ORSTOM, Colloques & Séminaires** : 147-157.

GUFFROY J., VALDEZ F., de SAULIEU G., 2004 - Passé à repenser. **IRD *Sciences au Sud***, Dossier " Au coeur des Andes " : 4.

GUHA-THAKURTA T. 2003 - Archaeology and the Monument : an embattled site of history and memory in contemporary India. *In* Nelson R.S. & Margaret Olin (eds) *Monuments and Memory : made and unmade.* **Univ. of Chicago Press.**

GUILLAUD D., FORESTIER H. & SIMANJUNTAK H., 2005 - Les peuples du végétal. **IRD *Sciences au Sud*** n°29 : 7.

GULLICK J.-M., 1988 - *Indigenous political systems of Western Malaya.* Lond. School of Econom. Monographs on social anthropology, 17. **Athlone Press.**

GYERIN F.Th., 1983 - Boundary-work and the demarcation of science from non-science : strains and interests in professional ideologies of scientists. ***Amer. Sociological Review*** 48 : 781-795.

HACKING I., 1989 - *Concevoir et expérimenter.* **Ch. Bourgois**, Paris.

HACKING I., 1992 - *The Self-Vindication of the Laboratory Sciences. in* Pickering A. (ed) 1992 : 29-64. **Univ. of Chicago Press**.

HAGENBUCHER-SACRIPANTI F., 1994 - *Représentations du SIDA et médecines traditionnelles dans la région de Pointe-Noire (Congo).* **ORSTOM, Etudes & thèses**, Paris

HALBWACHS M., 1950 - *La mémoire collective.* **P.U.F.**, Paris.

HANSON F.A., 1997 - Empirical Anthropology, Postmodernism and the Invention of Tradition. *In* Mauzé M. (ed) 1997 : 195-214.

HARDING S., 1986 - *The Science Question in Feminism.* **Cornell Univ. Press**, Ithaca.

HARRIS E., 1997 - *Principles of archaeological stratigraphy.* **Academic Press,** (2d ed.) London.

HASSAN F.A., 1995 - The World Archaeological Congress in India : politicizing the past. ***Antiquity 69*** : 874-877.

HASSAN F.A., 1999 - African archaeology : the call of the future. ***African Affairs 98*** : 393-406.

HELLIWELL C., 1991 - Evolution and ethnicity : a note on rice cultivation practices in Borneo. *in* P. Bellwood (ed.) 1991 **Indo-Pacific Prehistory Association**. Papers from the 14th Congress, Yogyakarta, vol. I : 209-217.

HENNION A. & LATOUR B., 1993 - Objet d'art, objet de science. Note sur les limites de l'anti-fétichisme. ***Sociologie de l'art 6*** : 7-24.

HERNANDEZ V., 2006 - *Quid* d'une anthropologie de la connaissance ? *in* Carton M. & Meyer J.-B., (eds) 2006 : 263-283.

HERVIEU B., 2004 - Produire de la science une nécessité. Entretien. **IRD *Sciences au Sud*** 26 : 16.

HIERNAUX J., 1991 - *Race. In* Bonte P. & Izard M. (eds) 1991 *Dictionnaire de l'Ethnologie et de l'Anthropologie.* **P.U.F.**, Paris : 611.

HIGOUNET C., 1990 - *Histoire.* **Encyclopedia Universalis** XI : 477. Paris.

HOBART M., (ed.) 1993a - *An Anthropological Critique of Development.* EIDOS, **Routledge**, London.

HOBART M., 1993b - The growth of Ignorance ? *in* Hobart M. (ed.) 1993 : 1-30. EIDOS, **Routledge**, London.

HODDER I., 1991a - *Reading the Past.* **C.U.P.**, Londres.

HODDER I. (ed). 1991b - *Archaeological Theory in Europe. The last 3 decades.* **Routledge**, London.

HOLL A. 1988 - *Houlouf I. Archéologie des sociétés protohistoriques du Nord-Cameroun.* **BAR** International Series 456. **Cambridge Monographs in African Archaeology** 32.

HOLL A., 2002 - *The Land of Houlouf. Genesis of a chadic polity 1900 BC-AD.* **Memoirs of the Museum of Anthropology 35.** University of Michigan, E.-U.

HOLTEDAHL L., GERRARD S., NJEUMA M.Z. & BOUTRAIS J. (eds), 1999 - *Le pouvoir du savoir de l'Arctique aux Tropiques.* **Karthala**, Paris.

HORTON R., 1990a - La pensée traditionnelle africaine et la science occidentale. *In "La Pensée métisse. Croyances africaines et rationalité occidentale en questions".* ***Cahiers de l'IUED***, **P.U.F.**, Genève, Paris : 45-68.

HORTON R., 1990b - Tradition et modernité revisitées. *In "La Pensée métisse. croyances africaines et rationalité occidentale en questions".* ***Cahiers de l'IUED***, **P.U.F.**, Genève, Paris : 69-126.

HUBERT J., 1989 - A proper place for the dead : a critical review of the 'reburial' issue. *In* LAYTON R. (ed) 1989 : 131-166.

HUNTINGTON S. P., 1997 - *Le choc des civilisations.* **Odile Jacob**, Paris.

IZARD M., *Culture. In* Bonte P. & Izard M., (eds) 1991 - *Dictionnaire de l'ethnologie et de l'anthropologie.* **P.U.F.**, Paris.

IZARD M., *Le temps. In* Bonte P. & Izard M., (eds*)1991 - Dictionnaire de l'ethnologie et de l'anthropologie*, **P.U.F.**, Paris.

JEAN-PAUL II, S.s., 2005 - *Mémoire et identité,*. **Flammarion**, Paris.

JEDREJ M.C., 2001 - Time and Space. *In* Barnard A. & Spencer J. 2001 : 547-550.

JEWSIEWICKI B., 2001 - Pour un pluralisme épistémologique en sciences sociales. ***Annales EHESS*** 56, 3 : 625-641.

JOHNSON P.E., 1996 - *Le Darwinisme en question.* **Ed. Exergue.** Chambéry.

JUILLERAT B.,1981 - Eléments d'ethno-histoire des Muktele et du Mandara septentrional. *In* TARDITS C. (ed) 205-208.

KABOU A., 1991 - *Et si l'Afrique refusait le Développement ?* **L'Harmattan**, Paris.

KI-ZERBO J., 1978 - *Histoire de l'Afrique Noire.* **Hatier**, Paris.

KNORR-CETINA K., 1996 - Le 'souci de soi' ou les 'tâtonnements' : ethnographie de l'empirie dans deux disciplines scientifiques. ***Sociologie du travail*** 3 : 311-330.

KUHN T., 1972 - *La structure des révolutions scientifiques.* **Flammarion**, Paris.

LAMING-EMPERAIRE A.,1963 - *L'archéologie préhistorique.* **Seuil**, Coll. Microcosme, Paris.

LAMOTTE M. 1993 - *Les sols sableux à forte cohésion des zones tropicales arides.* Thèse Univ. de Paris VI-INRA-ORSTOM. **ORSTOM Trav. & Doc. N° 134**, Paris.

LAMOTTE M. & MARLIAC A.1989 - "Des structures complexes résultant de processus naturels et anthropiques : exemple du tertre de Mongossi au Nord-Cameroun ". Comm. à la Journée "*Pour un meilleur dialogue en Archéologie*" GMPCA/SPF -6/XI/89 Paris. Ms. 14 p., 4 fig., 1 panneau. ***Bull. de la Soc.Préh. Française.*** 1989, Tome 1O/12 : 42O-428.

LANGLOIS O., 1995 - *Histoire du peuplement postnéolithique du Diamaré (Cameroun Septentrional).* Ms **Thèse Univ. de Paris I-Panthéon Sorbonne**, Paris, 4 vol.

LANGLOIS O., 2001 - Interprétation et pertinence des variations décoratives observées sur la céramique du Diamaré (Nord-Cameroun). ***Afrique Archéologie & Arts N° 1*** :40-58

LATOUR B., 1991 - *Nous n'avons jamais été modernes*. **La Découverte**, Paris. [1993 We have never been modern. Harvard Univ. Press].

LATOUR B., 1994a - Pragmatogonies. ***American Behavioral Scientist*** *37*, 6 : 791-808.

LATOUR B., 1994b - Une sociologie sans objet ? Remarques sur l'interobjectivité. ***Sociologie du travail*** N° 4 : 587-607.

LATOUR B., 1995a - *La science en action*. **Folio-Essais Gallimard**, Paris. [1987 *Science in Action. How to Follow Scientists and Engineers through Society*. Harvard. Univ. Press, Cam. Mass.].

LATOUR B., 1995b - *Le métier de chercheur : regard d'un anthropologue*. **INRA** Collect. *Sciences en question*, Paris.

LATOUR B., 1996 - Lettre à mon ami Pierre sur l'anthropologie symétrique. ***Ethnologie française***, XXVI, I, Culture matérielle et modernité : 32-37.

LATOUR B., 1997a - Pasteur et Pouchet : hétérogenèse de l'histoire des sciences. *In* Serres M. (ed) *Eléments d'Histoire des Sciences*, **Larousse** : 629-663.

LATOUR B., 1997b - On ne peut rien contre la fatalité des faits. La rhétorique de l'impuissance. *In* Club Merleau-Ponty 1997 *La pensée confisquée*. **La Découverte**, Paris : 107-122.

LATOUR B., 1999a [2004]- *Politiques de la nature : comment faire entrer les sciences en démocratie*. **La Découverte**, Paris.

LATOUR B., 1999b- *Pandora's Hope*. **Cambridge University Press**.

LATOUR B., 1999c - The Invention of the Sciences Wars. *In* Latour 1999b : 216-235.

LATOUR B., 1999d - Do you believe in Reality ? *In* Latour 1999b : 1-23.

LATOUR B., 1999e - Circulating reference. *In* Latour 1999b : 24-79.

LATOUR B., 2000 - When things strike back : a possible contribution of 'sciences studies' to the social sciences. ***British Journ. of Sociology*** 51, 1 : 107-123.

LATOUR B., 2003 - *Un monde pluriel mais commun.* **France Culture-L'Aube**, Paris.

LATOUR B. [2002] 2004a - *La fabrique du droit.* **La Découverte-poche**, Paris.

LATOUR B., 2004b - Recalling ANT. *In* Law & Hassard (eds) *Actor Network Theory and after.* **Blackwell Publishing**, Oxford : 15-25.

LATOUR B., 2005 - *Changer de société ~ Refaire de la sociologie.* **La Découverte**, Paris.

LATOUR B. & WOOLGAR S., 1988 - *La vie de laboratoire.* **La Découverte**, Paris.

LAYTON R., (ed) 1989 - *Conflict in the archaeology of living traditions.* **Unwin Hyman**, London.

LEBEUF J.-P., 1961 - *L'habitation des Fali montagnards du Cameroun Septentrional.* **Hachette**, Paris.

LECLAINCHE E., 1937 - Allocution du Président de l'Académie *; séance publique annuelle du 20 Décembre 1937.* ***Races et Racismes***, 6.

LEFKOWITZ M., & McLEAN ROGERS G., (eds) 1996 - *Black Athena Revisited.* **Univ. of North Carolina Press**, Chapell Hill.

LEMONNIER P., (ed) 1993 - *Technological Choices. Transformation in material cultures since the Neolithic.* **Routledge**, Londres.

LENCLUD G., 1997a - History and Tradition. *In* Mauzé M.(ed) 1997 : 43-64.

LENCLUD G., 1997b - Anthropologie et Histoire. Hier et aujourd'hui en France. *In* Chiva I. & Jeggle U. (eds) *Ethnologies en miroir.* **Edit. de la MSH**, Pari

LEPELTIER T., 2001 - Les physiciens et l'énigme de la réalité. ***Sc. Humaines 118*** : 16-20.

LEVEAU P., 1990 - *Histoire du paysage.* **Encyclopedia Universalis** XVII : 659.

LINNEKIN J., 1992 - On the Theory and Politics of Cultural construction in the Pacific. **Oceania** 62 : 249-263.

LEROI-GOURHAN A., 1943 - *L'Homme et la Matière.* **A. Michel**, Paris.

LEROI-GOURHAN A., 1945 - *Milieux et Techniques.* **A. Michel,** Paris.

LEROI-GOURHAN A., 1964 - *Le geste et la parole I. Technique et Langage.* **A. Michel**, Paris.

LEROI-GOURHAN A., 1964 - *Le geste et la parole II. La mémoire et les rythmes.* **A. Michel**, Paris.

LEROI-GOURHAN A., (ed) 1988 - *Dictionnaire de la préhistoire.* **P.U.F.**, Paris.

LEVY-LEBLOND J.-M., 1996 - *La pierre de touche.* **Gallimard**, Folios-Essais, Paris.

LEVI-STRAUSS C., 1962 - *La pensée sauvage.* **Plon**, Paris.

LOLIVE J., 1999 - *Les contestations du TGV Méditerranée.* **L'Harmattan**, Paris.

LYELL C., 1830 - *Principles of Geology.* **J. Murray**, London.

LYOTARD J.-F., 1987 - The postmodern condition. *In* Baynes K., Bohman J., & Mc Carthy T. (eds) *After philosophy : end or transformation ?* Cambridge Mass., **MIT Press** : 73-94.

LUGAN B., 1989 - *Afrique, l'Histoire à l'endroit.* **Perrin**, Paris.

McEACHERN S., 1990 - *Du Kunde : Processes of montagnard ethnogenesis in the northern Mandara mountains of Cameroon.* Thèse **Université de Calgary,** Canada. Ms 321 p.

McEACHERN S., 1996 - Iron age beginnings north of the Mandara mountains, Cameroon and Nigeria. *In* Pwiti G. & Soper R. (eds) *Aspects of African Archaeology.* Xth Congr. of Panafrican Association for Preh. and related studies. Harare. **Univ. of Zimbabwe Publications.**

McINTOSH S.K. & J. R. 1986 - Recent archaeological research and dates from west Africa. ***Jour. African. Hist.*** XXVII : 413-442.

MALEY J., 1981 - *Etudes palynologiques dans le bassin du lac Tchad et paléoclimatologie de l'Afrique Nord-tropicale de 30.000 à l'époque actuelle.* ***ORSTOM Travaux et Documents*** N°129, Paris.

MAMDANI M., 2004 - Interview by Nermeen Sjaikh. ***Asia Source Reports & Interviews*** >www.asiasource.org<

MANNHEIM K., 1946 - *Ideology and Utopia.* **Harcourt & Brace**, New York.

MAQUET J., 1964 - Objectivity in Anthropology. ***Curr. Anthrop. 5***, 1 : 47-55.

MARET P. de, 1977 - Sanga : new excavations, more date and some related problems. ***Jour. African History*** : 321-337.

MARLIAC A., 1973 - L'état des connaissances sur le Paléolithique et le Néolithique du Cameroun. *In* Tardits C. (ed) 1981 : 27-77.

MARLIAC A., 1975 - *Contribution à l'étude de la préhistoire au Cameroun Septentrional.* **Trav. & Doc. ORSTOM N°43.**

MARLIAC A., 1978a - Histoire, archéologie et ethnologie dans les pays en voie de développement. ***Cah. ORSTOM,*** Sc. Hum. XV n°4 : 363-66.

MARLIAC A., 1978b - Prospection des sites néolithiques et postnéolithiques du Cameroun Septentrional. ***Cah. ORSTOM***. Sc. Hum., XV, n°4 : 333-351.

MARLIAC A., 1986 - Géoarchéologies régionales en milieux tropicaux. Présentation. ***Cah. ORSTOM, Sc. Hum***. n° spécial **XXII** (1) : 3.

MARLIAC A., 1987 - Chronocultural significance of 14C and TL datings in NorthCameroon Iron Age settlements : a case reflexion upon the reliability of absolute dating. IId Int. Symp. "**Archaeology and 14 C**", Groningen Sept.87, Ms 9 p., 1 tabl., 2 cartes.

MARLIAC A., 1991 - *De la préhistoire à l'histoire au Cameroun Septentrional.* ***ORSTOM Etudes & Thèses***, 2 vol. + carte HT, Paris.

MARLIAC A., 1994 - The making of History : the North-Cameroonian case. **World Archaeological Congress III**, New Delhi, Décembre 1994. Ms. 8 p.

MARLIAC A., 1995a - Connaissances et savoirs pour l'Histoire : le cas du Nord-Cameroun. ***Africa L***, n°3 : 325-341.

MARLIAC A., (ed) 1995b - *Milieux, sociétés et archéologues.* **Karthala-ORSTOM**, Paris.

MARLIAC A., 1995c - *Introduction. In* Marliac A. (ed) 1995b : 9-20.

MARLIAC A, 1995d - Pluridisciplinarité pratique et commensurabilité : à propos de l'archéologie, de la pédologie et de la physique. *In* Marliac A. (ed.) 1995 : 261-76.

MARLIAC A., 1995e - Esquisse géoarchéologique de l'évolution des sociétés pendant les deux derniers millénaires au Diamaré (Cameroun Septentrional) : les données disponibles et leur intégration. *In* Marliac A. (ed.) 1995b : 197-207.

MARLIAC A.,1997a - Archaeology and Development : a difficult dialogue. ***Inter. Jour. Hist. Archaeol. I***, n°4 : 323-337.

MARLIAC A., 1997b - Un débat esquivé. CR. de Robertshaw (ed) *A history of African Archaeology*, J. Currey, Londres. ***ORSTOM Chroniques du Sud*** N° 19 : 112-115.

MARLIAC A., 1999 - Développement et Archéologie : d'un langage à l'autre. ***Natures, Sciences. Sociétés 7***, n°1 : 42-51.

MARLIAC A., 2000 - Composed *vs* Simple Pasts : About Archaeologists and their Partners. ***Inter. Jour. Hist. Archaeol. 5***, 3 : 203-218.

MARLIAC A., 2001 - Du dialogue pédo-archéologique à un discours hybride. *in* Colloque ICoTEM, MSHS, Université de Poitiers "*Représentations de l'environnement et construction des territoires : dialogue des disciplines*". 11-12 Octobre 2001. Ms.

MARLIAC A., 2002 - Is archaeology developmental ? ***Int. Journ. Hist. Archaeol. 8,*** 1 : 67-80.

MARLIAC A., 2004a [*2000*] - Scientific discourses plus Local Discourses : the future for Development issues ? *In* " *Confronting XXIst Century Challenges* ", **Makerere Univ. Printery**, vol. I, Part 2. Kampala, Uganda.

MARLIAC A., 2004b - Du politique en anthropologie et réciproquement à propos d'identité : l'implication des sciences sociales. ***La critica sociológica 151 :*** 12-32 (Roma).

MARLIAC A., 2004c [*2002*]- Les milieux comme indicateurs de peuplements anciens en zone soudano-sahélienne : exemples du Nord-cameroun. *In* Sow S. A., Amadou B., Boutrais J. & Luxereau A. (eds) 2004 - *Du Zébu à l'Iroko. Patrimoines naturels africains.* **Annales de l'Université Abdou Moumouni** (Niamey, Niger)- **IRD** : 247-267.

MARLIAC A., 2005a - Ethique, recherche et développement. ***La Recherche*** N° 392 : 7.

MARLIAC A., 2005b - Scientific discourse and local discourses : the case of african archaeology. ***Inter. Jour. Hist. Archaeol.***, 9, N°1 : 57-70.

MARLIAC A., 2005c - Migrations au Cameroun du Nord : de la Préhistoire à l'Histoire. Comm. au **XIIIè Colloque Intern. MégaTchad** " *Migrations et mobilité sociale dans le bassin du lac Tchad* ", Maroua, Octobre 2005. Ms. 35 p. + cartes (à paraître dans les Actes).

MARLIAC A., 2005d - From archaeological problems to development issues and beyond. ***Pratnatattva 11*** : 65-74. Jahangirnagar Univ., Dhakka, Bangladesh.

MARLIAC A., 2005e - Archéologie et actualité dans l'Extrême-Nord camerounais. ***Africa***, LX, N° 3-4 : 444-473. Rome.

MARLIAC A., 2006a - *De l'archéologie à l'histoire. La fabrication des histoires en Afrique subsaharienne et au-delà.* **L'Harmattan**, Paris.

MARLIAC A., 2006b - *Archéologie du Diamaré au Cameroun Septentrional. Milieux et peuplements entre Mandara, Logone, Bénoué et Tchad durant les deux derniers millénaires.* **BAR International Series 1549. Cambridge Monographs in African Archaeology 67.** Oxford, G.-B.

MARLIAC A., 2006c - A propos de la globalisation de l'ethnicité : archéologie locale ou globale ? ***La critica sociológica 156*** : 33-50.

MARLIAC A., 2006d – A propos des objets et des mots de l'Anthropologie. ***Anthropologie et Sociétés***, Univ. Laval, Québec (à paraître 2007).

MARLIAC A., 2006e - De quoi sont faits les faits grâce auxquels on parle d'histoires en Afrique noire et ailleurs ? Comm. ***Rencontres du RTP du CNRS " Etudes Africaines "***, 29, 30 Nov. et 1er Déc.2006 CNRS, Paris. Ms 10 p. (soumis).

MARLIAC A., 2006f [*2001a*] - Problèmes archéologiques, problèmes humains : moi, nous et les autres. **XIVè Congrès UISPP.** Liège, 2-8 Sept. 2001. Publié résumé in 2006 ***BAR International Series*** 1522 : 153-161.

MARLIAC A., 2007 - Comment être interdisciplinaire ? Pratiques et questionnements d'un archéologue. Ms 15 p. (soumis).

MARLIAC A. & LANGLOIS O., 1996 - Les civilisations de l'Age du fer au Diamaré : des cultures aux ethnies. ***L'Anthropologie 100***, 2-3 : 420-456.

MARSHALL Y., (ed) 2002 - Community archaeology. ***World Archaeology 34*** N°2.

MATHIEU N. 2000 - Discipline et interdiscipline : la philosophie de "l'écologie des pratiques" interrogée. *Entretiens avec I. Stengers.* ***Natures, Sciences, Sociétés***, Vol. 8 N°3 : 51-58 ; N°4 : 57-63.

MAUZÉ M., (ed) 1997 - *Present is Past. Some uses of Tradition in Native Societies.* **Univ. Press of America**, Inc. Lanham, E.-U.

M'BOKOLO E., 1992 - *Afrique Noire : Histoire et Civilisations.* Tome II *Jusqu'au XVIIIè siècle.* 1995 Tome I. *XIXè et XXè siècles.* **Hatier, AUPELF, UREF**, Paris.

MEAD A. T. A. M. P., 1998/9 - Misappropriation of Indigenous Knowledge : the next wave of colonisation. ***Tok Blong Pasifik*** 52 (4) : 8-10.

MEDUS J., MARLIAC A., MALLEA M., MATHIEU P., 1997a - *Pollenanalyse et mycoflore de dépôts récents de terrasses fluviatiles du Cameroun Septentrional. In* "L' Homme et le Milieu végétal dans le bassin du lac Tchad". Vème Séminaire International Méga-Tchad, Sèvres, 18-20 Sept.1991. **ORSTOM Colloques et Séminaires** 1997 : 131-144.

MEDUS J. & MARLIAC A., 1997b - Un environnement végétal anthropique des abords du XIè siècle sur la rive du mayo Boula, au Sud de Maroua (Cameroun Septentrional*). In "L' Homme et le milieu végétal dans le bassin du lac Tchad*". Vème Colloque International Méga-Tchad, Sèvres, 18-20 Sept.1991. **ORSTOM Colloques et Séminaires** 1997 : 123-129.

MEILLASSOUX C., 1978 - Rôle de l'esclavage dans l'histoire de l'Afrique Occidentale. ***Anthropologie & Sociétés***, vol. 2, N°1 : 117-148.

MESKELL L., 2002 - Negative Heritage and Past Mastering in Archaeology. ***Anthropological Quarterly*** 75, 3 : 557-574

MEYER J.-B., 1997 - *Experts en mission.* **Karthala-ORSTOM**, Paris.

MEYER B. & GESCHIERE P., (eds) 1999 - *Globalization and identity. Dialectics of flow and closure.* **Blackwell**, Oxford.

MEYRAN R., 2000 - Races et racisme. Les ambiguïtés de l'antiracisme chez les anthropologues de l'entre-deux guerres. ***Gradhiva 27*** : 63-76.

MILLER D., 1980 - Archaeology and development. ***Curr. Anthrop. 21***, 6 : 709-726.

MOHAMMADOU E., 1976 - *Histoire des peuls Feroobe du Diamaré : Maroua et Petté.* African Languages and Ethnography III. **ILCAA** Tokyo, Japon 409 p.

MOHAMMADOU E., 1979 - *Le peuplement de la Haute Bénoué.* Ms. **ONAREST.** Fasc.1, 81 p.

MOHAMMADOU E., 1981 - L'implantation des peuls dans l'Adamawa (approche chronologique) *in* TARDITS C. : 229-247.

MOHAMMADOU E., 1982 - *Le royaume du Wandala ou Mandara au XIXe siècle.* African Languages and Ethnography XIV. **ILCAA** Tokyo, Japon 333 p.

MOHAMMADOU E., 1983 - *Peuples et royaumes du Foumbina.* African Languages and Ethnography XVII. **ILCAA** Tokyo, Japon 307 p.

MOHAMMADOU E., 1986 - *Traditions d'origine des peuples du centre et de l'ouest du Cameroun.* **ILCAA,** Tokyo, Japon 207 p.

MOIZO B., 1997 - L'anthropologie aboriginaliste : de l'application à la fiction. *In* Agier M. (ed.) 1997 : 65-74.

MONCEL M.H. & FALGUÈRES C., 2004 - Le peuplement de l'Europe : deux vagues successives. ***Pour la Science*** 325 : 69-74.

MUDIMBE J.-Y., 2000 - Race, identity, politics and history. ***Jour.African Hist.*** 41 : 291-294.

MURAY Ph. 2005 - *Moderne contre Moderne. Exorcismes spirituels IV.* **Les Belles Lettres**, Paris.

MUSSET L., 1965 - *Les Invasions : les vagues germaniques.* Nelle Clio, **P.U.F.,** Paris.

NADEL S. F., 1951 - *The Foundations of Social Anthropology.* **Free Press**, New York.

NAGPRA : *National American Graves Protection and Repatriation Act.*

NICHOLAS G.P., 2003a - The persistence of memory, the politics of desire : archaeological impacts on aboriginal peoples and their response. *In* Smith C. & Martin Wobst H. (eds) *Decolonizing archaeological theory and practice.* **Routledge**, Londres.

NICHOLAS G.P., 2003b - The archaeology of alien landscapes. *In* Robertson E. (ed) 2003 *An Odyssy of Space.* **Univ. of Calgary Press**. Canada.

NOYE D., o.m.i. 1974 - *Cours de foulfouldé.* **Geuthner**, Paris.

OAKESHOTT R., 1962 - *Rationalism in politics.* **Methuen**, Londres

OLIVER R. & FAGE J.D., 1962 - *A short history of Africa.* Londres.

OTTINO P., 1995 - Evolution conjointe des peuplements et des paysages en Polynésie orientale. *In* Marliac A. (ed) 1995b : 35-64.

OTTINO P., 2002 - Archéologie, identité et développement. **IRD *Sciences au Sud*, *17*** : 6.

PECK T., SIEGFRIED Evelyn & OETELAAR G.A., (eds) 2003 - *Indigenous people and archaeology.* XXXIId Chacmool Conference of the **Archaeological Association of the University of Calgary** (Canada).

PÉQUIGNOT B., 1990 - *Pour une critique de la raison anthropologique.* **L'Harmattan**, Paris.

PICKERING A., (ed.) 1992 - *Science as Practice and Culture.* **Univ. of Chicago Press**.

RABEHARISOA Vololona & CALLON M., 1999 - *Le Pouvoir des malades, l'Association française contre les myopathies et la recherche.* **Presses de l'Ecole des Mines**, Paris.

RAFFLES H., 2002 - Les savoirs intimes. ***Rev. Int. des Sc. Sociales*** 173, UNESCO-ERES : 365-375

RENFREW P.B. & BAHN P., 2000 - *Archaeology, theories, methods and practices.* **Thames & Hudson** (4è ed.).

REVEL J.-F., 1970 - *Histoire de la philosophie occidentale.* **Stock,** Paris

REVEL J., 1991 - Knowledge of the territory. ***Science in Context 4***, 1 : 133-161.

RICHARDSON L., 1989 - The acquisition, storage and handling of Aboriginal skeletal remains in museums : an indigenous perspective. *In* LAYTON R., (ed) 1989 : 185-188.

ROWLEY-CONWY P., (ed) 2004 - *Debates in World Archaeology.* ***World Archaeology 36***, 4.

SEIGNOBOS C.,1982 - *Montagnes et Hautes-Terres du Nord-Cameroun.* **Parenthèses,** Coll. Architectures Traditionnelles, Roquevaire.

SEIGNOBOS C. & YÉBI MANDJEK O., 2001 - *Atlas de la province de l'Extrême-Nord du Cameroun.* **IRD-MINREST**, Paris. + CDRom, PC-Mac

SELIM M., 2006 - Légitimations quotidiennes de l'état dans le Vietnam néocommuniste. ***J.A.*** 104-105 : 65-77 ;

SERRES M., 1974 - *La Traduction (Hermès III).* **Minuit**, Paris.

SERRES M., 1987 - *Statues.* **F. Bourrin**, Paris.

SCHIFFER M.B., 1976 - *Behavioral Archaeology*. **Academic Press**, New York.

SHAPIN S., 1990 - *Une pompe de circonstance. La technologie littéraire de Boyle*. *In* Callon et Latour 1990 : 37- 86.

SHAPIN S. & SCHAFFER S., 1993 - *Le Léviathan et la pompe à air. Hobbes et Boyle entre science et politique*. **La Découverte**, Paris.

SHARP L., 1952 - Steel Axes for Stone-Age Australians. ***Human Organization***, Summer :17-23.

SHENNAN S., (ed) 1989 - *Archaeological approaches to cultural identity*. **Unwin & Hyman**, Londres.

SOLER J., 2002 - *L'invention du monothéisme*. **Ed. de Fallois**, Paris.

SOKAL A. & BRICMONT J., 1997 - *Impostures intellectuelles*. **Odile Jacob**, Paris.

STAHL A.,1991 - Ethnic style and ethnic boundaries : a diachronic case study from West-Central Ghana. ***Ethnohistory 38***, 3 : 250-275.

STAR Susan Leigh & James R. GRIESEMER 1989 - *Institutional Ecology, "Translations' and Boundary : Amateurs and Professionals in Berkeley's Museum of Vertebrate Zoology 1907-39*. ***Social Studies of Science***, Vol. 19, N°3 : 387-420.

STENGERS I., 1993 - *L'invention des sciences modernes*. **La Découverte**, Paris.

STENGERS I., 1997 - *Power & Invention*. **University of Minnesota Press**.

STENGERS I., 2006 - *La Vierge et le neutrino*. **Les Empêcheurs de penser en rond**, Paris.

STENGERS I. & SCHLANGER J., 1991 - *Les concepts scientifiques. Invention et Pouvoir*. **Gallimard**, Folio, Paris.

STENGERS I. & PRIGOGINE I., 1997 - The Reenchantment of the World. *In* STENGERS 1997 : 30-59.

STOCZKOWSKI W., 2001 - *Anthropologie naïve, Anthropologie savante*. **CNRS Editions**, Paris.

TARDITS C., (ed) 1981 [*1973*] - *Contribution de la recherche ethnologique à l'histoire des civilisations du Cameroun*. Colloque Intern. CNRS N°551, 2 vol. **CNRS**, Paris.

TAYLOR A.C., 1991 - *Ethnie. In* Bonte P. & Izard M. (eds) 1991 - *Dictionnaire de l'ethnologie et de l'anthropologie.* **P.U.F.**, Paris :242-244.

THIAW I., 2003 - Archaeology and the public in Sénégal : reflections on doing fieldwork at home. ***Jour. African Archaeol. 1***, 2 : 215-225

TIBAYRENC M., 2005 - Pour une nouvelle épistémologie de la biologie. **IRD *Sciences au Sud,*** 30 : 16.

UCKO P.J., 1989 - Foreword. *In* Layton R. 1989 (ed) *Conflict in the archaeology of living tradition.* **Unwin Hyman**, Boston : ix-xvii.

URVOY Y., 1949 - *Histoire de l'empire du Bornou.* Mémoires de l'I.F.A.N. 7, **Larose**, Paris.

VAN GENNEP A., 1909 - *Les rites de passage.* **Nourry**, Paris.

VEYNE P. 1971 - *Comment on écrit l'histoire. Essai d'épistémologie.* **Seuil,** Paris.

VIDALE M., J.-M. KENOYER J.-M. & BAHN K. K., 1992 - *A discussion of the concept of 'chaîne opératoire' in the study of stratified societies. in* Ethnoarchéologie 1992 : 181.

WAAST R., (ed) 1996 - Les Sciences Hors d'Occident au XXè siècle, **ORSTOM**, Paris.

WHITE G.M., 1991 - *Identity through History.* **Cambridge Univ. Press**, Melbourne.

WIDIATMONO R., VUICHARD L., ROCH J., CLIGNET R. 1997 - L'adaptation des pêcheurs aux incertitudes de leur métier : le cas de Java. ***Bull de Psychologie*** L, 432 : 679-690.

WILLEY Y.G. & PHILLIPS Ph., 1958 - *Method and theory in American archaeology.* **Chicago Univ. Press**.

WILLIAMS D.M., 2000 - Representations of Nature on the Mongolian Steppe. An Investigation of Scientific Knowledge Construction. ***American Anthrop.*** Vol. 102, N°3 : 503-519.

WOLF E.R., 1994 - Perilous ideas : Race, Culture, Peoples. ***Curr. Anthrop. 35*** n°1 : 1-12.

ZELEM M.-C., 1991 - *L'évolution des techniques fromagères dans le Cantal, France, du XVIIIè au XIXè. Petite histoire d'un conflit entre savoir local et savoir idéal. In* Dupré G. (ed.) 1991 "*Savoirs paysans et développement".* **Karthala-ORSTOM**, Paris : 135-151.

ZIMMERMAN L. J., 1989 - Human bones as symbols of power : aboriginal American belief systems toward bones and 'grave-robbing' archaeologists. *In* LAYTON (ed) 1989 : 211-216.

Table des matières

L'HARMATTAN, ITALIA
Via Degli Artisti 15 ; 10124 Torino

L'HARMATTAN HONGRIE
Könyvesbolt ; Kossuth L. u. 14-16
1053 Budapest

L'HARMATTAN BURKINA FASO
Rue 15.167 Route du Pô Patte d'oie
12 BP 226
Ouagadougou 12
(00226) 50 37 54 36

ESPACE L'HARMATTAN KINSHASA
Faculté des Sciences Sociales,
Politiques et Administratives
BP243, KIN XI ; Université de Kinshasa

L'HARMATTAN GUINEE
Almamya Rue KA 028
En face du restaurant le cèdre
OKB agency BP 3470 Conakry
(00224) 60 20 85 08
harmattanguinee@yahoo.fr

L'HARMATTAN COTE D'IVOIRE
M. Etien N'dah Ahmon
Résidence Karl / cité des arts
Abidjan-Cocody 03 BP 1588 Abidjan 03
(00225) 05 77 87 31

L'HARMATTAN MAURITANIE
Espace El Kettab du livre francophone
N° 472 avenue Palais des Congrès
BP 316 Nouakchott
(00222) 63 25 980

L'HARMATTAN CAMEROUN
BP 11486
(00237) 458 67 00
(00237) 976 61 66
harmattancam@yahoo.fr

587544 - Novembre 2014
Achevé d'imprimer par

1livre.com
du rêve à la réalité !